高职高专经管类“十三五”规划教材

互联网金融实务

HULIANWANG JINRONG SHIWU 【第二版】

主　编　陈　雄

副主编　雷炎军　郑志明

参　编　侯传娟　邹伶丽

厦门大学出版社 XIAMEN UNIVERSITY PRESS 国家一级出版社 全国百佳图书出版单位

图书在版编目(CIP)数据

互联网金融实务/陈雄主编.—2版.—厦门:厦门大学出版社,2020.1
高职高专经管类"十三五"规划教材
ISBN 978-7-5615-6141-6

Ⅰ.①互… Ⅱ.①陈… Ⅲ.①互联网络—应用—金融—高等职业教育—教材
Ⅳ.①F830.49

中国版本图书馆CIP数据核字(2016)第156164号

出 版 人 郑文礼
责任编辑 吴兴友
封面设计 蒋卓群
技术编辑 朱 楷

出版发行 厦门大学出版社
社 址 厦门市软件园二期望海路39号
邮政编码 361008
总 机 0592-2181111 0592-2181406(传真)
营销中心 0592-2184458 0592-2181365
网 址 http://www.xmupress.com
邮 箱 xmup@xmupress.com
印 刷 厦门集大印刷厂

开本 787 mm×1 092 mm 1/16
印张 15.5
字数 358千字
印数 4 501～7 500册
版次 2016年8月第1版 2020年1月第2版
印次 2020年1月第1次印刷
定价 39.00元

厦门大学出版社
微博二维码

第二版前言

《互联网金融实务》(以下简称“教材”)着重介绍计算机技术、互联网技术和现代移动通信技术在金融行业的应用,是培养财经专业和计算机相关专业的应用型高级技术人才的跨学科基础教材。鉴于近几年我国金融业在新技术的创新应用方面发展迅速,国家对金融业的监管不断完善,教材编委会对第一版教材的部分内容进行了修改和补充。

本次改版主要对第一版《互联网金融实务》做了如下修订:

1.补充了 2016 年 12 月至 2019 年 12 月期间的有关数据及金融业新增就业岗位内容。

2.增加了金融业区块链技术应用、金融科技的发展与监管展望等章节知识。

3.对 2016 年 12 月至 2019 年 12 月期间我国金融业新的监管政策进行了相应的更新。

《互联网金融实务》编委会

2019 年 12 月

前　言

互联网正改变着整个世界，影响着全球人类的生活。1983 年互联网在美国诞生，钱天白教授在 1987 年 9 月 20 日发出了我国第一封电子邮件——“越过长城，通向世界”，揭开了中国人使用互联网的序幕。1991 年互联网正式进入美国工商企业，为广大民众所使用。1994 年，中国正式介入互联网，宣告信息时代在中华大地的降临。至今，互联网已经联系着全球 160 多个国家和地区（世界上共有 220 多个国家和地区）。从此，信息跨越了时空界限，改变着各行各业，也改变着人们的生活，互联网金融应运而生。

21 世纪初，随着互联网技术和信息通信技术的发展，传统金融业日益互联网化，并随之涌现了大批基于互联网的全新业态的金融企业。2013 年，中国的互联网金融企业规模达到了一个高潮，这一年被称为“中国互联网金融元年”。

互联网金融的问世派生出全新的工作岗位，需要相应的互联网金融人才。为了响应互联网金融企业对新型人才的大量需求，开设互联网金融课程和编撰相关教材就成为广大教育工作者，尤其是高职教育工作者的责任。为此，笔者和同事们奋勇当先，创新编写《互联网金融实务》。

《互联网金融实务》是高职高专“十三五”规划经济管理专业类系列教材之一。教材内容新颖、条理清晰、深入浅出、通俗易懂，并以互联网金融及相关企业的职业为导向，重视对学生的职业道德、职业技能和专业知识的培养，适用于高职高专金融专业、投资理财专业、财会专业，也适用于电子商务专业。本教材要求学生具备一定的互联网基础知识和金融基础知识。鉴于计算机技术和互联网科技在金融领域的应用发展迅速，以及各国对互联网金融的监管政策的相应变化，本教材的内容也将依据实际情况及时做出相应的改进和调整，教材编委会将在教研过程中随时关注国内外相关前沿信息。

为确保本教材的学术性和知识性，本教材在编写的过程中参考了众多权威专家学者的相关书籍、论文和报纸杂志的有关评论，其中，中国金融学会学术委员会谢平委员、零壹财经研究总监李耀东博士的观点和编写思路对本教材的编写具有十分重大的指导意义，在此表示感谢！同时也感谢厦门大学出版社和厦门东海职业技术学院领导的大力支持，在此一并致谢。

为便于高职教师备课和教学，本教材编委们编写了 PPT 课件、电子教案、《课程标准》、《教学进度安排》、试题库和习题库及答案等教参资料，并备有电子版《互联网金融实务》。欢迎使用本教材的教师编辑手机短信发送至 13159232323 或加 QQ357247110 以便索取相关电子版教参资料。

《互联网金融实务》编委会

2016 年 4 月

目 录

第一章　互联网金融概论

知识要求

通过本章学习，了解互联网金融的发展历史以及国内外研究的现状，掌握互联网金融的概念、特征和阶段划分，研究中国互联网金融的特色，更好地发挥互联网金融在经济发展和社会进步中的作用。

技能要求

能够通过口头和书面两种形式，简单介绍互联网金融产生的历史背景和现状，能够从自己的角度对互联网金融的概念和特征提出自己的见解。

第一节　互联网金融的产生

互联网金融是互联网技术、信息通信技术和传统金融业共同发展的产物，也是市场经济发展的必然结果。可以说，没有互联网技术和现代通信技术的发展就不会有互联网金融，没有传统金融业和电子商务的金融创新就不会有互联网金融的诞生。

一、互联网金融的产生和发展

(一)互联网金融产生的背景

互联网金融的产生有其深刻的历史背景。这个历史背景可以从四个层面来看：经济背景、技术背景、政治背景和金融行业发展背景。

1.互联网金融的经济背景。从经济发展层面看，改革开放以后，中国的国民经济迅速发展，人民群众的生活水平不断提高，普罗大众一般都有了积蓄，有了个人投资理财的条件和要求，这使金融市场具有了更加广泛的市场空间，同时也对金融行业提出了更高的要求。这种要求包含了培养大众所必需的互联网思维、开发成熟的互联网技术和现代通信技术、制定相应的金融政策。

2.互联网金融的技术背景。互联网技术和现代通信技术的发展同时开拓了人们的思维，使金融行业和互联网行业的精英们在争取少数“大客户”的同时，将目光投向了更加广阔的、巨大的市场空间——那海量的普通百姓和小商家等“小客户”的金融服务需求。互联网技术和现代通信技术使人们有条件克服时间和物理空间的障碍，用最小的资本投入给客户提供更加满意的金融服务。然而,如果没有国家有关金融政策的支持,互联网金融也将无疾而终。

3.互联网金融的政治背景。改革开放以后,我国经历了1978—1984年的金融体系恢复期、1985—1993年的金融体系全面建设期、1994—2001年的全面配套改革期、2001年至今的金融改革加速期。在金融体制日益完善,金融市场健康发展的今天,国家对互联网金融的政策支持使互联网金融如虎添翼。

4.互联网金融的人文背景。金融的本质,就是一切发生在资金出让方与资金受让方之间的与资金流动相关的活动。既如此,金融活动就要求安全、快捷、方便和低成本。而要达到这个目的又需要有对方的足够信息、资金受让的时间,以及相应的受让成本。互联网技术的应用,使得金融机构能够在极短的时间内获得海量的信息,并使金融机构业务操作更加安全、准确、快捷、简便而低成本。这是资金受让双方和作为其中介机构的金融企业都乐于见到的。互联网的普及和网民之众,使得网上具有了越来越巨大的金融业务市场空间,因此,互联网对金融业的渗透或是金融业的"触网"也就成为必然。

互联网金融诞生至今,可以简单地归结为两个发展方向共同作用的结果,其一是传统金融业的互联网化,其二是创新的基于互联网的金融企业的出现。就其资金渠道发展而言,可以分为以资金中介为主要业务的互联网金融阶段和资金中介、信息中介、支付中介、结算中介等多种形态并存的互联网金融阶段。

自20世纪80年代互联网技术在美国诞生以来,以互联网为核心基础的信息技术已完全改变了人类社会。"开放、平等、分享、协作"是互联网精神,但究其实质,其实是"普世精神",也可以说是"普惠精神"。1983年互联网在美国诞生,钱天白教授在1987年9月20日发出了我国第一封电子邮件——"越过长城,通向世界",揭开了中国人使用互联网的序幕。1991年互联网正式进入美国工商企业,为广大民众所使用。1994年,中国正式介入互联网,宣告信息时代在中华大地的降临。至今,互联网联系着全球160多个国家和地区(世界上共有220多个国家和地区)。从此,信息跨越了时空界限,改变着各行各业,也改变着人们的生活,互联网金融应运而生。

(二)美国是互联网金融诞生的摇篮

1995年10月18日,全球第一家纯粹的网络银行SFNB(Safe First Net Bank,安全第一网络银行)在美国正式宣布成立。SFNB一直致力于开发新的电子金融服务,不仅提供传统银行的所有业务,还不断推出新形势下方便客户的网络金融产品,以满足客户多样化需求。其认为网络银行可以并且应该取代传统银行,是社会发展的必然。它代表着网络银行一种全方位的发展模式。1996年5月,Cardinal银行将其网络银行业务从传统银行中分开,独立出SFNB。

1996年11月,SFNB成功收购Secure Ware(安全解决方案开发公司),并联合Five Space(互联网银行软件开发公司)组建了安全第一技术公司(SI),将世界上第一家网络银行的各方面力量正式结合在一起。

2006年2月,Prosper网络金融机构在美国加州旧金山市创立,是美国金融史上第一个P2P(peer to peer,点对点)借贷平台。Prosper早期的模式类似拍卖,借款方希望寻找愿意以最低利率出借的出资人,出资人则希望找到愿意支付更高利率的借款人,个人信用评分是借贷双方的主要参考指标。

2007 年 5 月，Lending Club（贷款俱乐部）在美国以基于互联网技术的资金融通中介机构的业态出现，其整体运作模式是自身仅作为借贷双方的中介。

2011 年，SoFi 成立，其总部位于美国旧金山，它由斯坦福大学商学院的 Mike Cagney 与另外 3 个伙伴共同创立，是一家专做大学生网贷的 P2P 公司。在成立之初，SoFi 的主要业务是为毕业于名校的优秀学子提供更低利率的二次贷款，帮助他们偿还政府的助学贷款。同年，一个开放的、透明的金融预测平台——Estimize 在美国成立，它是由对冲基金分析师雷·德罗根创建的。

在美国互联网金融暗流涌动的同时，互联网金融业态在世界各地悄然兴起，中国是互联网金融发展速度最快、规模最大的国家之一。

（三）中国是互联网金融的后起之秀

2002 年阿里巴巴推出的"诚信通"，被普遍认为是阿里金融的最初萌芽。"诚信通"是阿里巴巴为从事国内贸易的中小企业而推出的会员制服务，主要用以解决互联网贸易信用的问题。2003 年阿里巴巴为淘宝网量身定做了第三方支付服务——支付宝，从此，阿里巴巴拥有了独立于银行之外的资金流通渠道，由此抢滩金融业的支付业务。在此基础上，2007 年 5 月，阿里巴巴携手中国建设银行推出企业信用贷款服务，允许优质客户通过阿里巴巴向建设银行申请贷款和融资。2007 年 6 月，中国工商银行也与阿里巴巴签约合作。直至 2010 年，阿里巴巴与建行、工行的"联姻"突然停止。同年，"阿里小贷"获得牌照，正式放开了其互联网金融的脚步。正是在阿里小贷的推动下，"互联网金融"替代"电子金融"和"金融网络化"，成为互联网时代进行产业变革的新口号。2013 年 6 月 17 日正式上线的"支付宝"，则是投向消费市场的一颗重磅炸弹，为淘宝、天猫的卖家提供了理财渠道。

在互联网金融的道路上，阿里并不寂寞。

2012 年 11 月，国内第二大电子商务平台——京东商城与中国银行北京分行签约合作，共同向线上的京东合作供应商提供供应链金融服务。

2013 年 5 月 24 日，敦煌网与招商银行正式发行联名金融服务卡"敦煌网生意一卡通"，提供融资、结算、理财一体化的小微企业金融服务。

苏宁电器——国内电器销售渠道的最大民营企业，于 2012 年 12 月发起设立"重庆苏宁小额贷款有限公司"，目的是发展公司的供应链金融服务体系。2013 年 1 月该小额贷款公司正式取得营业执照。

2005 年 9 月，腾讯公司推出专业在线支付平台——财付通，致力于为互联网用户和企业提供安全、便捷、专业的在线支付服务。此后，腾讯公司的互联网金融动作不断，2013 年 7 月 31 日，华夏基金旗下的活期通推出"微理财"腾讯微信交易功能。

"三马同槽买保险"（三马——马云、马化腾、马明哲）。2013 年 9 月 29 日，保监会网站发布批文，批准众安在线财产保险股份有限公司（简称"众安保险"）开展专业网络业务。众安保险由蚂蚁金融服务集团、腾讯、中国平安等共同出资成立，注册资本为 10 亿元，注册地点位于上海，是中国第一家 O2O 互联网保险公司。

二、互联网金融发展现状

1995 年,美国安全第一网络银行的诞生标志着全球互联网金融的迅速发展。美国的互联网金融是由基于互联网的新型支付体系、新型贷款模式以及新型筹资模式等迅速发展起来的,其发展历程大致可分为三个阶段:

第一个阶段:20 世纪 90 年代,传统金融机构和金融业务信息化的阶段。此阶段处在信息化兴起的过程中,传统金融业务建立在信息化体系和进行业务流程再造的过程中,使得互联网成为金融业务内嵌式的软件框架,二者有机地融合起来,从而使美国甚至全球金融体系一体化进程大大地提速了,并形成了全球性的金融信息化和支付体系。

第二个阶段:20 世纪 90 年代中后期,基于传统业务和互联网融合的创新性业务探索与实践的阶段。区别上阶段的电子银行,此阶段出现了纯粹的、没有任何网点实体柜台的"网络银行"等网络型企业。网上发行证券、网上销售保险、网上理财等业务模式也不断涌现。此时美国的互联网金融仍然是基于传统业务的升级,但逐步呈现出相对独立的经营业态。

第三个阶段:21 世纪初以来,有别于传统金融业务的互联网金融蓬勃发展起来,主要是非传统信贷业务、支付体系的变迁以及虚拟货币的发展。一方面,基于互联网的信用与资金融通业务开创性发展起来,2005 年美国第一家 P2P 借贷平台 Prosper 成立,是美国互联网信贷业务发展的新起点。2007 年美国最大的网络贷款平台 Lending Club 成立。2013 年这两家公司的成交量总计 24.2 亿美元,比 2012 年增长 177%。2013 年共有 300 万人向众筹平台 Kickstarter 的项目投入了 4.8 亿美元,成功筹资项目达 1.99 万个,相当于每天筹资 131.552 万美元,每分钟筹资 913 美元。

互联网银行、互联网证券、互联网保险和互联网期货是传统金融业互联网化的四大具体行业,互联网金融的现状可以从这几个具体行业的考察中得以了解。

(一)互联网银行发展与创新

所谓互联网银行(Internet Bank,Net Bank 或 Web Bank),也称网上银行或在线银行。它是指一种依托互联网技术和现代移动通信技术的发展,借助互联网平台,提供和开展各种金融服务的新型银行机构与服务形式。也可以说,互联网银行是银行利用互联网技术和现代移动通信技术,将客户的电脑终端连接到银行网站,将银行的金融服务直接送到客户办公室、家中和手中的金融服务系统。

随着互联网的广泛应用,1995 年在美国诞生了第一家互联网银行,这是世界上第一家将其所有银行业务都通过互联网进行交易处理的开放性银行。受其影响,欧美其他商业银行纷纷做出积极反应,绝大部分有影响的商业银行都陆续建立了自己的互联网银行。目前,发达国家的商业银行纷纷为自己的互联网银行展开广告攻势和宣传攻势,争夺网上交易份额,争抢新的客户源。在业务范围上,发达国家的互联网银行服务面更为广泛,业务品种更为齐全;在业务处理上,互联网银行交易信息采用网上传输,计算机系统实时自动处理,方便、迅捷、安全,深受企业和个人用户的欢迎。

随着中国经济的快速发展,中国大陆银行业也积极利用先进的信息互联网技术工具在经营理念上与国际接轨,这为互联网银行在中国的快速发展奠定了基础。至今,中国网络银行在发展环境、水平等方面均有了显著的提高,在面临挑战的同时也拥有很好的机遇。区块链技术和人工智能在我国银行业的应用,使商业银行的岗位结构发生了较大的变化,也对商业银行当今岗位员工的知识结构提出更高的要求。

(二)互联网证券业务的拓展

互联网证券,又称网上证券,它是通过互联网进行的各种证券信息服务和证券交易活动的总称,包括股市行情、相关市场资讯、股票投资咨询、网上交易委托等。从时间上讲,由于互联网证券和互联网银行的技术基础都是互联网和现代移动通信技术,因此,两者的诞生基本上是同时的。尤其是就互联网银行和互联网证券的信息服务业务的开办来说更是如此。但若要从业务机构的成立或第一笔交易的实现来讲,两者时间上又有较短的前后差异。一般来说,互联网银行的交易业务和机构成立要比互联网证券稍稍早些,因为互联网证券交易业务的开展依赖于互联网银行网上转账和网上结算的开通。

1994 年,美国的查尔斯・斯沃伯公司开始办理网上证券经纪业务。美国是网上证券交易最发达、规模最大的国家。在我国,互联网证券起步比国外稍晚,1997 年 3 月,广东湛江的中国华融信托公司湛江营业部率先推出视聆通互联网交易系统,标志着我国网上证券的出现。严格地说,中国华融信托公司湛江营业部当时只是实现了互联网实时交易信息的传递并拥有企业的门户网站,并未实现在线和移动交易与结算功能。但由于互联网技术的迅猛发展,网上证券推出后的发展速度很快。刚推出网上交易的前 3 年,国外网上证券交易量的增长速度超过 100%,中国则是 126%。以后几年,每年的增长速度也在 50%以上。

互联网证券业务是围绕着证券交易这一中心环节来展开的,开通网上证券交易的券商除了都能提供网上证券信息服务外,还能提供从行情查询、买卖委托、交易撮合到成交回报、结算交割等网上证券交易服务。这些程序的目的只有一个,即实现网上交易。因此,互联网证券的业务比较集中,主业突出。

(三)互联网保险方兴未艾

互联网保险是新兴的一种以计算机互联网和移动终端为媒介的保险营销模式,有别于传统的保险代理人营销模式。

互联网保险的产生和发展是一种历史趋势,它代表了国际保险业的发展方向。目前国内的保险网站大致可分为两大类:第一类是保险公司的自建网站,主要推销自家险种,如平安保险的"PA18"、泰康人寿保险的"泰康在线"等;第二类是独立的第三方保险网站,是由专业的互联网服务供应商(ISP)出资成立的保险网站,不属于任何保险公司,但也提供保险服务,如易保、网险等。很明显,以上这两大类网站代表了中国互联网保险的发展水平,当对它们的实施策略及市场运作方式进行理性、客观的研究分析后,就能深刻地把握中国互联网保险的发展状况。

互联网保险的核心概念是指,保险机构或电商机构利用互联网技术和现代移动通信技术,向客户提供或代理保险业务的各种服务活动,其中包括保险信息咨询、保险计划书设计、投保签单、在线交费、承保、核保、理赔、支付、保单查询、保金变更、退保、续保及投诉等。边缘一点或广义的概念还包括保险机构本身的互联网化管理,如内部资料收集、统计分析、经营管理、业务培训,与银行和其他业务单位的交易,与保监会和工商税务等行政部门的联系与交流。一般来说,互联网保险主要是指前者。美国是发展互联网的先驱,也是互联网保险的先行者。20 世纪 90 年代初,美国的保险公司就开始提供网上保险咨询。1995 年 2 月,美籍埃及人侯赛因·安南在美国加州的红杉城与人合办了世界上第一个、也是目前全美最大的互联网保险专业网站,为保险公司和客户提供网上交易平台。1996 年,美国国民第一证券银行首创网上保险直销,前 10 个月,保费收入就达 1500 万美元。同年,全球最大的保险及资产管理公司法国安盛集团也紧随其后推出了网上保险业务。1997 年 11 月 28 日,中国保险学会和北京维信投资顾问公司合作,正式开通了我国第一家保险信息网站,即中国保险网,并在当天就收到了国内客户的第一份网上投保意向书。1999 年 3 月,国内专门从事互联网保险的网站——"东方网险"上线。同年 8 月,中国太平洋保险公司、泰康人寿保险公司分别创建了"太保网"和"泰康在线"。自此,我国保险业开始逐步走进互联网保险时代。

互联网保险是一项巨大的社会系统工程,涉及银行、电信等多个行业,这一工程的完善需要较长的时间。互联网黑客的袭击使目前计算机互联网系统的自身安全缺乏保障,互联网保险存在安全隐患;而互联网保险由于保险当事人之间的人为因素与深刻复杂的背景及利益关系,使得网上投诉、理赔容易滋生欺诈行为。因此,仅仅依靠网上运作还难以支撑互联网保险,如何禁止和惩处利用互联网保险进行保险欺诈的行为,如何实行网上核保与网上理赔及支付,仍有很长的一段路要走。

(四)互联网期货逐步发展

互联网期货是指在互联网上进行期货信息交流和期货交易的经济活动。从理论上讲,所有可用传统方式交易的期货都可借助互联网来进行,但实际情况下有个逐步开发和推进的过程。期货品种较多,一般可分为金融期货、商品期货和期权三大类。金融期货中有股票期货、外汇期汇、债券期货、利率期货、指数期货、股票期货等;商品期货中有农产品期货、金属期货、贵金属期货、燃料期货等。而农产品期货又可细分为作物品种期货,如大豆、玉米、小麦、绿豆、花生仁等;燃料期货可分为石油、煤炭、天然气等品种;金属期货可分为黑色金属、有色金属两小类,往下黑色金属又可分为钢、铁两品种,有色金属可分为铜、铝等品种。

互联网期货在欧美发达国家较早兴起。1994 年,美国纽约两家最大的期货交易所——纽约商业交易所和纽约商品期货交易所合并,随后推出了网上期货行情查询和部分品种的网上期货交易。不久,芝加哥期货交易商协会推出了世界上第一个网上交易网站。1998 年,德国期货交易所和瑞士期权与金融期货交易所合并,创建了欧洲期货交易所,也开始做网上期货业务。日本在 20 世纪 90 年代中期就有不少期货公司和金融机构利用公司网站提供网上期货服务,如东京大众、太阳大众和软银金融。2000 年 9 月,这 3 家公司又共同出资 7 亿日元联合成立了日本第一家专门的互联网期货交易公司。目前,国外期货交易所和期货公司 90%以上能提供互联网交易服务,互联网期货交易量超过了总交易量的 30%。

虽然电子交易系统完整记录了投资者交易的过程及结果,但由于电子交易数据存储介质的特殊性,对于期货经纪公司而言,为便于管理和固定交易结果,仍应在交易的过程中定期让投资者签署确认交易报告书;交易结束后,在办理账户清结手续时,与投资者签订书面的文件,就交易的过程和结果进行最终确定。区块链技术在期货业的应用,有可能最终解决这一难题。

对于电子交易数据的保存,应当保持其完整性、原始性——任何对于交易系统或者交易设备的检修或改造,都不应改变这一点,否则,就有可能因交易数据的真实性而出现问题。另外,在诉讼发生时,有必要调取电子交易数据作为证据使用,为了使这一证据具有更充分的证明力,应该将这一调取的过程给予公证证明——证明调取的交易数据是原始的交易数据,符合证据真实性的法律要求。

目前,国内互联网期货业务的运作模式主要有两种:一是期货信息增值服务模式。这种模式的运作是期货经纪公司通过网站向期货投资者提供各种期货行情和网上交易辅助系统或辅助通道。期货投资者在确定投资意向后,在经纪公司的网站或者自己的移动终端下单,再由经纪公司与交易所通过互联网实现交易。这种模式在目前的国内互联网期货业务中占绝大多数。二是网上直接交易模式,即期货投资者通过网站或其他渠道获知期货信息并确定投资意向后,直接在网上向交易所的交易厅下单。这种模式效率更高,也是发展的方向。但目前受各种客观条件和主观观念的限制,所占比例还比较小,占互联网期货交易总量的10%～20%。

互联网金融行业除了上述互联网银行、互联网证券、互联网保险和互联网期货外,还有一些正在兴起或成长的边缘性互联网产业,如网上产权市场、网上技术市场、网上投资中心、网上拍卖中心、网上集邮市场等。它们建立的网站目前已有几十个,不少也可进行网上交易,有的还具有相当的影响和知名度,如中国产权交易网(www.cnpre.com)、中华投资网(www.zhtzw.com)等。这些网上交易市场与互联网金融有关,但能不能算互联网金融的组成部分,算不算是互联网金融新的成长因素,都还有待进一步研究和探讨。

(五)异军突起的互联网金融

除了传统金融业的互联网金融以外,第三方支付、P2P、众筹等基于电子商务机构的"狭义互联网金融"企业也纷纷抢滩互联网金融。

目前中国国内的第三方支付产品主要有PayPal(易趣公司产品)、支付宝(阿里巴巴旗下)、财付通(腾讯公司旗下)、易宝支付(Yeepay)、快钱(99bill)、百付宝(百度C2C)、网易宝(网易旗下)、环迅支付、汇付天下。其中用户数量最大的是PayPal和支付宝,前者主要在欧美国家流行,后者是阿里巴巴旗下产品,据称,截至2013年底,支付宝实名用户近3亿(另外中国银联旗下银联电子支付也开始发力第三方支付,其实力不容小视)。

2015年1月21日,微信在App Store率先上线了6.1版,新版增加了"附件栏发微信红包"功能。2016年3月1日起,微信支付对转账功能停止收取手续费。同日起,对提现功能开始收取手续费。2017年5月4日,微信支付宣布携手CITCON正式进军美国。在微信支付正式进军美国后,赴美人群可在美国享受无现金支付的便利。通过微信支付,在美国的衣食住行均可直接用人民币结算。2018年4月1日起,支付宝、微信静态条码支付,每天限额500元。

2005年3月,英国人理查德·杜瓦等4位年轻人创办的全球第一家P2P网贷平台Zopa(Zone of Possible Agreement)在伦敦上线运营。如今Zopa的业务已扩至意大利、美国和日本,平均每天线上的投资额达200多万英镑。另外一家P2P网络借贷平台

Prosper成立于2006年，如今拥有超过220万会员，超过60亿美元的借贷发生额，是目前世界上最大的P2P借贷平台。在中国，最早的P2P网贷平台成立于2006年。2011年，网贷平台进入快速发展期。2013年，网贷平台更是蓬勃发展，以每天1～2家上线的速度快速增长，平台数量大幅度增长所带来的资金供需失衡等现象开始逐步显现。2015年2月10日，首个商业银行P2P资金托管平台——民生银行"网络交易平台资金托管系统"成立。

众筹的兴起源于美国网站Kickstarter，该网站通过搭建网络平台面对公众筹资，让有创造力的人可能获得他们所需要的资金，以便使他们的梦想有可能实现。2011年7月，中国国内第一家众筹平台点名时间上线，标志着我国众筹行业的开端。随后一系列大平台上线代表了国内众筹的重要节点，2011年9月，追梦网在上海上线。2012年3月，淘梦网上线运营，这是国内较早的垂直类产品众筹平台，主要面向微电影领域。2013年12月，淘宝的众筹平台(淘宝众筹平台成立时的名字为"淘星愿"，后经两次改名最终定名为"淘宝众筹")成立，意味着电商巨头开始挺进产品众筹行业；2014年7月，京东众筹上线；2015年4月，苏宁众筹上线；电商巨头在产品众筹领域的布局逐渐清晰。截至2015年12月底，全国共有354家众筹平台，正常运营的众筹平台达303家。据零壹数据显示，在规模上，2016年上半年互联网众筹筹资规模在83至88亿之间。产品众筹、股权众筹和权益众筹规模分别在21.8亿、38亿和25亿左右。另外，影视众筹、实体店众筹、汽车众筹三个垂直细分领域上半年筹资规模分别在3.5亿、6.5亿和23.6亿左右。

我国互联网金融的发展，目前分为四个阶段。第一个阶段是2005年以前，互联网与金融的结合主要体现为互联网为金融机构提供技术支持，帮助银行"把业务搬到网上"，还没有出现真正意义的互联网金融业态。第二个阶段是2005年至2012年，网络借贷开始在我国萌芽，第三方支付机构逐渐成长起来，互联网与金融的结合开始从技术领域深入到金融业务领域。这一阶段的标志性事件是2011年中国人民银行开始发放第三方支付牌照，第三方支付机构进入了规范发展的轨道。第三个阶段从2013年开始到2016年，在这个阶段，互联网金融飞速发展，有专家称之为"狂热阶段"。2013年被称为"互联网金融元年"，是互联网金融得到迅猛发展的一年，自此，P2P网络借贷平台快速发展，众筹融资平台开始起步，第一家专业网络保险公司获批，一些银行、券商也以互联网为依托，对业务模式进行重组改造，加速建设线上创新型平台，互联网金融的发展进入了新的阶段。第四个阶段是2016年之后，可以称之为互联网金融的规范化发展阶段。在这一阶段，互联网金融的各项政策得到完善和全面贯彻实施，之前的各种金融乱象得到有效控制，我国的互联网金融走上了规范、健康的发展之路。

知识链接

美国安全第一网络银行

1995年10月，美国三家银行Area Bank股份公司、Wachovia银行公司、Hunting Bancshares股份公司与Secure ware和Five Space计算机公司联合在Internet上成立全球第一家无任何分支机构的纯网络银行，即美国安全第一网络银行SFNB(Security First Network Bank)。SFNB是得到美国联邦银行管理机构批准，在因特网上提供银行金融服务的第一家银行，也是在因特网上提供大范围和多种银行服务的第一家银行。其前台业务在因特网上进行，其后台处理只集中在一个地点进行。该银行可以保证安全可靠地开办网络银行业务，业务处理速度较传统银行快得多。

美国安全第一银行是在 DATA FORCE INTERNATIONAL 软件公司的协助下，开发环球网系统的。该系统使用 SUN 公司的计算机做硬件平台，系统的用户使用个人计算机上的网络浏览器，通过因特网就可以直接进入银行主页。在银行一端，由一台 SUN 公司的 SPACE SERVER 服务器提供用户与银行信息系统主机之间的接口。即 SPACE SERVER 服务器负责将银行信息系统主机的数据转换成超文本置标语言（HTML）格式后送往主机进行管理。在环球网系统中，一台网络浏览器服务器专门用于加密。SUN 公司的设备能够与该服务器兼容。

（资料来源：百度百科——http://baike. baidu. com/link? url = B7nxoIvFTxzcb8nD1aLVOCWfk8FciiZXJD5kYf3Yj _ E80ToDBF6kl3KEQccdk _ m2rZhf2hQbeX2J1EmKHOoa2_）

第二节　互联网金融的概念与特征

当互联网企业介入金融行业开展业务，包括结算、小微贷款、标准化金融产品销售、信息中介等金融业务时，就构成了互联网金融的通识部分。互联网金融在缓解信息不对称、提高交易效率、优化资源配置、丰富投融资渠道等方面有别于传统金融。互联网金融不是金融与互联网的简单结合，而是现代金融创新与科技创新的有机融合。

当前，业界和学术界对互联网金融尚无明确的、获得广泛认可的定义。但对互联网支付、P2P 网贷、众筹融资等典型业态分类有比较统一的认识。

中国人民银行金融研究所李博及北京市金融工作局董亮将互联网金融分为传统金融服务的互联网延伸、金融的互联居间服务和互联网金融服务三种模式。他们认为，互联网延伸是一种广义上的互联网金融，电子银行、网上银行、手机银行都属于这一范畴；互联居间服务应用模式有第三方支付平台、P2P 信贷、众筹等；金融服务多为互联网企业向金融业的渗透，如小额贷款公司、基金保险销售平台等。互联居间服务和金融服务可划为狭义上的互联网金融。

吴晓灵（中国人民银行原副行长、国家外管局原局长，著名经济学家）认为，互联网金融应包括四个方面：一是与电商相结合的结算业务，二是基于销售信息的小微贷款业务，三是基于支付账户的标准化金融产品销售，四是借贷双方的信息平台。目前得到监管的是与货币运动关系密切的结算业务。

谢平（中国人民银行研究生部教授、博士生导师，南开大学、南京大学、武汉大学等多家大学兼职教授）按照互联网金融形态在支付、信息处理和资源配置三大支柱上的差异，将其划分为传统金融的互联网化、移动支付和第三方支付、互联网货币、基于大数据的征信和网络贷款、基于大数据的保险、P2P 网络贷款、众筹融资、大数据在证券投资中的应用等八大类。高汉（2014）根据互联网的主要功能，将互联网金融分为支付结算类、融资类和投资理财保险类等三类。

一、互联网金融的定义与内涵

互联网金融是传统金融机构与互联网企业(以下统称从业机构)利用互联网技术和信息通信技术实现资金融通、支付、投资和信息中介服务的新型金融业务模式。广义的互联网金融既包括作为非金融机构的互联网企业从事的金融业务,也包括金融机构通过互联网开展的业务。狭义的互联网金融仅指互联网企业开展的,基于互联网技术的金融业务。

互联网金融并不是互联网和金融两个概念的简单加总。目前,"互联网金融"在全球还没有统一定义。市场人士将互联网企业从事金融的行为称为互联网金融,而将传统金融机构利用互联网的业务称为金融互联网。不过,随着金融和互联网的相互渗透、融合,这一狭义概念的边界正变得模糊。广义来看,互联网金融已泛指一切通过互联网技术来实现资金融通的行为。我们认为,互联网金融是传统金融行业与以互联网(目前主要是Web 2.0)为代表的现代信息科技,特别是搜索引擎、移动支付、云计算、社会化网络和数据挖掘等相结合的新兴领域。一方面国内金融机构主动利用互联网平台改造传统业务模式,另一方面互联网公司依赖技术和平台开始渗透到金融领域。当金融遇上互联网,互联网"开放、平等、协作、分享"的精神正在对传统金融业态渗透,崭新的互联网金融生态正在生长。

随着传统金融企业的互联网化和互联网企业的金融化,互联网金融业态的发展日益趋同,其边界越来越模糊。鉴于此,本书将以广义的互联网金融概念来展开论述。

二、互联网金融的主要特征

现代金融业依赖信息传递的先天特征,决定了金融机构具有跟踪技术进步和升级换代的迫切需求。所以,因特网及互联网经济活动出现以后,银行、证券、保险、期货、投资咨询等所有金融部门都表现出了充分的热情,进行了较为深入的实践,从而形成了一个松散的互联网金融业务群落。互联网金融业务包括由传统金融机构和部分电子商务机构通过互联网提供了各种传统或创新的银行业务、证券业务、保险业务、期货经纪业务及投资理财咨询等其他附加性的全部金融服务。

互联网金融的主要特征表现在以下三点:

一是以大数据、云计算、数据挖掘技术为基础,挖掘客户信息并管理信用风险。互联网金融主要通过网络生成和传播信息,通过搜索引擎对信息进行组织、排序和检索,通过云计算处理信息,有针对性地满足用户在信息挖掘和信用风险管理上的需求。

二是以点对点直接交易为基础进行金融资源配置。资金和金融产品的供需信息在互联网上发布并匹配,供需双方可以直接联系和达成交易,交易环境更加透明,交易成本显著降低,金融服务的边界进一步拓展。

三是通过互联网实现以第三方支付为基础的资金转移,第三方支付机构的作用日益突出。

互联网金融开启了金融服务的新时代。无论是生产者还是消费者,商家还是客户,都明显感受到了互联网金融所带来的效率、效益和便利。互联网金融的主体是银行,互联网金融的先行者也是银行，银行在互联网金融的发展中一直起着主导作用。但同时，互联网证券、互联网保险和互联网期货等其他互联网金融形式也对互联网金融内容的丰富和水平的提高起着积极的推动作用。

从整体的角度上考查，互联网金融还具有以下特点：

1.金融活动不受时空限制

这是互联网金融最突出，也是给金融客户和金融机构从业人员感受最直接的特点。在网络金融的条件下，个人无须在特定的金融场所、用特定的金融票据、持特定和有形的金融货币进行交易，只要手持一个电子终端(手机、掌上电脑、移动笔记本电脑等)，无论是天涯海角，还是白天黑夜，只要按几下按钮，交易即可完成。具体地说，在电子技术、计算机技术、互联网信息技术的基础上，金融活动可以通过互联网在世界范围内以光速运行。无论是对内的金融管理，还是对外的金融业务，或者是客户之间的资金交割，或者是客户本身的金融信息查询及资金调动，均可以在大街上、郊野外，也可以在足不出户的情况下，几分钟甚至几秒钟就可以完成。“3A 金融”“日不落金融”就是对互联网金融不受时空限制这一突出特点的形象概括。

2.金融业务处理高效化

互联网金融由于其运作手段的系统化、电子化、自动化，业务处理效率极高。传统银行业务、传统证券业务要经过柜台排队、填单以及营业员手工操作等烦琐冗长的人工处理，而互联网金融在任何时间、任何地点均可以将金融业务变成电子脉冲以光速在互联网上进行，其效率之高，令人叹为观止。从业务处理的类型上讲，无论是 B2B(商户对商户)还是 B2C(商户对客户)或是 C2C(客户对客户)、B in B(商户内部业务管理)、C in C(客户内部咨询及业务处理)等，互联网金融都是十分高效的。例如，美国富国银行办理网上房屋贷款批复业务只需 50 秒；而美国安全第一银行更宣称，其网上贷款业务 25 秒钟即可办妥。在互联网证券业务中，任何客户均可在几秒钟内完成一单股票的交易和资金交割；而任何一位客户也能在一分钟之内完成一单银行存款与证券保证金之间的调动。至于互联网银行的余额查询业务，那就更简单快捷了，用手机登录并输入密码即可完成。正因为互联网金融业务处理的高效，以前传统金融支付业务中所谓的“在途资金”(交付过程中的资金)已不存在。

3.金融品种多样化

互联网金融由于不受时空限制、运行高效，又具有创新的本质特征，和电子技术、互联网技术的不断更新发展结合，使金融品种呈现出特别丰富和不断推陈出新的状态。例如，从银行业来讲，以前提供给个人的服务品种不外乎是存、取、贷几种，存款服务也不过是定期、活期、定活两便 3 种，而互联网银行的个人服务品种目前国内已达到 30 多种，在国外，如美国富国银行网上业务已达到 41 种之多。美国花旗银行的全部金融品种包括互联网金融品种已高达 30 多种。其他五花八门的金融服务品种还在层出不穷，如招商银行与广东移动公司及某商场合作，推出了商场购物手机支付金融服务，大到买电器，小到买一瓶可乐，均可即时支付结算。

金融品种多样化发展方兴未艾，并出现了一种促使金融机构“服务全能化”或“混业化”的趋势。这在国外金融界更加明显。如国外的银行不仅有传统的存、贷、汇、兑业务，还有证券包销、证券经纪、财务顾问、企业并购、基金管理、信托投资、租赁、保险甚至商品采购、产品销售等业务。美国底特律联合证券公司的经营执照上甚至还明文写着“除了为结婚举行宗教仪式和在教堂举行宗教礼拜仪式之外,可做一切事情”。国内银行在这方面也有新的表现,如汇款,过去是邮局的业务,现在银行也做;在银行做电子汇款业务,既快又省钱。同时,各种家庭理财、日常缴费,金融机构都有相应的代劳服务。这种金融品种多样化的特点,导致了“金融百货商店”和“金融超市”概念的产生。

4.金融服务低成本化

互联网金融由于是在网上处理业务,所以不需要豪华的办公场所,不需要很多的员工,也不需要遍布街巷的分支机构或营业网点,这样,就大大节约了金融机构的投资成本、营业成本、人力成本和管理成本。例如在美国,互联网银行的开办费只是传统银行的1/20甚至 1/40;美国传统银行开设一个分支机构,平均需 200 万美元成本,而一家叫“Nfront”的互联网服务公司的公开开价却是:收费 5 万美元即可为任何商业银行建立一个互联网银行。另外,统计资料还显示,互联网银行的业务成本为传统银行的 1/12;在业务成本占收入的比例上,互联网银行只是传统银行的 1/3 至 1/4 。

5.金融服务个性化

服务个性化在互联网金融信息服务领域更加突出。如互联网银行用户可以根据个人或本企业的需要订阅货币存贷利率浮动信息、投资信息及金融动态等;互联网证券用户也可因人而异各取所需地从网上搜索个股信息、各种股市指数、股市交易即时数据和股市新闻等。互联网金融的业务个性化也很普遍,如互联网保险就可为个人或家庭量身定做,保险方案做得既迅速又准确;互联网期货可以根据客户需要设计各种运作计划。同时,金融服务的个性化与金融品种的多样化是相辅相成、互相促进的;品种的多样化推动服务的个性化,而服务的个性化则要求并促进品种的进一步多样化。

6.金融交易直接化

在传统的金融活动中,金融机构常常充当中介和桥梁的角色来开展金融业务,但在互联网金融中,金融机构的这种中介作用逐渐失去了用场,这种现象学术界称之为“金融脱媒”。如企业的融资,就无须金融机构的参与,融资者和投资者双方可在互联网上直接进行;又如企业之间的经济来往和金融结算,也无须通过银行来办理,双方在网上直接过账就行了,包括现在很多的个人购物和缴费业务,如信用卡购物、网上购物、手机通信缴费等。

7.金融活动全球化

如果说经济全球化或贸易全球化是金融全球化的社会基础,那么,互联网技术和现代移动通信技术则是金融全球化的支撑条件。现在,利用互联网可以将金融业务延伸至全世界每个角落。具体地说,金融活动全球化主要表现在以下几个方面。

(1)客户的全球化。国际的经济合作与贸易产生了分布全球的金融客户。

(2)业务的全球化。经济上的国际业务导致了金融上的国际业务。

(3)交易的全球化。由于互联网金融没有时空限制,互联网货币也不受国境(海关)限制,所以只要有互联网和电脑,甚至只要有手机,交易就可在全球任何一个地方进行。

(4)利润的全球化。由于客户、业务和交易是全球化的,利润来源自然也会形成全球化的结构。

(5)运作模式的全球化。因为互联网金融在全世界都是一个新事物,各国的差别不大,国际模式容易通行,因此互联网金融在运作方式、经营理念和管理体制等方面全球化特征比较突出。

8.金融行业之间的界限日趋模糊化

互联网金融的方便、高效、自动化程度高和不受时空限制,使得金融机构、金融行业之间的界限日趋模糊。传统的金融机构如银行、证券公司、保险公司、基金公司、信托公司是界限分明的,业务开展也是各行其道,但在互联网金融的条件下,金融机构的界限及其业务范围已相互渗透、相互交叉或相互混合。如互联网银行既可以搞存、贷、结算,也可以做保险、做基金、做信托;反过来也一样。1999 年 11 月 4 日,美国国会正式通过了《金融服务现代化法》,接受现实中金融机构混业经营的做法,并从立法基础上推动金融服务的综合性。现在,在国外,甚至企业也可以组建金融机构,如日本的索尼公司在 2001 年就成了互联网专业银行,专门开展个人金融业务;而富士通、东京电力和日本寿险也组建了互联网银行,从而使得传统概念上的金融机构在互联网金融条件下界限不清;金融机构之间,以及金融机构与企业的面貌也因为互联网的介入而变得模糊起来,成了“你中有我,我中有你”。互联网时代的英雄,微软公司的比尔·盖茨 1996 年曾指出:由于互联网的发展,银行业务虽然需要,但传统的“恐龙式”的银行就不一定需要了,因为银行能做的事其他机构或公司也能做,也许还做得更好、更快、更省。比尔·盖茨的这番话实际上是互联网时代金融机构形象逐渐模糊化的一种注解。

9.金融信息公开化

在以往的金融活动中,由于银行、证券公司等金融机构的柜台式作业和充满神秘气氛的营业环境,客户对相关金融信息的了解(例如贷款额度、拆借利率、外汇政策、股情披露、上市状态、保险责任、理赔程序、期货指数以及各种金融业务品种交易信息等),都是知之不多或知之甚少,有些则是一知半解,但在互联网金融条件下就不一样了。无论是互联网银行、互联网证券,还是互联网保险、互联网期货,或其他互联网金融机构与互联网金融市场,其信息都是全面公开的。

互联网银行的业务信息十分全面,账户查询、按揭程序与知识,存贷品种、人民币汇率、业务指南等一应俱全。网上证券的信息更是应有尽有,从即时行情到个股分析、K 线图、均线图、“黑马”“白马”分析、业绩报告、专家咨询、投资组合技巧等,券商使尽浑身解数,提供广泛信息,提高服务质量,以吸引客户入市交易。总之,凡接触过互联网金融的人都有深刻感触,互联网金融的信息是公开和充足的,对所有上网的客户来说也是公正和公平的,从交易操作来说又是透明的;同时,对金融机构和金融客户来讲又基本上是对称的。由此可得出如下结论:金融信息公开化是互联网金融一个十分重要的特点,而互联网金融的崛起则是金融业乃至整个经济运作的一次划时代的进步。

10.金融管理的风险

互联网金融方便、高效,不受时空限制,但同时互联网的电子化和虚拟性也带来了安全隐患和业务风险。互联网金融的风险可分为两类:一是互联网系统安全风险(与股市“系统风险”不是同一个概念),二是互联网金融业务运作风险。从互联网系统安全风险性上讲，首先是互联网系统的技术稳定性风险，如处理器的安全性、保密设计技术的安全性、硬件系统的安全性、软件系统的安全性以及系统停机、抗磁盘列阵崩溃、抗病毒侵袭等都是有风险的。特别是处理器技术，许多国家包括我国都是从美国进口的，这就十分被动，随时都可能“受制于人”。因此，开发有自主知识产权的芯片确实具有重要的战略意义。另外，来自金融机构内部及外部的数字攻击问题也比较突出。互联网金融机构的内部人员以及互联网金融机构外部的黑客作案技术和手段越来越高明，其破坏性和攻击力也越来越强。因此，互联网金融犯罪屡禁不止，防不胜防，从而使互联网金融的安全性受到严重质疑。IBM 公司曾对互联网银行做了一次问卷调查，结果发现，互联网金融的安全问题是客户担心的首要问题，也是客户最不满意的问题。互联网系统安全风险的第二个方面是互联网系统的技术选择性风险，如主机系统与客户终端软件的兼容性问题，又如主机系统本身是否技术落后、不合时宜的问题。目前国内外互联网金融都设置了分层安全管理。

互联网业务运作类风险内容更广泛，如互联网金融交易的信用风险（身份、交易的真实性验证），互联网金融的结算风险（互联网中的任何故障都影响结算），互联网金融的资金风险（电子货币的兑换性、流动性等）以及互联网金融的法律风险（交易的合法性、规范性等）。这些风险都是很现实的，也是急需认真解决的。

三、互联网金融企业的基础岗位

关于互联网金融企业的基础岗位，可以根据目前互联网金融企业的构成分为两类，一类是互联网企业涉及金融的相关岗位，另一类是传统金融企业“触网”的相关岗位；也可以根据其工作特性分为互联网技术岗位和互联网业务岗位。投资理财专业的毕业生更适合于互联网业务岗位，当然，也有的毕业生经过自身的努力，掌握了一定的互联网技术知识和技能，成为互联网金融企业技术岗位的中坚力量的。这些岗位的具体分工因不同类型的互联网金融企业而各异，岗位名称也没有一个统一的说法，很难一一描述。下面，让我们从参与互联网金融活动的互联网企业和金融类企业的基础技术岗位、技术发展岗位、业务类岗位和管理类岗位四个方面来举例描述。

（一）基础技术岗位

1.开发专员

其岗位职责：

①负责理财产品的策划、设计、定义、开发的质量控制以及理财产品管理；

②负责公司理财产品线的管理与理财产品生命周期的管理，理财产品销售分析，目标市场评估；

③负责搜集和提出产品需求，制定产品规范，做出产品的全面设计，组织产品与运营模式的内外部调研分析，进行用户数据分析并找到对应的提升方案，为决策提供核心依据；

④调研互联网及无线通信领域的相关和类似理财产品，对公司的理财产品战略进行适时调整或寻求合作；

⑤持续了解产品运营过程中的使用情况，通过后台数据和用户反馈来对产品进行调

整，并为升级产品做好规划。

2.产品运营专员

其岗位职责：

①负责收集用户在使用产品过程中的问题及反馈，及收集和整理运营团队对产品的需求，与产品经理、技术工程师进行沟通，跟进需求的实现全过程；

②基于对用户和产品的了解，提出活动策划及运营的方案，形成活动需求文档，并与产品经理、技术工程师进行沟通确认需求，跟进执行；

③包装产品功能、包装推广策划方案，制订有效的产品推广计划。

3.活动专员

其岗位职责：

①根据网站营销、市场推广需求制定网站、手机端活动方案；

②负责与相关部门进行沟通、组织、协调，执行对应的策划方案；

③对每次策划的活动进行跟踪，并做好活动数据分析和总结；

④竞品活动监控记录，并出具分析报告；

⑤其他相关的文案支持；

⑥与其他部门合作，撰写相关推广文案；

⑦负责公司相关的宣传物料的撰稿、组稿、编辑；

⑧执行及按时完成部门经理下达的各项工作任务。

4.测试专员

其岗位职责：

①参与项目需求分析、系统设计、测试用例等评审；

②设计、优化、执行软件测试用例，搭建测试环境，跟踪测试结果，完成测试报告以及测试结果分析；

③在测试各个环节积极和开发团队协调沟通，控制测试进度，保证测试质量；

④工作认真负责，善于沟通和倾听，有怀疑精神。

还有一些对IT技术要求比较高的岗位，比如：前端工程师、ISO开发工程师、后端中级JAVA工程师、数据研发工程师、运维工程师、安卓工程师等等，鉴于专业方向不同，在此不做一一介绍。

(二)技术发展岗位

汇丰银行在2018年7月5日发布了一份关于技术未来的研究报告《人类的优势：人的力量》中指出，金融业未来可能出现以下六种全新的岗位：

1.混合现实体验设计师(mixed reality experience designer)

混合现实(mixed reality，简称MR)或者增强现实(augmented reality，简称AR)将成为我们连接未来数字世界的主要界面，这一点已经逐渐成为共识。我们可以在现实世界之上叠加一层数字信息，从而构建任何想象的人或物，并将其置于现实空间之中，如同真实存在一样。未来，这一技术可能用于满足一些银行业务的需求。

关键技能：设计这些复杂的三维界面并使其流畅而直观，将在未来成为一个重要的就业新领域。相关从业者需具备美术设计、品牌推广、用户体验和三维架构等方面的技能。

2.算法工程师(algorithm mechanic)

越来越多的决策基于算法、利用各种数据输入而快速得出结论。尽管如此,算法所处的环境是快速变化的——监管要求持续调整,新信息持续涌现,产品不断演化。因此,保持算法的不断更新以优化银行客户体验、避免出现"电脑说不可以"的情况,将成为一项需求日益增长的技能。

关键技能:随着技术运行环境趋向少代码甚至无代码,这一岗位将需要掌握风险管理能力、服务设计技能和财务知识,而非技术熟练。

3.会话式界面设计师(conversational interface designer)

近年来,机器的交互方式日趋人性化。银行业已开始使用聊天机器人(chatbot)处理简单的客户查询及收集信息。以往需要复杂代码发出指令的场景,现在我们可以直接与机器人对话,由机器人分析我们的需求。作为一项新兴技能,会话式界面设计将帮助我们充分利用语音及文字聊天机器人,并且随着聊天机器人技术越来越主流,会话式界面设计的重要性必然与日俱增。

关键技能:从业者需要兼具创意、语言和人类学方面的技能,从而开发出自然流畅的会话式界面,在解决眼前问题之余让客户感到惊喜。

4.全能服务顾问(universal service advisor)

数字、物理以及远程服务环境之间的分隔正在消除。客户可能随时需要通过网点、聊天软件、语音、AR 或 VR(虚拟现实,virtual reality)方式获取服务。随着 MR 成为主要的人机交互界面,技能纯熟、可跨越产品种类为客户提供支持的全能客服将能够在虚拟环境和物理环境之间无缝切换,随时随地满足客户需求。

关键技能:未来客户顾问需要具备的关键技能既包括产品及业务知识,也包括出色的客户沟通能力和同理心。这就要求客户顾问熟练运用各种主要沟通技术,包括在虚拟环境下服务客户。

5.数字流程工程师(digital process engineer)

很多银行客户的交互活动——从开户到更换遗失的银行卡——都会遵循一套标准化流程,银行在兼顾安全保障和监管要求的同时,也致力创造完善的客户体验。随着多渠道的服务及信息整合到这些流程中,其变化速度可能加快,复杂程度也会提高。数字流程工程师将分析、组合和优化这些工作流程,通过对流程的不断调整,尽可能提高处理能力、减小阻力。

关键技能:数字流程工程师需要有很强的发现能力,来理解规模庞大、相互关联的工作流程,并诊断出问题及瓶颈所在,同时还须具有创造力,以构建解决方案的模型并进行测试。

6.合作网关赋能人员(partnership gateway enabler)

在日益网络化的商业世界,银行需要谨慎监控、悉心维护并认真协商其与金融科技公司和全球性技术公司等合作伙伴的数字化关系。由于资金和客户数据可能在不同的组织机构之间流动,银行需要设置专人监察相关使用情况及行为操守,确保履约及合规。

关键技能:网关监控人员既要具备数字接口方面的技术知识,又要了解安全及风险管理。此外,与合作伙伴互动交流所需的沟通技能也非常重要。

(三)业务类岗位

1.市场推广专员

其岗位职责如下：

①负责公司网站品牌和产品的推广；

②策划、执行在线推广活动，收集推广反馈数据，不断改进推广效果；

③开发拓展合作的网络媒体，提出网站运营的改进意见和需求等；

④负责市场的各类宣传活动的策划及实施，拓展销售渠道；

⑤负责市场调查分析，收集信息，开展市场分析工作；

⑥拓展市场资源，开发新的市场合作伙伴及合作形式，与行业组织、媒体联系，建立稳定的推广渠道；

⑦负责公司网络平台区域范围内的推广工作及各类活动的执行；

⑧负责推广的培训和指导，结合市场需求，制订营销计划，完成工作指标。

2.理财顾问

理财顾问是指专业理财机构向客户提供财务分析与规划、投资建议、个人投资产品推介等专业化服务的工作人员。其具体要求：

①与客户会谈和沟通，掌握客户的信息，分析客户的基本状况，掌握客户的理财目标和需求，为客户提供理财建议。

②指导客户记录财务收支和资产负债账目，对客户财务收支状况进行分析，判断客户财务现状。针对客户的需求独立设计可行性方案，给予具体的操作指导。

③及时收集客户的反馈意见，对方案的实施结果进行分析，并撰写报告。

3.金融销售代表

金融销售是指金融企业以金融市场为导向，运用整体营销手段向客户提供金融产品和服务，在满足客户需要和欲望的过程中实现金融企业利益目标的社会行为过程。

主要工作内容包括：

①负责资金业务(纯抵、无抵等融资业务)客户的开拓，并获得有效的客户资源；

②了解客户需求，提供有针对性的投融资方案；

③维护公司的业务渠道，完成销售任务；

④通过电话或者网络推广公司的金融产品以及投资等，巩固老客户同时开发新客户。

4.金融企业客服

其岗位职责：

①接受客户咨询，记录客户咨询、投诉内容，按照相应流程给予客户反馈；

②能及时发现来电客户的需求及意见，并记录整理及汇报；

③为客户提供完整准确的方案及信息，解决客户问题，提供高质量服务；

④良好的工作执行力，严格按规范及流程进行工作或相关操作；

⑤与同事或主管共享信息，进行知识积累，提供流程改善依据；

⑥一站式解决客户需求，为客户提供全套咨询和购卡服务。

5.互联网类企业客服

其岗位职责：

①通过 Internet 聊天工具与客户进行沟通并推进销售；

②回复电话咨询和网络咨询；

③接受电话订单和网络订单,处理订单；

④回访和维护客户,服务订单；

⑤记录汇总咨询事件,及时分析并反馈给上级主管。

(四)管理类岗位

1.运营经理

其职责如下：

①依据公司产品要求,负责平台软件模块的需求分析、概要设计和详细规划,制定运营策略、方案并组织执行；

②推动各项业务发展,提升营运效益,确保运营目标的实现；

③统计、分析平台各类数据,提出改进方案,进行平台的维护,推广及升级；

④制定、完善、贯彻实施 P2P 网贷平台运营管理制度及操作流程；

⑤通过网站运营提升网站价值和黏性,提高会员、商户活跃度,提高申请量、交易量,促进网站平台各项收入提升；

⑥对用户体验、业务流程等进行全面的分析和改进,并参与网贷平台的品牌、产品、市场的规划,实现公司既定目标任务。

2.业务经理

其职责如下：

①负责网贷平台的目标市场开拓,根据客户的需求提供全方位的理财和融资服务；

②负责与客户进行业务联络和沟通,维护客户关系；

③负责调查和分析客户的问题,防范风险；

④负责组织客户进行理财知识的系统培训；

⑤负责公关活动的组织、策划和执行；

⑥负责与客户交流,找到客户理财需求,提供咨询服务。

3.风控经理

其职责如下：

①建设风控系统,拟订风险管理流程和风险管理制度,设计风险管理岗位的工作指引和运作流程等；

②负责定期对业务部门工作合规性的检查与管理,并监控各类业务风险的分析及防范措施的制定,并建立企业风险数据库和跟踪档案；

③负责组织贷审会开展,并主持融资项目的授信审批,管理信用风险及相关的操作风险；

④负责组织事前风险审核、事中风险控制、事后风险检查,出具风险预警提示和风险评估报告；

⑤负责开展信用风险培训；

⑥定期出具公司风险常规管理报告，针对公司即时风险问题，评估风险状态与风险程度，分析风险来源和影响，提供解决方案。

知识链接

互联网时代需要什么样的人才？

互联网金融作为一个新兴的行业快速扩张，粥多僧少，人才成为“抢手货”。这些新兴的互联网金融企业并不差钱，缺的是大量的人才，其中学历高、有经验的金融产品研发人才和互联网人才等四类人更是“奇货可居”。一个收入光鲜的“跨界”行业，可谓前途和“钱途”无限！各企业遇见最大的难题首先就是复合型人才的缺乏。互联网金融需要的是既了解金融，同时具有互联网思维的人才，“互联网”“金融”两者缺一不可。

互联网金融需要熟悉风控、法律、产品的人才，而跨界交叉的复合型人才更是炙手可热。所谓跨界人才，就是既深刻了解传统金融的本质，又具有互联网思维，懂得互联网技术，对新金融抱有开放的态度和创新思维方式。

对于处于迅速扩张期的互联网金融企业来说，人才的稀缺几乎遍布各个环节。某网站的招聘主页上，处于招聘状态的岗位就有移动互联网运营总监、资深产品经理、线上口碑营销等多种岗位。但在众多的缺口岗位中，“产品经理”无疑是最难招的。互联网产品经理在互联网公司中处于核心位置，需要非常强的沟通能力、协调能力、市场洞察力和商业敏感度。产品经理的职责包括产品从无到有的规划、运营等，一些企业希望能找到一个有相对全面工作经验的产品经理，但从目前面试的情况来看，符合条件的人并不多。

目前行业里急需的三大类人才分别为技术人员、金融人员和运营人员。如果你是“技术党”，最好懂得 PC 端研发、移动端研发、产品研发等。如果你是金融派，最好懂得金融产品设计，懂得金融建模、风控，最好还要知道如何进行大数据分析。当然对于一些开展线下业务的平台而言，具有当地人脉和丰富经验的客户经理也是急缺的。如果你是“运营狗”，那么除了懂得热点跟风外，还要对金融略懂一二，也要深谙互联网传播之道，类似于雷军、雕爷这种会玩概念会包装的人，能够成功吸引眼球的人。

本章小结

本章重点介绍了互联网金融的产生、发展及其概念和特征。通过对互联网金融应用的产生与发展和互联网金融产生的社会背景的介绍，详细阐述了金融互联网体系化和金融通信互联网化是互联网金融产生与发展技术基础的理论，金融业务处理自动化和金融业务全球化是互联网金融产生的业务基础。同时还简要论述了互联网金融形成与发展的物质基础，金融制度创新、互联网金融应用与金融业发展的趋势，使读者能正确地了解银行的智能化和虚拟化，证券发行与交易互联网化，金融业务综合化与全能化及金融机构和商业银行的集中化、大型化趋势等，使互联网金融业务的界限模糊、金融市场透明、开放性与安全性并重和加强互联网金融监管等重要特征。本章还着重介绍了互联网金融的相关岗位，目的在于让学生了解本教材内容对其就业创业的作用和指导方向，以便于提高学生学习的积极性和主动性，激发学生的创新思维和创业热情。

通过本章的学习，学生们不但了解了“什么是互联网金融”，以及“互联网金融是怎么来的”，而且对将来自己可能从事的互联网金融企业具体岗位及其要求也有所了解。但是，互联网金融行业具体包含了哪些类型的企业？不同类型的互联网金融企业是如何运作的？对于这些问题，我们将在随后的几个章节里予以解答。

思考与练习

一、单项选择题

1.狭义的互联网金融不包括（　　）。

A.网上银行　　B.网上证券

C.网上支付　　D.金融信息服务业

2.美国富国银行办理网上房屋贷款批复业务只需 50 秒；而美国安全第一网络银行更宣称，其网上贷款业务 25 秒即可办妥，这说明网络金融具有（　　）的特征。

A.高效性和经济性　　B.科技性与共享性

C.信息化与虚拟化　　D.一体化

3.网络招聘、网络旅游、网络金融、网上支付等网络经济活动可以归结为（　　）。

A.网络互动　　B.网络服务

C.信息发布的平台　　D.互联网通讯

4.互联网金融的特征不包括（　　）。

A.虚拟化、成本低　　B.竞争激烈，合作很难

C.全天候、全球化　　D.强大的创新性

5.关于互联网银行的优势，下列说法中不正确的是（　　）。

A.能有效控制经营成本　　B.拥有更广泛的客户群体

C.观念更新的金融竞争策略　　D.拥有更安全的支付手段

二、多项选择题

1.电子商务的支付方式有（　　）。

A.网络银行线上支付　　B.银行汇款

C.信用卡转账　　D.货到付款

E.第三方网上支付平台

2.下列各项中，属于互联网银行的功能的有（　　）。

A.信息发布功能　　B.客户的咨询和投诉功能

C.账户查询　　D.申请和挂失

E.创新业务的功能

3.一般说来，在大额支付的简单加密信用卡网上支付系统中，实际当事人有（　　）。

A.买家银行　　B.买家　　C.第三方　　D.发卡行

E.卖家和卖家银行

4.互联网银行的建立模式主要有(　　)。

A.合作式银行　　B.直接银行

C.独立的经营网上业务的机构　　D.传统银行的网上分支机构

5.与传统保险行为相比,网络保险的不同表现在(　　)。

A.交易虚拟化　　B.一对一　　C.电子化　　D.时效性

三、简述题

1.简述互联网金融的特点。

2.简述中国互联网金融的现状。

3.简述电子商务与金融的关系。

4.简述传统金融业与互联网的关系。

四、实训题

1.浏览某企业网站、政府网站、院校网站,思考金融业在“互联网+”之后的问题。

2.结合实际和综合网站国际经济新闻的内容,分析经济全球化的发展变化。

3.查阅若干个我国互联网银行网站,熟悉其一般内容和特征。

4.搜索互联网金融企业的招聘启事,查看有哪些岗位将来可能适合自己。

第二章　传统金融业互联网化

知识要求

通过本章学习，了解我国传统金融业(包括银行业和非银行金融机构)的互联网化历程，掌握互联网金融发展的四大社会环境，以及传统金融业互联网化的具体表现形式等知识。

技能要求

通过本章的学习，要求学生能够清晰区分传统金融业互联网化的不同表现形式和经营模式，能够从发展的角度对互联网金融的业态合理性提出自己的见解。

传统金融业中最典型的是商业银行，其次是其他非银行类金融机构，如证券、期货、基金、保险、信托投资等。

商业银行互联网化，是指商业银行利用互联网的技术和手段，提高业务的便捷性，提高管理的有效性与信息化，增强客户的用户体验，并利用互联网方法对产品的组合做出金融创新。商业银行互联网化是金融机构运用互联网的早期探索，也是当前金融机构互联网应用的重要参与者，互联网银行是商业银行的发展趋势。

商业银行互联网化与当前所说的互联网金融(狭义的互联网金融)并无本质差异，两者的共同点都在于互联网技术的应用，都出于对金融市场份额的更多占有。所不同的是，前者从金融走向互联网，而后者则从互联网走向金融。当前所说的 P2P、宝宝类产品、众筹等互联网金融产品更侧重于利用互联网对传统金融元素的组合，而商业银行互联网化则主要是从互联网应用和技术层面为金融交易提供便利。两者是一个硬币的两个面，各有侧重。

第一节　我国商业银行的互联网化进程

所谓“商业银行互联网化”，是指商业银行应用互联网技术和现代移动通信技术，对商业银行的经营管理进行金融创新的过程。21 世纪之前人们所说的“信息化”，实际上应该包含在“互联网化”之中，是互联网化的基础过程。但信息化的侧重点更倾向于资源的整合。商业银行互联网化属于广义的互联网金融范畴。

商业银行的互联网化，是社会政治、经济、人文、技术发展到一定历史时期的必然产物。从知识经济时代开始，我国商业银行就进行了“信息化”，那可以认为是银行互联网化的萌芽。随着电子商务的发展，我国商业银行出于自身生存和发展的考虑，被“逼”上了互联网之路，并进行了诸多的金融创新。

一、我国商业银行互联网化的社会环境

（一）政策环境

2005—2014 年，我国对电子支付、B2B 网贷、虚拟货币（网游）及传统金融联网化发展提出了相关领域规范化的意见，促进相关领域规范化健康有序的发展。然而，随着互联网金融的快速发展，互联网金融创新模式不断出现，亟须新的监管法律法规；此外，传统金融机构也在寻求互联网化的发展道路，需要完善现有监管法律法规；当前监管尚处于滞后状态，需加快监管脚步，尽快完善互联网金融相关领域的监管。

国家对互联网金融始终是支持的。2005 年，中国人民银行出台《电子支付指引（第一号）》文件，用以规范金融机构和非金融机构支付服务行为，防范支付风险，保证资金安全，保护当事人合法权益；2010 年中国人民银行颁布《非金融机构支付服务管理办法》；2013 年，国务院发布《国务院关于促进消费扩大内需的若干意见》。2014 年央行又出台《中国人民银行关于手机支付业务发展的指导意见》。从 2016 年开始，互联网金融行业进入了全面监管时代。特别是在 2017 年，监管机构不断加大整治力度，出台了多项政策措施，从横向和纵深层面进一步完善了监管，大大促进了互联网金融的健康发展。2018 年 8 月 31 日，中国人大网正式发布了《中华人民共和国电子商务法》全文，这是我国第一部电商领域的综合性法律，也是首次以法律的形式明确电子支付服务者的责任和义务的法律。这一系列的规范化管理措施和政策，给了互联网金融企业有力的支持，加大了互联网金融业的竞争，促使商业银行加大互联网化的力度。

（二）经济环境

2008 年，经济危机席卷全球，全球经济低迷，银行信贷资产风险增大，利润降低：但反过来，随着国民经济增速的放缓，需要新的经济增长动力的出现，扩大内需，促进消费增长成了新的经济增长动力引擎，将促进零售银行业务的发展。2014 年以来，全球经济活动弱于预期，IMF、世界银行等国际组织和机构不断下调世界经济增速预期。与此同时，全球经济增长格局又出现新变化。发达国家经济一改前两年低迷状态，复苏速度有所加快，但发达经济体内部出现分化，美国经济表现出较强的韧性，欧元区和日本经济基本上陷入停滞状态，新兴经济体经济增速则进一步放缓。在世界范围内，商业银行举步维艰。

2015 年中国经济增长速度为 6.9%，从物价走势来看，处于东亚危机和美国次贷危机之后更为严峻的通货紧缩中，期间还有股市异常动荡，以及外围局势不稳的困扰。从全局的角度看，2003—2011 年，我国 GDP 增长保持在 9%左右的水平，自 2012 年以来，我国 GDP 增速放缓，其中 2012 年 GDP 增长率为 7.8%，2013 年 GDP 增长率为 7.7%。2010—2013 年，我国经济发展脚步的放缓，2014—2018 年，我国经济持续稳步前进（如图 2-1），反映了我国经济发展的稳健性，但也给商业银行的金融改革提出了挑战。截止到 2019 年 12 月份，多年来的中美贸易摩擦也对我国国民经济发展造成一定的负面影响。

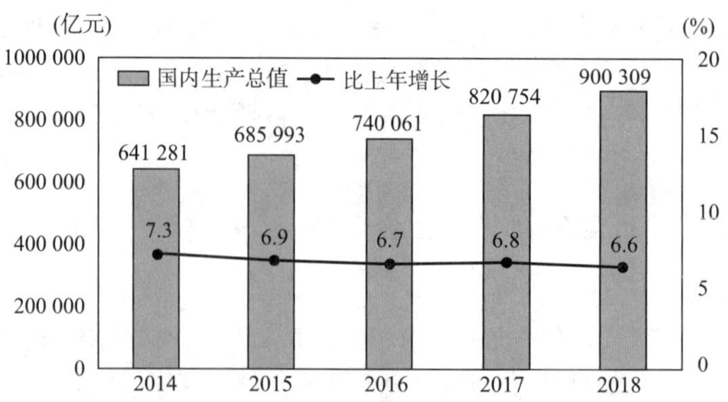

图 2-1　2014—2018 年我国国内生产总值及其增长率

资料来源:国家统计局《2017 年国民经济和社会发展统计公报》

在这种情况下,商业银行的经营压力增大,表现在以下几个方面:

1.海外金融的本土化。近几年来,海外金融机构不断推进本土化的进程,在零售业务、中间业务、互联网理财、基金证券业务、海外金融等方面对中国商业银行形成竞争。

2.互联网金融的冲击。随着各大互联网巨头进入互联网金融领域,对中国商业银行形成了巨大的冲击,尤其是在支付、理财、基金等业务领域形成了巨大的冲击。

3.民营银行的开放。随着银行业对民间资本的开放,民营银行在个人或小微贷款领域与中国商业银行相比具有一定的优势。基金、证券、保险等国内其他传统金融机构的互联网化,也对商业银行造成冲击。

4.中美贸易摩擦反复。特朗普政府的单边主义政策加剧了中美贸易摩擦,对我国的银行业、证券业和保险业都造成了一定的冲击。

（三）人文环境

《CNNIC 第 44 次中国互联网统计报告》统计显示,截止到 2019 年 6 月,中国网民规模达到 8.54 亿,互联网普及率为 61.2%,手机网民达 8.47 亿,网民通过手机接入互联网的比例高达 99.1%。如图 2-2 所示:

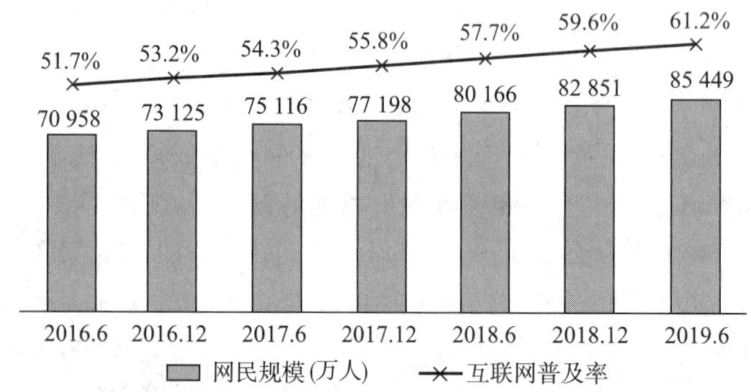

图 2-2　中国网民规模和互联网普及率

互联网的普及、网民数量的飞速发展基于这样一种互联网精神:开放、平等、协作、分享。正是这种互联网精神,催生了各个行业的互联网思维,其中也包括传统金融业的互联网创新思维。

（四）技术环境

互联网金融能够实现如此快速的发展，多样化的IT技术手段是其中非常重要的一个推动力。金融是一个信息密集型产业，信息、技术、制度构成金融业的三大基石，纵观历史，从19世纪30年代电报的兴起，到后来电话、计算机，乃至今天互联网、移动互联网，每一次通信技术的变革都对金融业产生了巨大的影响。近些年，随着物联网、社交网络、云计算、移动互联网等新兴信息技术的不断涌现，改变了传统的信息产生、传播、加工利用的方式，信息不对称程度大幅下降，信息的获取和处理成本大幅减少，资源的配置效率大幅提升，对金融业产生了巨大的影响。

搜索引擎技术通过信息搜索、组织和处理后，为用户提供检索服务，该技术满足了用户在信息大爆炸时代快速、低成本获取所需信息的需求，尤其是随着个性化搜索、情景搜索等技术的进一步发展，该功能价值将更加凸显。

云计算技术如同物理世界中的水电煤一般，实现了用户需求与物理、虚拟资源的动态配置，在计算机物理硬件短期内难以突破的情况下，借助分布式计算、网络存储等方式大大提高了海量数据的计算和储存能力。

大数据是当前市场热门的话题，联合国、美国政府、法国政府等组织都对其给予了高度重视，美国政府甚至将其上升至国家战略高度。大数据具有规模大（Volume）、速度快（Velocity）、类型多（Variety）和价值大（Value）的“4V”特征，其不仅是适应时代发展的技术产物，更是一种全新的思维理念，即基于数据资产的商业经营模式。

移动互联网在原有桌面互联网的基础上进一步打破了时间和空间对用户的禁锢，不仅增强了信息传播的时效性，而且让用户可以随时随地进行交易、支付结算等，大大提高了金融交易的可获得性，释放了部分被束缚的需求。

区块链技术在金融领域的应用，使得互联网金融交易更加安全、稳定和便捷。

人工智能的发展，将需求场景与市场环境有机结合，进一步提高了效率，方便了金融交易者。

通过以上的解释和分析我们可以看到，互联网金融的迅猛发展正在倒逼传统金融业改变服务模式，而互联网企业在这场变革中不仅获得了真金白银，同时也对传统金融业起到了警示教育的作用。互联网企业能够这样迅猛发展，离不开IT技术的支撑，就像马云说的一样：“阿里巴巴集团未来发展有三个阶段——做平台、做金融、做数据。”而这三个阶段都需要新型IT技术的支撑，做平台是建立在阿里云平台技术之上；做金融是建立在互联网精神和互联网技术之上；做数据则是建立在大数据技术之上。阿里巴巴金融仅仅需要300多人的团队服务超过13万的客户，其日常的资质审核、贷后管理、现金流分析以及风险控制全部使用线上IT系统，其团队中超过半数人员的主要工作是负责IT系统维护，相比于传统小微贷款的人海战术，更显现出IT技术支撑的重要性。从IT技术发展的角度看，云计算推动了移动互联网、物联网的产生和发展，随之产生的海量数据形成了大数据，大数据的分析技术反过来促进了云计算的进一步发展。云计算和大数据是相辅相成、互为依托的关系，移动互联网和物联网是云计算两种接入终端类型的衍生体系，以上的这些IT技术正不断地冲击和改变所有的行业，而最突出的就是稳健、保守的金融业，而传统金融业想全面拥抱互联网金融也必然依托IT技术的有效支撑，商业银行也

"被迫"走上了这条路。

二、我国商业银行互联网化现状

为顺应互联网金融发展的时代潮流，国内商业银行纷纷加大资源投入，在强化传统电子银行优势的基础上，多维度、多层次发展互联网金融业务，主要表现在以下三个方面。

（一）强化传统电子银行业务

商业银行传统电子银行业务仍然是发展互联网金融的重要抓手，包括大力发展网络银行、手机银行等内容。

国内最早意义上的"互联网金融"其实是商业银行开展的网上银行业务。网银由于其灵活、便捷等特点，受到用户的好评，获得了快速发展。但是，传统网银更多是作为银行柜面服务和产品销售的线上延伸，服务于商业银行原有客户，不具备主动获客的功能。因此，各商业银行纷纷对网络银行进行升级改造，从原有封闭形态向开放的生态圈模式转变。一是积极打造应用场景，增强电子银行的获客能力；二是借鉴互联网思维，简化电子银行的操作流程，提高客户满意度；三是开发专门针对性产品，打造多层次产品线。例如，推出专属渠道的理财。

一般而言，网上银行具备两种含义，一种是机构概念，指通过信息网开展业务的银行，这种银行普遍无分支机构，绝大部分业务只能通过互联网；另一种是业务概念，指依托信息技术和互联网的发展、基于互联网平台开展各种银行服务的业务形式。我们常说的"网上银行"属第二种概念，但是事实上，世界上最早诞生的网上银行属于第一种。

我国的网上银行起步比美国稍晚，1996 年，中国银行建立了自己网站，开始通过互联网提供金融服务。1999 年 9 月，招商银行在北京举行发布会，推出网络银行服务，招商银行网银普遍被认为是国内首家在全国范围内提供网上服务的商业银行。到 2002 年底，在国内正式建立网站的商业银行达到 41 家，开展网上银行业务的达到 31 家，交易金额超过 3 万亿元。2012 年，中国个人网银用户规模为 2.1 亿户，企业网银账户规模为 1012.5 万户，电子银行替代率提高到 72.3%。

网上银行的出现是网络经济发展的必然结果，是银行适应网络时代的需要推出的新型金融服务方式。借助互联网遍布全球的不间断运行、信息传递快速、访问方便的优势，网上银行突破实物媒介的空间和时间局限性，为用户提供全方位、全天候、便捷、实时的金融服务。

移动金融也是商业银行发展互联网金融的模式之一。提高金融服务的便捷性，是商业银行积极拓展移动金融的主要目的。在具体做法上，大致分为以下几类：一是推出手机银行客户端，将传统网上银行移动化，打造"移动银行"；二是与互联网企业合作，推出定制 APP，融合各类娱乐、消费、金融等服务，积极构建一个完整的生态圈；三是与移动运营商合作，推出"NFC-SIM 卡"模式的近场移动支付；四是以移动社交平台为基础推出微信银行，实现网点查询、转账支付、交易提醒、无卡取现等功能；五是在客户业务办理流程中加入智能元素，如移动营销 PAD 的使用，为客户提供更为便捷的服务体验。

民生银行将发展手机银行作为互联网金融发展战略的重点布局领域之一。民生银行手机银行围绕客户需求和自身业务特点，围绕小微金融的客户需求特点进行创新。为方便客户，民生银行在手机银行中开发了公私账户集中管理、大额汇款、乐收银账户管理、小微贷款、回单验证等特色功能。同时还提供在线打车，交通罚款缴纳，微信、微博分享，主题换肤等增值服务，这些功能使民生手机银行的便民服务和交互功能持续增强。截至2014年12月末，民生手机银行客户数超过1300万户，年交易额突破3万亿元，位居同业前列。

（二）搭建开放平台积极获客

从2012年开始，五大行就先后进军电商行业，工商银行“融e购”、建设银行“善融商务”、交通银行“交博汇”、农业银行“e管家”等平台陆续上线。银行热衷于发展电商业务，重点不在于从商品交易中获利，而是在客户的交易过程中嵌入银行服务。在互联网时代，大量客户的购物行为发生在电商平台上，如果商业银行搭建电商平台，便能掌握并充分运用这些交易数据，在此基础上为客户提供综合性的金融服务。在电子商务的生态系统中，电商平台的交易数据体现了客户的真实需求和行为模式，是商业银行未来开发相关金融产品的基础和实现差异化经营的保证。商业银行搭建电商平台，能够较好地整合信息流、物流和资金流，掌控客户交易信息，为后续大数据融资等各项业务创新奠定基础。

对于中小商业银行来说，搭建直销银行平台是较为可行的平台发展策略。据不完全统计，截至2014年末，已有民生银行、浦发银行、上海银行、北京银行、包商银行等20余家商业银行推出自己的直销银行。在已经上线运营的直销银行中，均将货币基金理财作为主打产品，体现了互联网理财注重简单、安全、便捷的特点。从总体上来看，推出直销银行的商业银行大部分属网点数量有限的中小型商业银行。这类商业银行通过直销银行平台开展金融服务，能够摆脱网点数量不足的限制，扩大服务的地域覆盖范围。

就在各商业银行运用互联网进行激烈竞争之际，央行则着手整合商业银行资源。2009年，央行主持了“超级网银”系统的构建工作。“超级网银”通过“一点接入、多点对接”的系统架构，实现了企业“一站式”网上跨银行财务管理。央行“超级网银”的第二代支付系统于2010年8月30日上线，具有统一身份验证、跨行账户管理、跨行资金汇划、跨行资金归集、统一直联平台、统一财务管理流程、统一数据格式等七种特点。

“超级网银”第二代支付系统新建了网上支付跨行清算系统，使各商业银行网银系统互联互通，而跨行转账、支付等业务即可实现实时到账。可以说超级网银打通了各家银行的界限，使得个人账户中心的概念成为现实。用户可将分散在不同银行、不同账户之中的资金，通过网银、手机银行等方式，归集至一个中心账户。这使得用户统一调配、管理资金更加方便，也为商业银行开发新型金融功能带来了便利。

（三）开展互联网融资业务

各商业银行积极探索利用自身互联网平台，为客户提供多层次线上融资服务。一是通过推出网络贷款业务，实现全流程的线上审贷、放款，大大缩短商业银行传统信贷流程，提升客户体验。具有代表性的银行网络贷款产品有浦发银行“网贷通”、建设银行“快贷”等。二是搭建P2P平台。商业银行利用自身较强的信贷风险控制能力和信誉保障，建立P2P平台来撮合投融资双方的交易，增加银行中间业务收入。具有代表性的有招商银行小企业E家，该平台自2013年10月上线以来，聚集的小企业、小微企业客户迅速增长，获客效果突出。

商业银行积极抓住供应链核心企业加强管理、提高效率的需求，通过深入开展在线供应链金融服务，提高融资的便捷性，帮助企业降低财务成本。商业银行发展供应链金融的主要模式包括：一是与第三方合作拓展供应链金融业务，具有代表性的有中信银行与海尔"日日顺"平台合作，中国邮政储蓄银行与"1号店"合作，为其上下游中小企业提供便捷融资和支付服务；二是商业银行自主开发相关产品服务，具有代表性的有招商银行专门面向物流和电商行业推出的在线供应链金融解决方案。

知识链接

网上银行的技术框架

(1)RA(Registration Authority，注册中心)：

①面向总行、分行、二级分行操作员和网点管理员。

②负责行内机构信息和操作员证书管理。

(2)CIF(Customer Information File System，客户信息文件系统)：

①面向网点操作员。

②负责客户信息和证书管理。

③网上银行交易系统：面向客户。

④客户交易处理核心，是网银渠道的展示部分。

(3)网关系统：负责客户交易请求的分发、传输、转换等工作。

①总行网关系统(总行端)。

②分行接口机系统(分行端)。

③分行报文接口转换系统(分行端)。

第二节　我国非银行业金融机构的互联网化

非银行业金融机构 (non-bank financial intermediaries)，是以发行股票和债券、接受信用委托、提供保险等形式筹集资金，并将所筹资金运用于长期性投资的金融机构。是除商业银行和专业银行以外的所有金融机构。包括经一行三会(中国人民银行、证监会、银监会、保监会)批准成立的证券公司、期货公司、公募基金、私募基金、典当行、担保公司、小额信贷公司等。这类机构放贷灵活、手续便捷，符合中小企业资金快速融资的要求。

《中国银行业监督管理委员会2011年年报》数据显示，2011年我国非银行业金融机构发展迅速。2011年，非银行业金融机构总资产规模达到26067亿元，较2010年的20896亿元增长5171亿元；非银行业金融机构总负债由2010年的17063亿元增长至21310亿元；非银行业金融机构所有者权益由2010年的3833亿元增长至2011年的4757亿元；非银行业金融机构税后利润达到598.8亿元，较2010年增加190.8亿元。

与此同时，2011年，非银行业金融机构改革开放和创新发展逐步深化，系统性和区域性风险防范能力不断提升。信托公司财富管理与资产管理行业定位逐步明确。企业集团财务公司继续"依托集团、服务集团"提升风险管理能力和盈利水平。金融租赁公司利用融资租赁集“融资与融物”于一体的特色优势，积极服务小微企业。汽车金融公司快速发展，市场份额和渗透率稳步扩大。货币经纪公司市场认知度不断提高，有效增进金融市场效率。消费金融公司积极开拓市场、创新产品和提高经营管理能力，为继续深化试点打下坚实基础。

一、网上炒股

1990 年 12 月 1 日，深圳证券交易所(简称深交所)成立。成立之初，深交所主要采用手工交易和结算。随着微机交易网和结算网的建立，1992 年 2 月，深交所实现实物证券向无纸证券的转化。1996 年，深交所实现证券账户全国统一，建立了全国性的登记清算网络，实现了资金结算与资金划拨电子化、自动化。

比深交所早几天成立的上海证券交易所(简称上交所)在开业之初就使用了电脑交易系统，使交易的指令传输、撮合成交、证券过户、清算交割、信息检索与储存高效运作。1992 年 12 月，上交所的行情电脑系统和路透社的综合数据网络正式联通，上交所的 A 股和 B 股的牌价瞬间即可通过网络向全球传送。

尽管股票交易所的交易方式早已电子化、网络化，但是 2000 年前后，大部分股民还是习惯于到证券公司营业部“现场”交易。直到上一轮牛市出现的 2007 年，很多人还没有别的交易方式，只能去营业部交易大厅。但仅仅两三年之后，使用网络交易的客户已达 90%以上。而随着技术的发展和智能手机的普及，网页版炒股软件和移动炒股 APP 大量涌现，客户炒股更加方便、快捷。

网上炒股不仅仅是一次炒股方式的变化，更对用户起到多方面的启蒙和培训作用。网络交易的便利和安全，使得股民很容易接受电子商务、网络理财等新兴事物，而远程股票买卖和资金划转等操作也使得股民们对于网络交易和网上银行更加熟悉。更为重要的是，进入股票市场的用户，无不对个人理财产生强烈兴趣，经济实力也相对雄厚，他们很有可能构成未来互联网理财的中坚力量。

而对于逐步缩减了散户大厅和大户室的证券公司营业部，其业务模式不得不发生较大转变。一些证券公司的新型营业部已逐步转变为金融产品超市和客户服务场所，给客户提供多样化的投资服务和不同风险等级、不同周期的投资产品，让客户就像逛超市那样可以在营业部挑选自己心仪的产品。把这一模式放诸互联网，就形成了网上金融超市的概念。

因此，如同网上银行一样，网上炒股也对传统金融机构(如券商)起了业务转型的催化作用：首先，交易佣金的下降迫使证券公司不断探索产品创新、优化服务质量，更加有效地利用自己的用户和行业资源；其次，网络交易的流行促使证券公司弱化物理营业网点，将线下业务逐步向线上迁移，探索网络化运营之道；最后，在持续互联网化的需求牵引之下，证券公司与互联网公司的合作成为必然，二者的结合将为前者依靠大数据回归金融本源、实现金融脱媒带来可能。

二、网上期货

网上期货，也叫期货电子化交易，是指投资者通过与期货经纪公司自动委托交易系统连接的计算机终端，或者通过互联网，按照期货经纪公司提供的交易系统发出的指示输入期货合约买卖交易指令，以完成期货合约买卖委托和有关信息查询的一种委托交易方式，主要包括交易指令下达、交易结果确认、追加保证金通知等有关交易信息的传递。

期货电子化交易的优点很多，比如成交速度快、成交回报快和准确性很高，并且不受地域限制，只需要配置一台电脑、一根电话线或一部移动终端，并下载行情软件和交易软件。进行网上交易要注意安全保密，比如自己的账号和密码，防止被不怀好意的人知晓，给你造成无法挽回的损失。

20 世纪 90 年代以来，随着数字化和网络化的信息革命在世界范围迅速发展，世界经济结构和人们的工作方式都发生了变化，期货市场由于其自身的特点，在这场变革中首当其冲。目前，国际上几乎所有的期货交易所都在认真研究和开展电子化交易。美国的网上交易始于 20 世纪 90 年代初，到 2001 年已有超过 100 家的网上券商。

相对于现有的期货交易方式而言，网上交易有许多优势。比如，交易成本低、市场流动性大、突破时空限制、加速信息传递、增加交易透明度、扩大客户群体等。

网上期货在互联网技术、交易形式、行情研判方法等诸多方面均与网上证券大同小异，但网上期货发展的时间比网上证券相对晚一些。

三、网上基金超市

所谓基金超市，就是将各种公开发行的基金汇集在一起，由投资者根据需要自由选择，并对其提供投资指导服务的场所。它有助于为客户提供及时的投资信息和服务，较好地满足投资者在资产保值增值、价值组合、风险控制等方面的金融需求。而网上基金超市就是线下基金超市在互联网上的翻版，目前大致有以下类型。

1.银行类。属于特定网上银行或银行理财板块的一个内容，更应该称之为“基金频道”，其主要销售关联公司或自家代理的产品，用户可以在此直接购买心仪的基金。

2.券商类。由特定券商提供，只销售自家经营或认可的基金，相当于“品牌基金专卖店”。

3.资讯、顾问、导航类。这类网站大多由第三方公司建设，提供详细的基金数据、新闻等资讯，并提供用户社区和投资理财指导服务，但其本身不是基金销售渠道。用户需要购买基金时，这类网站将把用户引导至券商网站或其他第三方平台。随着基金第三方销售牌照的发放，这类网站正逐步转型。

4.平台类。拥有基金第三方销售牌照，汇集丰富的基金信息，提供资讯、顾问、在线销售等一站式服务。而对于基金产品的“制造商”——基金公司和证券公司来说，搭建自家的网上基金销售平台，一方面可避免其他网络渠道对自身渠道的挤压，另一方面能就近为客户服务，是很自然的想法，也是其传统销售渠道在互联网上的延伸。

包括华夏基金、嘉实基金、南方基金在内的主要基金公司都在自己的官方网站构建了基金销售平台，用户可以在这里挑选网站自营的基金产品并完成在线申购和赎回。如国泰君安等证券公司不但在官方网站销售自家产品，同时也作为别家产品的销售平台，提供几乎所有基金公司的基金产品供用户购买。传统金融机构销售渠道和方式的变化将为其带来以下影响：

1.销售成本降低,从而能把更多精力投入产品的设计与优化。

2.产品的质量和性价比拥有更加直观的对比,劣质产品无法吸引到用户,金融机构之间的竞争越发激烈,"内功"的重要性将日益凸显。

3.金融机构更容易获得产品和用户的量化数据,可针对用户反馈为其推荐更加优质的产品。

4.用户将在一定程度上参与产品的设计,金融机构的产品设计模式可能会发生较大变化,体现出某些"民主"特质。

由于基金销售渠道的迁移成本较低,构建难度不大,近年来,第三方平台逐渐成为网上基金超市的主流。电子商务企业也纷纷介入这一领域,搭建了基金频道或理财平台。与传统的线下基金销售模式相比较,平台类网上基金超市具有以下优点:

1.产品的种类、数量更加全面,用户享有更加充分的选择权。

2.基金的购买和赎回均通过网络进行,操作更方便,更能满足用户"碎片化"理财的需求。用户可获得更加详尽的资讯,可更加方便地对不同产品进行对比。

3.用户可以在一个账户内管理全部基金,比较基金收益情况,可以更加全面地制定投资理财规划。

因此,平台类网上基金超市有望更加充分地满足用户的投资理财需求,充分激活理财市场,降低企业融资门槛,提高融资效率。而网上基金超市平台由于掌握了大量产品的销售数据和用户的购买、赎回、评价数据,可依托这些数据向用户进行精准营销,也可以提供咨询、规划等增值服务,尤其是在数据充分积累的前提下,平台如果能够提供便宜(甚至免费)自动化理财规划服务,为每个用户进行贴身、个性化的理财指导,它将可能冲击更为高端的信托、财富管理等市场,从而使得互联网金融展现出真正的冲击力。

总体而言,网上基金超市(未来可进一步上升为网上金融超市)于金融行业的影响,可类比于电子商务平台对于传统线下商务和制造业的冲击。

四、跨界电商

近年来,网上购物的流行导致电子商务的大爆发,由此引发的与电子商务相关的金融需求也显著增长,阿里巴巴、京东、苏宁等电子商务平台纷纷涉足这一领域,引起人们对互联网金融的关注。与此相对应,银行也开始涉足电子商务,依托自身优势开辟金融服务的新领域。商业银行弄潮电子商务亦是几经沉浮,其中不乏几大国有控股银行的身影。

(一)建设银行的"善融商务"

在与阿里巴巴的合作受制之后,中国建设银行就暗下决心,要建立一个自己的商务平台。尽管建行和阿里巴巴合作部分的企业贷款规模仅有100亿元,这一部分业务的减少或者停止相较于建行13万亿元的总资产来说就是九牛一毛,但建行认为电子商务势不可挡,有巨大潜力。历经一年多的筹备之后,2012年6月,善融商务平台推出。"善融商务"以"亦商亦融,买卖轻松"为出发点,面向广大企业和个人提供专业化的电子商务服务和金融支持服务。在电商服务方面,"善融商务个人商城"定位为B2C平台,面向个人消费者,采用模式是通过加盟商家向消费者提供产品。消费者在购买商品的时候可以直接实现分期支付或者申请贷款支付,也可采用信用卡积分兑换券进行支付。"善融商务企业商城"

定位为独立 B2B 平台，面向企业用户，包括专业市场、对公融资和资金托管三大部分。

此后，善融商务还增加了房 e 通，主要提供新房、二手房的贷款业务，帮助客户在网上更便捷地申请建设银行的贷款，同时提供住房基金等多种业务。

根据建行的规划，"善融商务"发展思路为"商务跟随＋金融创新"。所谓"商务跟随"，就是主动学习领先电商经验，争取在商务端的体验不明显弱于领先的电商；所谓"金融创新"，就是发挥建行在支付融资领域的优势，真正形成建行的卖点。具体发展策略：B2C 商城以"网盟＋自营"的方式发展；B2B 商城全力推广小微企业的 B2B 交易，定向试点大、中商户的供应链管理。

建行人士也相信，"善融商务"可以为企业转型提供强大的推动力。"善融商务"推出一年来，其金融服务优势凸显。对于企业客户，建行提供"网络联贷联保""网络大买家供应商融资""网络速贷通""e 点通""小企业客户在线融资""个人助业贷款"等金融服务，实现了网络增信、操作简便、高效快捷的全流程网络贷款。一年来，建行已经为数百家品牌优质商户发放贷款数十亿元。对于个人客户，建行提供了个人贷款、信用卡分期等能有效降低客户融资成本的金融服务。显然，"善融商务"并非传统意义上的电商平台，而是更侧重于金融服务。它以电商的方式，为价值链的各方提供金融服务，将金融服务渗透到电子商务全流程中去。举例来说，用户在这里面买一件 3000 元的物品实际上买的是一笔 3000 元的贷款，银行的收入来自贷款利息。"善融商务"不收取商户的店铺租金、交易佣金、服务费、广告费等费用，并且在现阶段还提供免收商户借记卡支付、结算手续费的优惠政策，可以显著降低交易成本。

此外，通过"善融商务"，建行还可以时刻与客户保持沟通，更加了解客户，在为客户提供增值服务的同时获得客户的动态经营信息。截至 2013 年 6 月 30 日，善融商务注册会员数突破 150 万，交易额近百亿，融资规模达到数十亿。

(二)其他银行电商平台

2012 年初中国交通银行推出"交博汇"，定位于大而全的银行系电商平台。在其"一轴四馆"的概念下，交博汇推出生活馆、企业馆、商品馆和金融馆四大平台，能够向客户提供包括网上购物、理财、融资、缴费等全方位的网上服务。尽管大而全的模式有助于银行系电商更有效地黏合其个人和对公户群体，但是这种模式也颇受质疑。一些业内人士曾指出，在 B2C 的业务方面，淘宝早已先入为主，银行在这方面难有突破；同时，这方面业务有更强的电子商务属性，对传统的银行基因和运作模式挑战更大。

2013 年 9 月，"交博汇"开始根据"专业化和市场化的运营在银行内部相分离"的思路做出调整，把 B2C 的业务逐渐向信用卡商城整合，重点发力于那些银行更能施展其专业性的业务，例如金融馆的 B2B 业务以及金融商城等。

与"善融商务"和"交博汇"类似的还有多家银行的信用卡商城，但是运营情况大多不尽如人意。据称，多数银行的信用卡商城并不赚钱，其目的在于稳定客户、黏合客户、服务客户，并通过相关的金融服务弥补商城亏损。2013 年 6 月，被誉为"中国最佳商业模式"的信用卡购物平台"一亿佰购物"申请破产，大量信用卡用户面临无法收回货款的风险。2013 年 8 月 6 日，兴业银行信用卡官方网站发布了一则"停业"公告，宣布该行将于 2013 年 8 月 31 日正式关闭信用卡网上分期商城，原因是"业务调整"。该行发言人对外解释：

"电子商务有多种模式，传统的信用卡网上分期商城，虽依托银行千万级的客户数据，但由于其经营模式受到商城规模有限、特色不鲜明等因素影响，效果未必达到预期，我行也在思考此类业务更好的运营模式。"

然而，就在同一时期，民生银行的七家主要非国有股东单位与该行旗下公司——民生加银资产管理有限公司，携手成立民生电子商务有限责任公司(简称"民生电商")，再次引起人们对于银行系电商的关注。该公司认缴金高达30亿元人民币，注册于深圳前海。公司的定位是将民生银行产业链金融电商化，根据规划，民生电商将利用民生银行庞大的中、小、微客户规模和牢固的客户关系基础，形成基于中、小、微客户需求、有机融合电子商务与金融活动、实现产业链交易高效撮合的一流市场化平台，向中、小、微企业及个人提供完善的信息平台、服务平台等，发挥信息流、资金流、物流与民生银行的互补与协同作用，促进互联网金融与电子商务的有机和有效结合。与此同时，中国工商银行的新电子商务平台也在密切筹备之中。早在2004年，工商银行就在全国同业中率先创办网上商城，定位中高端精品商城，采用B2C模式，为工商银行个人客户提供购物平台。新的电商平台集网上购物、投资理财、网络融资、消费信贷于一体，增加的投资理财和"融资"功能将提升其服务能力。工商银行认为，推出电商平台，不仅仅是应对互联网金融大潮之策，也是建设信息化银行的重要一步。

电子商务企业向银行发起冲击的同时，银行也在向电子商务进军，两者形成明显的对照，这些共同说明了网络经济的强大影响力和强烈的金融改革意愿。银行做电商平台的动力，不在于短期内迅速大规模盈利，最主要的是定位互联网金融，探索如何在互联网经济中更好地展开金融服务。此前，银行处于电子商务产业的最末端，有被边缘化的倾向——支付渠道被第三方支付抢占，客户和数据也逐渐向电子商务平台迁移。掌握客户和数据后，电子商务平台可以自己提供相关的金融服务。通过试水互联网经济、跨界电商，银行可以抢回支付渠道，还可以获得交易数据。结合自己的线下优势和资源优势，同时为买家和卖家提供全方位的金融服务，打造互联网时代的金融服务平台。尽管就目前的情形来看，银行的尝试还不算非常成功，但这一尝试至少反映了商业银行向互联网金融挺进的努力。

知识链接

STAQ系统(securities trading automated quotation system)

全国证券交易自动报价系统(STAQ系统)于1990年12月5日正式开始运行。它是一个基于计算机网络进行有价证券交易的综合性场外交易市场信息系统。系统中心设在北京，连接国内各证券交易所，为会员公司提供有价证券的买卖价格信息以及交易、结算等方面的服务，使分布在各地的证券机构能高效、安全地开展业务。

STAQ的研发机构是中国证券市场研究设计中心(简称"联办")。联办是中国证券市场的发起者，参与设计了上海、深圳两个证券交易所；直接设计、创建并管理了全国证券交易自动报价系统(STAQ系统)；提出并以"总协调"身份直接组织了三次国债承销试点；并于1992年下半年参与设计国务院监管证券市场的职能机构——中国证监会。

本章小结

本章重点介绍了传统金融业的互联网化背景、发展历程、现状及其互联网金融的表现形式。通过对传统金融业中商业银行的互联网化和非银行业金融机构的互联网化的介绍，详细阐述了这两个类别的传统金融业态应用互联网技术进行金融创新的政治环境、经济环境、人文环境和技术环境。同时还详细论述了非银行业金融机构的互联网化运营模式和方法，使学生能正确地理解商业银行、证券公司等传统金融业与电子商务的相互渗透情况，金融业务综合化与全能化及金融机构和商业银行的集中化、大型化趋势等，使互联网金融业务的界限模糊、金融市场透明、开放性与安全性并重和加强互联网金融监管等重要特征。

通过本章的学习，学生们不但了解了“传统金融业怎样互联网化”，以及互联网金融在传统金融业的具体表现形式，而且对互联网金融的具体企业类型及其运作方式也有所了解。但是，传统金融业的互联网化到底通过哪些具体的技术和服务影响我们的生活，以及如何影响？对于此类问题，我们将在下一个章节里予以阐述。

思考与练习

一、单项选择题

1.传统金融业互联网化的企业类型包括（　　）。

A.商业银行　　B.证券公司

C.保险公司　　D.商业银行和非银行业金融机构

2.商业银行互联网化是（　　）发展到一定历史时期的必然产物。

A.政治、经济、人文、技术　　B.政治、经济、社会、技术

C.政治、社会、人文、技术　　D.政治、经济、技术、思想

3.CNNIC 第 36 次互联网统计报告显示，截止到 2015 年 6 月，中国互联网普及率为（　　）。

A.40.8%　　B.48.8%　　C.50.8%　　D.58.8%

4.2009 年央行主持的“超级网银”系统的架构是（　　）。

A.一点接入、单点对接　　B.一点接入、三点对接

C.一点接入、多点对接　　D.一点接入、无点对接

5.网上基金超市的类型不包括（　　）。

A.银行类　　B.券商类　　C.平台类　　D.服务类

二、多项选择题

1.非银行类金融机构包括(　　)。

A.券商　　B.期货公司

C.保险公司　　D.政策性银行

E.租赁公司

2.网上炒股对股民和证券公司都带来了好处,主要体现在(　　)。

A.炒股方便快捷　　B.不受时空限制

C.资金相对安全　　D.降低运营成本

E.提高经营效率

3.网上基金超市的类型主要有(　　)。

A.银行类　　B.券商类

C.资讯、顾问、导航类　　D.平台类

E.业务类

4.以下是跨界电商的有(　　)。

A.建设银行的"善融商务"　　B.交通银行的"交博汇"

C.民生电商　　D.阿里小贷

E.京东金融

5.商业银行的"跨界电商"一般都具有(　　)业务。

A.购物　　B.理财　　C.融资　　D.缴费

E.医生预约

三、简述题

1.简述传统金融业互联网化的背景。

2.简述互联网经济条件下传统金融业的主要压力来源。

3.简述网上银行的特点。

4.简述网上炒股的好处。

四、实训题

1.搜索并浏览中国建设银行网站,并归纳其网上业务服务范围。

2.搜索并浏览一家知名期货公司网站,看看该网站上都提供了哪些服务。

3.通过搜索引擎搜索资讯、顾问、导航类网上基金超市,看看你找到了几家。

第三章 互联网银行金融服务

知识要求

通过对本章内容的学习，要了解互联网银行的产生与发展，熟悉互联网银行的特点、功能与现状，掌握互联网银行管理上的一些风险及可采用的手段与原则，以及互联网银行在支付结算中的作用。

技能要求

通过本章的学习，要求学生能够说明互联网银行与传统银行的区别与联系，以及互联网银行与电子商务的关系，能够抓住互联网银行的业务流程特点，并能说出本章知识在哪些具体岗位能用上。

近年来，随着计算机技术、互联网通信技术的迅猛发展，信息的交流与传播在社会经济活动中起着越来越重要的作用。从人们的衣食住行，到单位、组织、国际的商贸与合作，信息正成为经济生活中最活跃的因素。互联网作为一种全球性的、开放式的数字信息交换载体，它的普及应用和发展，对人们传统行为观念的冲击和影响日益深刻而广泛。随着互联网应用环境的日趋成熟，电子商务、电子服务等新型商务模式的种类和规模得到了迅速的发展，并逐渐得到大多数人的接受和认可，互联网市场正在成为全球发展最快、规模最大、前景最美好的经济领域。远程教学、远程医疗、网上购物、网上理财等所有这些互联网交易和服务行为的发展，都要求传统的商业银行或金融机构提供一种基于互联网技术和现代移动通信技术的开放的支付结算服务，也就是说，提供互联网银行服务。

第一节 互联网银行概述

互联网银行又称为网络银行、简称“网银”，在美国诞生时叫作 E-bank，直译为电子银行。它是指商业银行应用互联网技术和现代移动通信技术，为客户提供金融产品与金融服务的经营方式。传统商业银行(如中国银行)和互联网银行(如美国 SFNB)的两种经营模式都有互联网银行，只不过后者完全脱离了传统商业银行的基因(学术界称之为“金融脱媒”)，成为纯粹的互联网银行。互联网银行具有低成本和高回报的优势、信用的重要性、提供“3A”(anytime，anywhere，anyhow，随时随地任何方式的)服务等基本特征。

一、互联网银行的概念

互联网银行，它是银行、互联网和计算机的三位一体，是互联网上的虚拟银行柜台。理论上用户可以不受时间和空间的限制，只需拥有一个互联网终端(如电脑)或互联网移动终端(如手机)，就可以享受全天候的网上金融服务。有些互联网银行需要依附传统商业银行的实体而存在(业界称为“负担银行”)，而像美国 SFNB 这样完全摆脱了传统商业银行经营模式的纯粹的网络银行，我们则称之为“直销银行”或“虚拟银行”。

二、互联网银行的内涵

互联网银行从初级简单的电话银行，发展到 PC 银行，再到现在的手机银行，是一个不断成长、完善的过程。因此，在认识互联网银行时，必须运用不断发展的眼光看待问题，而不能局限于某一技术阶段形成的某种特定的银行形式。

实际上，今天人们对互联网银行的认识仍在深化，并不存在一个最终的、统一规范的互联网银行的定义。现有的关于互联网银行的定义，是出于对互联网银行管理和研究的需要，因而不同国家定义之间存在着一些差异，涵盖的范围也不相同，形成了广义的互联网银行和狭义的互联网银行两种概念。

套用中国人民银行 2014 年 4 月发布的《中国金融稳定报告 2014》中的定义格式，可以这样表述互联网银行的定义：一般来说，互联网银行是互联网与银行的结合，是商业银行借助互联网和移动通信技术实现资金融通、支付和信息中介功能的新兴经营模式。广义的互联网银行既包括作为非金融机构的互联网企业从事的银行业务，也包括商业银行通过互联网开展的网上业务。狭义的互联网银行仅指商业银行开展的，基于互联网技术的，尚未摆脱传统商业银行基因的金融业务(如果完全脱媒，那就是直销银行了)。

撇开不同概念之间差异的表象，可以认清互联网银行的一些基本属性。这些属性包括电子虚拟的服务方式、业务运行环境的开放、业务时空界限的模糊、交易实时处理、交易费用与物理地点非相关等。

从这些属性中可以看出，互联网银行不只是将现有银行业务移植到网上那样简单，它是金融创新与科技创新相结合的产物，是一种新的银行产业组织形式和银行制度。

三、互联网银行的特点

“3A”式的服务。互联网银行突破了时间、空间的限制，它利用互联网技术将自己和客户连接起来。在各种安全机制的保护下，客户可以随时随地在不同的计算机终端登录互联网办理各项银行业务。所谓的“3A”，就是在任何时间(anytime)、任何地点(anywhere)，以任何方式(anyhow)提供金融服务。它打破了传统商业银行的结构和运行模式。信息技术是任何规模的银行都可采用的经营工具，可以使任何规模的银行运用较少的投资购置最好的计算机系统，使用最先进的银行应用软件连接到用户，并以此向传统的巨无霸型的大型商业银行挑战。过去银行聚集廉价存款的分支机构正变成耗资巨大的包袱，银行必须由粗放型经营走向依靠科技进步的集约型经营。

四、互联网银行的类型

根据不同的划分依据，互联网银行可以分为不同的类型，如按照服务对象可以分为个人银行与企业银行；按业务种类可以分为零售银行和批发银行；按建立模式可以分为负担银行（即分支型银行）和直销银行（也称纯互联网银行和虚拟银行）等。本书按建立模式的分类方式来进行阐述。

互联网银行一般有两种建立模式：一种是以互联网为背景的由传统银行开拓的互联网银行，即原有的“负担银行”（ incumbent bank ），它分支机构密集，人员众多，在提供传统银行服务的同时推出互联网银行系统，形成营业网点、ATM 网点、POS 机、电话银行、互联网银行的综合服务体系。目前，无论从全球还是我国的情况看，这种形态占互联网银行的绝大比例；另外一种是在传统银行之外兴起的以互联网技术为依托的、信息时代崛起的直销银行（direct bank），它分支机构少甚至没有，人员少而精，采用移动电话、互联网等高科技服务手段与客户建立密切的联系，提供全方位的金融服务。还有就是传统的银行在互联网上设立网站，介绍银行的自身情况，发布有关金融信息，但在网上没有开设银行业务，充其量只能算作“上网银行”，而不是真正意义上的“互联网银行”。目前，全球在互联网上设立的银行，美国占了近 90%以上，其中有 25 家进入美国 100 家资产最大的银行之列。这说明互联网银行不是大银行的专利，互联网技术和现代通信技术为所有银行提供了平等的经营契机和发展机遇。

1.负担银行（incumbent bank）

这类银行是在现有的商业银行的基础上发展起来的，是传统银行业务的网上实现，传统银行开设新的电子服务窗口，即所谓传统业务的外挂电子银行系统。负担银行的典型代表富国银行（Wells Fargo）是美国第四大银行，资产总额 1.3 万亿美元，拥有 9112 个分支机构，资本收益率高达 34%。目前，它被认为是美国银行业提供互联网银行服务的优秀代表，在互联网银行客户中，15%由互联网银行服务带来的新客户。

到目前为止，我国开办的互联网银行业务都属于这一种类型。由于整个系统是依靠传统银行系统的基础，利用互联网开展银行的相关业务，所以也称之为互联网银行服务。

传统银行开展互联网银行业务一般可以采用以下两类模式。一类是传统银行建立的一个网上分支机构，该机构并不独立，但是却配备最强的人力财力资源，往往拥有特别的突破原有体制框架的授权去开展业务。富国银行（Wells Fargo）采取了这种模式，它的互联网银行客户数量据称已经超过数百万，在 Smart Money .com 公布对美国 13 家最大的零售银行的互联网银行和 6 家虚拟银行的评比和排名中，该银行排在第三位。

另一类模式，即建立一个独立的机构经营网上业务，称作互联网银行（纯互联网银行），这个机构可以拥有独立的品牌、独立的经营目标，甚至可以与传统银行自身展开竞争。花旗银行采取了这模式，建立了独立的电子花旗（E-Citi），在 Smart Money .com 的评比中排名第二。全美总资产排在第五位的第一银行（Bank One Corp）走得更远，1999 年 6 月推出了与第一银行品牌全不同的互联网银行 Wingspan Bank.com ，独立开展互联网银行业务。

两种模式各有优劣势，网上分支机构可以依靠母体银行的客户群来开展业务，但却要受到母体银行原有体制框架、技术框架的约束限制。互联网银行则不受这些限制，不用考虑如何与母体银行庞大而迥异的计算机系统进行费力的联结和结合，自己独立的品牌也不受客户对母体银行印象好坏的影响，并可提供出比母体银行更多的产品和服务。

2.直销银行(direct bank)

直销银行又称直接银行，是完全依赖互联网发展起来的全新的电子银行，此类银行所有的交易和业务要依赖于互联网进行，比如世界第一家安全交易型互联网银行——美国安全第一互联网银行(SFNB)。

SFNB于1995年在互联网上建立，它不同于以往的银行，没有营业网点，整个银行的员工人数也大大少于传统银行。它采用一种全新的服务手段，用户只要键入其网址，屏幕上就显示出类似普通银行营业大厅的画面，上面有“开户”“个人财务”“咨询”“行长”等柜台，还有一名保安。客户只需单击所需柜台并按给定的指示操作，即可进入自己想进的区域。所以，客户足不出户便可以进行存款、转账、付账等业务操作。客户完全通过因特网与银行建立服务联系，实现了24小时全天候服务，方便、可靠、快速。SFNB从1995年10月开始试营业，每天都接到大量新储户的开户申请。开户时，客户只需要在该行网页上填写一张电子开户表，键入自己的姓名、地址、联系电话和开户金额等基本信息，然后发往银行；同时，用打印机打印出开户申请表，签上名字，连同支票一起寄给银行。几天后，客户就可以收到该互联网银行寄来的银行卡。客户用这张银行卡就可以进行网上交易了。

SFNB是第一个在互联网上提供全部业务交易和安全金融服务的金融机构，除此之外，还有许多因素使得SFNB与其他金融机构有所不同。首先，SFNB主要存在于互联网上，互联网银行业务是其重点之所在，而其他金融机构正尝试把互联网业务作为一项增值服务来提供。SFNB给客户提供一个安全的环境，使得他们能够在此环境中学习、接受和掌握这种全新的银行服务方式。SFNB预计，在这种最有效的营销渠道方式下，经过一段时间并达到一定数量规模后会使得经营成本大幅度下降。这种情况类似于通过电话提供服务的共同基金金融服务公司。传统的金融机构使用最昂贵的销售渠道，单位资产的成本大约为350个基点。而与此相比，互联网银行单位资产的成本大约为100个基点，这给金融机构本身带来了更高的利润空间，也能给客户带来有形的收益。

如果互联网银行等金融机构要取得像传统金融机构那样的固定边际，那么应该让客户节省2%~3%的边际成本。金融机构可以向存款人提供高于基准利率2~3个百分点的存款利率，也可以把贷款利率降低2~3个百分点。通过提供多种免费服务和较高的存款利率，SFNB把降低了的经营成本部分转移给客户，使客户得到了有形的收益。例如，在大额存单和货币市场账户方面，SFNB所提供的利率一直是全美最高的之一。反过来，SFNB也得到了回报，因为这些措施吸引了更多的存款和客户。

直销银行的典型代表是德国的Entrium Direct Bankers，它作为Quelle邮购公司的一部分，1990年成立于德国，最初通过电话线路为顾客提供金融服务，1998年开通互联网银行系统，目前已经成为德国乃至欧洲最大的直销银行之一，控制着德国直销银行界30%的存款和39%的消费贷款。

这种互联网银行是一种虚拟银行，它没有分支机构，借助于互联网就可将业务拓展到世界各地，极大地减少了银行的管理费用，只占通常情况下的1/3。根据美国博思管理顾问公司 1996 年 8 月的调查报告，这种互联网银行的经营成本只占经营收入的 15% ~ 20%，而传统银行的经营成本则相当于经营收入的 60%。此外，在美国开办一个互联网银行所需费用是 100 万美元，而建立一家传统银行的分行所需的费用高至 150 万 ~ 200 万美元，每年还需要附加经营费用 35 万 ~ 50 万美元。国外的统计资料还显示，互联网银行的服务费仅及柜员服务的 1/10。

直销银行的优势很明显，它可以树立自己的品牌，以极低廉的交易费用实时处理各种交易，提供一系列的投资、抵押和保险综合业务。由于客户服务成本很低，银行还可以向客户提供更优惠的存贷款利率。但与传统墙砖式银行相比，直销银行也存在一些难以克服的缺点。例如，无法收付现，加重了对第三方发展的依赖性；改变了以往银行保存交易记录的方式，需要法律和各方面的不断确认；缺乏客户基础，需要培养新的银行客户的信任度和忠诚度；银行前期技术投入非常大等。

五、互联网银行的主要内容

随着互联网技术的不断发展创新，互联网银行提供的服务种类、服务深度都在不断地丰富、提高和完善。从总体上讲，互联网银行提供的服务一般包括两类：一类是传统商业银行业务品种的网上实现。这类业务基本上在互联网银行建设的初期占据了主导地位，传统商业银行把互联网银行作为自身业务品种的一个新兴的分销渠道来对待；另一类是完全针对互联网的多媒体互动的特性来设计提供的创新的业务品种。同时，在组织机构和业务管理模式上也从根本上打破了传统商业银行的各种条条框框，成为真正意义上的互联网银行。从业务品种细分的角度来讲，互联网银行一般包括以下几个方面的内容。

（一）公共信息的发布

互联网银行通过互联网发布的公共信息，一般包括银行的历史背景、经营范围、机构设置、网点分布、业务品种、利率和外汇牌价、金融法规、经营状况及国外金融新闻等。通过公共信息的发布，互联网银行向客户提供了有价值的金融信息，同时起到了广告宣传的作用。通过公共信息的发布，客户可以很方便地认识银行、了解银行的业务品种情况以及业务运行规则，为客户进一步办理各项业务提供了方便。

（二）客户的咨询投诉

互联网银行一般以 E-mail、BBS、QQ、微信、手机短信等为主要手段，向客户提供业务疑难咨询以及投诉服务，以此为基础建立互联网银行的市场动态分析反馈系统。通过收集、整理、归纳、分析客户各式各样的问题、意见以及客户结构，及时地了解客户关注的焦点以及市场的需求走向，为决策层的判断提供依据，便于银行及时调整或设计创新的经营方式和业务品种，更加体贴周到地为客户服务，并进一步扩大市场份额，获取更大的收益。

（三）账务的查询

互联网银行可以充分利用互联网点对点服务的特点，向企事业单位和个人客户提供其账户状态、账户余额、账户一段期间内的交易明细清单等的查询功能。同时，为企业集团提供所属单位的跨地区、多账户的账务查询功能。这类服务的特点主要是客户通过查询来获得自己在银行账户的信息，以及与银行业务有直接关系的金融信息，而不涉及客户的资金交易或账务变动。

（四）申请和挂失

主要包括存款账户、信用卡的开户、电子现金、空白支票申领、企业财务报表、国际收支申报的报送、各种贷款、信用证开证的申请、预约服务的申请、账户挂失、预约服务撤销等。客户通过互联网银行清楚地了解有关业务的章程条款，并在线直接填写、提交各种银行表格，简化了手续，方便了客户。

（五）互联网支付功能

互联网支付功能主要向客户提供互联网上的资金实时结算功能，是保证电子商务正常开展的关键性的基础功能，也是互联网银行的一个标志性功能，没有网上支付的银行站点，充其量只能算作一个金融信息网站，或称作上网银行。网上支付按交易双方客户的性质分为 B2B、B2C 两种交易模式。目前，出于法律环境和技术安全性方面的考虑，在 B2C 功能的提供方面，各家银行比较一致，B2B 交易功能的提供尚处在不断地摸索和完善之中。

1.内部转账功能

客户可以在自己名下的各个账户之间进行资金划转，一般表现为定期转活期、活期转定期、汇兑、外汇买卖等不同币种、不同期限资金之间的转换，主要目的是方便客户对所属资金的灵活运用和进行账户管理。

2.转账和支付中介业务

客户可以根据自身需要，在互联网银行办理网上转账、网上汇款等资金实时划转业务，该业务为网上各项交易的实现提供了支付平台。客户可以办理转账结算、缴纳公共收费（煤、水、电、房、电话、收视费等）、交通违规罚款、发放工资、银证转账、证券资金清算等以及包括商户对顾客（B2C）商务模式下的购物、订票、证券买卖等零售交易，也包括商户对商户（B2B）商务模式下的网上采购等批发交易，这类服务真正地实现了不同客户之间的资金收付划转功能。

（六）金融创新

基于互联网多媒体信息传递的全面性、迅速性和互动性，互联网银行可以针对互联网特点，针对不同客户的需求开辟更多便捷的智能化、个性化的服务，提供商业银行在传统业务模式下难以实现的功能。比如针对企业集团客户，提供通过互联网银行查询各子公司的账户余额和交易信息，并在签订多边协议的基础上实现集团内部的资金调度与划拨，提高集团整体的资金使用效率，为客户改善内部经营管理、财务管理提供有力的支持。在提供金融信息咨询的基础上，以资金托管、账户托管为手段，为客户的资金使用安排提供周到的、专业化的理财建议和顾问方案。采取信用证等业务的操作方式，为客户间的商务交易提供信用支付的中介服务，从而在信用体制不尽完善合理的情况下，积极促进商务贸易的正常开展。建立健全企业和个人的信用等级评定制度，实现社会资源的共享。根据存贷款的期限，向客户提前发送转存、还贷或归还信用卡透支金额等提示信息。

由此看来，互联网银行利用互联网技术，把银行的服务触角通过科技手段延伸到了社会经济生活的方方面面，延伸到了每一个客户的面前，无论这个客户是在单位或是家中，他都可以便捷地享受互联网银行的各项新颖、周到的服务。随着互联网和电子商务的普及与发展，互联网银行可提供的服务势必越来越广泛，越来越完善。不久的将来，包括个人、企事业单位、行政机构在内的多种交易主体，可以通过 PC 连接互联网，通过有线电视、手机、平板电脑、ATM 以及其他缤纷多样的数字终端设备，使用基于比特技术的数字化的互联网银行的各项服务功能，真正做到足不出户而心想事成。

知识链接

直销银行(direct bank)：是没有任何分支网络的银行，它通过互联网银行、电话银行、自动取款机(通常通过银行间网络联盟)、邮件和移动终端提供远程服务。这类银行通过消除与银行分支机构相关的成本，并可能将这些节省的成本通过提高储蓄利率或降低服务费传递给客户。【资料来源：维基百科】

第二节 互联网银行的发展

互联网银行的产生对金融界特别是银行业也带了巨大的震动，银行业如何面对它，则是今后发展的重要研究方向。对于它的出现，专家们认为这是银行业百年不遇的机遇和挑战，要认真对待，这才是银行业适应发展新形势的方向。互联网银行是否会取代传统银行？我们只要回顾一下照相机技术与传统书画行业的发展就会明了。

一、互联网银行的产生

1995 年 10 月 18 日，全球首家以互联网银行冠名的金融组织——安全第一互联网银行打开它的“虚拟之门”，从此一种新的银行模式诞生了，它对 300 多年来的传统金融业产生了前所未有的冲击。1996 年 6 月，中国银行在因特网上设立网站，开始通过国际互联网向社会提供银行服务，从此拉开了中国互联网银行发展的序幕。经过 10 年左右的发展，中国互联网银行的交易额进入了快速增长的阶段。2005 年中国互联网银行的交易额为 71.6 万亿元，2006 年该交易额增长为 93.4 万亿元，年增长率达到 30%。

至今，互联网银行的发展经历了以下 4 个阶段。

(一)第一阶段——银行“触网”

在这个阶段里(计算机辅助银行管理阶段)，银行通常在互联网上设立自己的站点，宣传自己的经营理念，介绍银行的背景知识以及所开办的业务介绍，旨在通过互联网这个信息传播媒体树立自己的形象，拓展社会影响力，更广泛地吸引市场资源。

20 世纪 60 年代，金融电子化开始从脱机处理发展为联机系统，使各银行之间的存、贷、汇等业务实现电子化联机管理，并且建立起较为快速的通信系统，以满足银行之间汇兑业务发展的需要。20 世纪 70 年代，发达国家的国内银行与其分行或营业网点之间的联机业务，逐渐扩大为国内不同银行之间的计算机互联网化金融服务交易系统，国内各家银行之间出现通存通兑业务。20 世纪 80 年代前期，发达国家的主要商业银行基本实现了办公业务的电子自动化。在这期间，商业银行出现了两次联机高潮，一次是在 20 世纪 60 年代，这次高潮使各商业银行的活期存款可以直接经过计算机处理传输到总行，加强了商业银行内部纵向管理；一次是在 20 世纪 80 年代，实现了水平式的金融信息传输网络，电子资金转账网络成为全球水平式金融信息传输互联网的基本框架之一。

20 世纪 60 年代末兴起的电子资金转账 EFT(Electronic Fund Transfer) 技术，为互联网银行的发展奠定了技术基础。所谓电子资金转账系统，是指使用主计算机、终端机、磁带、电话和电信互联网等电子通信设备及技术手段进行快速、高效的资金传递方式。根据服务对象的不同与支付金额的大小，EFT 可以分为零售电子资金划拨系统(又称小额电子资金划拨系统)与批发电子资金划拨系统(又称大额电子资金划拨系统)。零售电子资金划拨系统的服务对象主要是广大消费者个人。这些交易活动的特点是交易发生频繁，但交易金额相对较小。其法律关系主要是银行客户与银行的关系。批发电子资金划拨的法律关系除了银行客户与银行的关系外，还有银行间的关系，银行与批发电子资金划拨系统的关系。

20 世纪 70 年代末，电话银行在北欧国家兴起，到 20 世纪 80 年代中后期得到迅速发展。电话银行的出现，与金融创新产品的发展和金融管制有着密切的联系有所不同，电话银行的出现基本上与政府的金融管制无关，它是基于电话通信技术的发展而出现的金融服务品种的创新结果。然而，电话银行服务存在着其自身难以克服的缺陷，最大的缺陷之一是，在相当长的一段时期依然主要依靠语音识别、记录系统提供金融服务，这给电话银行服务的客户带来了诸多不便，直至手机银行的出现。因为与文字记录不同，在金融服务通信中客户交易时有差错、误解或矛盾的隐患，而目前流行的针对重大金融服务交易的传真复核确认制度过于烦琐和复杂。这种制度一方面降低了电话银行的经营效率，另一方面增加了双方(主要是客户端)的交易成本。目前，固定电话银行业务基本已经被“手机银行”所替代。“手机银行”本质上是互联网银行的表现形式之一，它是基于客户移动终端的互联网银行。

(二)第二阶段——网上银行

在这个阶段(银行电子化或金融信息化阶段)，商业银行往往将已开办的传统业务移植到互联网上，将互联网作为银行业务的网上分销渠道，同时通过互联网提高传统业务的工作效率，降低经营成本，以便为客户提供更加方便周到的服务，进一步将培育客户对银行的忠诚度作为目的。

电话银行的一些缺陷影响了其发展范围和速度，随着计算机普及率的提高，商业银行逐渐将发展的重点从电话银行调整为 PC(个人电脑)银行，即以个人电脑为基础的电子银行业务。20 世纪 80 年代，在国内不同银行之间的网络化金融服务系统基础上，形成了不同国家之间不同银行之间的电子信息互联网，进而形成了全球金融通信互联网。在此基础上，出现了各种新型的电子互联网服务，如以自助方式为主的在线银行(PC 银行)、自动柜员机系统(ATM)、销售终端系统(POS)、家庭银行系统(HB)和企业银行系统(FB)等。

银行电子化使传统银行提供的金融服务变成了全天候、全方位和开放性的金融服务，电子货币成为电子化银行的未来货币形式。随着信息技术的进步，银行电子化水平也在逐步提高。家庭银行是银行电子化的重要内容。在 20 世纪 80 年代中期，欧美的一些银行就开始想起为主要客户提供通过计算机进入自己账户的互联网银行服务、家庭银行服务(home finance)。

(三)第三阶段——互联网银行

在这个阶段(全面开展互联网业务阶段),银行往往针对互联网的特点,建立新型的金融服务体系,创新业务品种,摆脱传统业务模式的束缚。同时,在提供标准化服务的基础上逐步建立以客户为中心的经营管理模式,更深入分析市场与客户的需求,以提供智能化的财务管理手段为依托,建立起面向客户的个性化服务模式,使银行的经营管理向着高技术含量、高知识含量的集约化经营模式转变。

20 世纪 90 年代中期以来,互联网银行的出现使银行服务完成了从传统银行到现代银行的一次变革,互联网银行摆脱了传统银行业务模式的束缚,建立了新型的金融服务体系并创新业务品种,为顾客提供多品种、全方位的服务。

互联网银行的第一个基本功能就是方便了电子商务交易活动中的支付,其功能和工作机理就使得网上消费真正变为现实,如订票、购物等。只有形成快捷、安全、稳定的网上支付系统,互联网消费才能真正地顺利进行。因此,电子商务活动顺利开展的一个必备条件是实现第三方支付。互联网银行与传统银行相竞争的最突出的优势是成本优势, 所有成本优势中,最突出的优势是交易成本优势;在所有服务优势中,最突出的是便捷全天候 24 小时服务。因此,有人预言,21 世纪银行业的目标是以“3A”特点为客户提供服务。

(四)第四阶段——网银集团

在这个阶段(金融系统互联网化阶段),建立以互联网银行为核心,业务经营范围涉及保险、证券、期货等金融行业,以及商贸、工业等其他相关产业的企业集团。在互联网经济市场充分发展的背景下,树立起以互联网银行为中枢神经和核心纽带的虚拟的互联网企业,逐步以数字技术为手段,控制并管理现实的各种社会经济成分。

随着互联网银行的不断发展,现代银行业将建立起以互联网银行为核心,业务和经营范围涉及保险、证券、期货等金融行业以及商贸、工业等其他相关产业的企业集团,在国际互联网技术和移动通信技术充分发展的前提下,逐步形成以互联网银行为中枢神经和核心的虚拟的互联网托拉斯集团。

二、互联网银行的发展

随着互联网技术和现代移动通信技术的发展,国际银行业在经历了自动提款机、无人银行、电话银行之后,互联网银行业务获得了快速的发展。

(一)国外互联网银行的发展

1985 年,英国出现了第一个全自动化银行——苏格兰拉斯哥银行的 TSB 分行。1989 年 10 月,英国米兰银行开创了电话银行业务,出现了世界上第一家电话银行。随后英国又出现了类似巴克莱银行和西敏寺银行等的全自动化银行,英国的劳合银行还在伦敦的牛津大街创办了未来银行。

1995 年 10 月,全球第一家真正意义上的互联网银行(SFNB)在美国诞生。SFNB 没有建筑物, 没有地址,只有网址和互联网银行站点,一幅幅网页画面构成了银行交易的营业接口,所有的交易都通过互联网进行。它的员工只有 19 人,银行的管理维护是通过员工远程控制进行的。该行 1996 年存款为 1400 万美元,但到了 1997 年就发展到了 4 万亿美元。同年,美国花旗银行紧随其后,在互联网上设置了自己的站点。美国提供电子交易服务的金融机构超过200家。

根据方便性、客户信任、在线资源、服务和成本等，Gomez Advisors曾对提供互联网银行服务的银行进行了排名，结果，美国安全第一互联网银行位居榜首，富国银行位列第二，Net.Bank位居第三。IBM公司就互联网银行服务的质量和功能也进行了一项调查研究，结果发现：在前10名之中，欧洲的金融机构占了7家。其中瑞典3家（Forenings Sparbanken位居第二，Nordbankenken位居第三，SEB位居第四位）、瑞士2家（UBS位居第五位，CS位居第九位）、英国2家（Prudential's Egg位居第八位，HSBC位居第十位）。可以看出，斯堪的那维亚地区互联网银行业务的发展在欧洲处于领先地位，因为在该地区互联网和手机的市场普及率很高。

2004年美国许多大银行的合并浪潮兴起。Bank of America和Fleet Boston，J.P. Morgan Chase和BankOne，Regions Financial和Union Planters等相继合并。

互联网金融，融入了多种"金融科技"。美国的金融科技从硅谷起源，硅谷拥有相对成熟的金融科技专才，金融科技生态系统内完善的互联结构，使得创业企业能够从具备金融科技投资经验的大型风险投资基金中获益。根据德勤的一份调查报告显示，2016年全球金融科技中心排名中，排名前几位的分别是伦敦、新加坡、纽约和硅谷。美国顶级的金融科技公司有很多，包括专注于在线借贷、为介于优级信用和次级信用之间的客户提供贷款服务的Avant，世界首家P2P贷款企业Lending Club，专注于互联网保险的Oscar Health，以及专注于财富管理的Wealthfront等。

（二）国内互联网银行的现状

1996年2月，中国银行在国际互联网上建立了主页，首先在互联网上发布信息。目前，工商银行、农业银行、建设银行、中信实业银行、民生银行、招商银行、太平洋保险公司、中国人寿保险公司等金融机构都已经在国际互联网上设立了网站。

进入21世纪以来，我国金融业的互联网化涵盖了越来越多的金融科技内容。到2019年底，以大数据、云计算、人工智能、区块链为代表的新兴技术与金融业的深度融合正推动传统金融业进入转型发展的快车道。传统银行纷纷成立金融科技子公司，利用市场化机制进一步扩大和深化金融科技领域的研发与场景应用落地，在服务集团内部的同时，对外提供技术能力输出。

2015年12月，兴业银行通过旗下兴业财富，与高伟达软件、深圳市金证科技、福建新大陆云商等三家公司共同设立了"兴业数金"，跳出为中小银行服务的局限，成为业内最早设立金融科技子公司的股份制商业银行，开创了银行金融科技子公司的先河。随后，平安集团旗下金融科技公司金融壹账通、招商银行全资子公司招银云创、光大集团旗下光大科技相继成立。2018年4月，建设银行全资子公司建信金科成立，成为国内首家由国有大行成立的金融科技公司，也是银行业内第一家真正以金融科技命名的新兴公司。此后，民生银行旗下民生科技成立。截至2019年12月，共有六家银行金融科技公司成立，各公司基于母公司特点及优势，开始金融科技领域的布局与探索。

1.中国银行

1998年3月，中国银行正式开通了国内首家虚拟银行，办理了国内第一笔网上支付业务。从1996年6月起，中国银行正式推出了"企业在线理财""个人在线理财"和"支付网上行”等互联网银行的系列化产品。“企业在线理财”主要为企业，特别是集团企业客户提供资金管理服务；“个人在线理财”主要为个人、家庭提供理财服务；“支付网上行”主要为持卡人、商家提供B2C网上安全支付的手段，它是以长城电子借记卡为平台，通过SET（安全电子交易）协议和CA（安全认证中心）以及支付网关，在充分保障客户资金安全的同时实现网上支付的功能。客户只要拥有一张长城借记卡，再从网上下载中国银行提供的电子钱包软件，就可在网上实现购物结算。2016年4月1日，中国银行个人网银首度开启境内人民币转账业务。

2.招商银行

1997年4月，招商银行建立互联网银行“一网通”并推出网上个人银行。1998年4月，招行率先在国内推出网上企业银行，开通网上支付功能，成为国内首家提供网上支付服务的银行。截止到1999年底，招商银行已形成了以“一网通”为品牌的国内著名金融证券网站。其功能包括“企业银行”“个人银行”“网上证券”“网上商城”和“网上支付”5个系统。目前，全国13家分行开通了互联网银行服务，在全国已有约480家企业和70万人次经由招商银行的互联网银行进行交易活动或接受服务。招商银行的网上用户已超过3000余万人，网上交易额达150多亿元。

3.中国建设银行

1999年8月，中国建设银行在北京和广州相继推出了网上虚拟银行业务，其业务处理能力为日处理130万笔，并允许5万客户同时进行银行网站的访问和交易，初期的功能以对私业务为主，主要有对私人的信息服务和交易服务。2000年1月，中国建设银行北京分行正式开通网上个人理财业务，提供个人投资分析、个人储蓄、债券、个人住房贷款、汽车消费信贷、个人小额质押贷款、个人助学贷款、个人住房装修贷款等个人理财服务。互联网银行的签约客户还可以根据理财建议直接进入互联网银行进行资金的划转和支付。随后，建设银行为了丰富互联网银行业务的品种，又推出了网上银证转账业务，股民客户可以通过互联网银行查询账户余额、明细和转账等其他服务品种，实时掌握和控制银证转账银行账户的资金状况。整个交易数据传输由建行互联网银行的CA证书体制、加密措施、身份认证及密码控制手段整合后对安全性进行控制和保证，确保投资者的合法利益。

2019年8月26日，由中国建设银行承办的“中国国际智能产业博览会”在重庆市隆重召开。其间，建行布局5G+综合体验馆。整个体验馆分为“智能迎宾”“智慧政务”“赋能实体”“共享空间”“住房生态”及“金融扶贫”等六个板块，全方位展示了中国建设银行以5G、物联网、大数据、云计算、人工智能等金融科技为驱动的创新成果，为用户提供无界化、普惠化、智能化的“新金融”服务。

4.中国工商银行

中国工商银行互联网银行，即中国工商银行（ICBC）的互联网银行，含个人金融服务、企业金融服务、电子银行（分个人和企业）、网上理财和网上商城。2000年2月，中国工商银行开通对公互联网银行业务，随后又推出B2B企业在线支付，信用卡B2C在线支付业务，同期推出的还有个人互联网银行业务，包括储蓄账户和牡丹卡账户的余额查询、转账、缴费等功能，开通个人网上银证转账业务，形成了涵盖集团理财、个人金融及B2B、B2C在线支付等系列产品的完整功能体系。不久，还陆续开通基于灵通卡的B2C网上支付业务。凡在工行开立本地工银财富卡、理财金账户、工银灵通卡、牡丹信用卡、活期存折等账户且信誉良好的个人客户，均可申请成为个人互联网银行注册客户。

5.香港特区的银行

1998年11月，花旗银行在香港特区率先推出首家互联网银行。随后永隆及浙江第一银行也推出"永隆互联网银行"及"CFWeb banking"。其后，汇丰、恒生、永亨、道亨、运通、东亚、美洲银行也相继推出类似服务，所提供的互联网银行服务包括：理财服务、投资、股票买卖、贸易融资、商贸解决方案、按揭、保险、基金销售以及其他网上贷款业务等。

香港的各大银行是较早进行互联网化的银行，香港银行利用互联网技术，通过互联网向客户提供开户、查询、对账、行内转账、跨行转账、信贷、网上证券、投资理财等传统服务项目，使港民足不出户就能够安全便捷地管理活期和定期存款、支票、信用卡及网上股票买卖交易，联合提供互联网银行及财富管理服务。

知识链接

相关银行网址：

富国银行(Wells Fargo)：https://www.wellsfargo.com/

中国建设银行：http://www.ccb.com/cn/home/index.html

渣打银行：http://www.sc.com/cn/fresh－start.html

第三节　互联网银行的功能和特点

企业银行与家庭银行的发展在互联网出现之前，称之为电子银行，即银行通过专线、专用软件和企业、个人的电脑终端，为企业和个人提供多种银行服务，特别是转账、结算以及内部资金调拨、个人理财服务等。现在互联网银行是以服务对象区分为企业银行与个人银行，即对公业务和对私业务。随着大数据、云计算、5G技术、区块链技术等金融科技的发展，未来的互联网银行在功能和特点方面将有更加人性化和便捷的改观。

一、互联网银行的基本功能

网上企业银行是银企双方共同为适应"e"时代的市场环境，由银行根据企业客户实际需要，专门为其设计的一套企业自助金融服务系统。它通过采用先进的互联网通信技术，将银行的计算机管理系统通过各种工具延伸到企业，形成将银行服务直接送到客户办公室的服务系统。同时通过计算机安全防范技术保证，在提供充分的业务方便性的同时，更有效地保障了企业资金的安全。

(一)客户端功能

1.操作员管理。签到(IC＋口令)、签退、修改密码、查询操作员日志、退出系统。

2.查询打印。查询打印存款户、贷款户余额(含集团子用户)，查询打印存款户、贷款户交易明细(含集团子用户)，查询打印存贷利率，查询打印牌价，查询打印客户委托交易

（含集团子用户）。

3.联机交易，包括以下几点：

（1）同城支付，包括同行系统付款和跨行付款。

（2）异地支付，包括同行系统内汇款、跨行汇款和委托银行开出银行汇票。

（3）还贷还息，处理客户主动归还银行借款本金和利息业务。

（4）集团内部转账，处理集团内部账户间资金划拨。

（5）代发工资，处理客户代发工资资金的转出，代发工资数据的传输。

（6）代收业务，处理委托银行代收费用数据的传输。

企业在签发交易时，系统对企业操作员的权限有严格的控制，企业开户注册操作时，将账号赋予了操作员，而且对账号的交易权限、限额有严格的控制。

企业在发送交易时，对操作员的管理要求比较严格，系统要求至少两个人对交易进行复核授权，系统具有的多人复核授权的授权管理模式，更加适应现代集团大企业的财务运作管理模式，可以根据企业开户时自主设定的多人授权关系、根据交易的金额自动识别，通过互联网批量授权。

对于一些企业交易量较大的情况，系统能够对交易自动编押（计算支付密码），大大降低了企业操作人员的劳动强度。

4.凭证号管理。

申领：主办行按凭证使用量由操作员办理，主管授权。

销号：客户发出一笔交易，则该笔电子凭证自动销号，确保电子凭证号不能重复使用。

（二）银行端管理功能

1.操作员管理：操作员签到、操作员签退、查询操作员、注册操作员、注销操作员、操作员更密、修改操作员。

2.客户管理。查看客户终端、增加客户终端。开户时企业必须提供完整的申请单、营业执照复印件、银企协议。同时任何银行开户操作必须在两人相互监督下完成。

3.删除客户终端、修改客户终端名、查看账号、增加账号、删除账号、修改账号名、查询交易类型限制、设置交易类型限制。

4.对客户终端可设定有权限查询或交易的账号，对账号设定可做交易的类型，对交易类型设定是否定向操作，若定向则设定定向关系——账号和限额，若不定向只设定限额。这能满足众多客户的不同需求。

5.企业IC卡发放管理：初始化读写器，初始化IC卡，企业操作员管理，企业操作员账号管理，IC卡挂失、注销。

6.业务管理：业务打印（包含报表、票据）、反交易、查询操作员日志、查看交易日志、查看交易流水、查看凭证号、计费设定。

7.数据与交换行管理。利率牌价数据管理、交换行管理、系统日志的清理（操作员日志、交易日志）。

（三）银行端监控功能

实时监控系统发生的交易，包括交易的统计信息和明细信息。金融行业属于国家重点安全防范单位，过去，银行一直采用模拟监控产品。随着安防技术的发展，互联网视频监控技术已经逐渐成熟,建立一套完善的银行互联网视频监控系统已经势在必行。监控系统作为金融部门不可或缺的安全防范技术手段,在各金融部门的安全保卫工作中起到了重要作用。

二、互联网银行的特点

一些商业银行互联网银行的系统升级工作已经全面完成投入使用,互联网银行的互联网支付系统不再只是纸上谈兵,网上购物、网上结算、网上交易业务逐渐增加。可以说,互联网金融业务伴随着信息化趋势已形成一定的规模,同时还形成了自身业务的特点。

(一)网上企业银行系统的特点

网上企业银行系统是一套完整的、全新观念的银行应用系统,标志着银行对大客户的服务手段得到了提高,最大限度地方便了客户各项结算业务的办理,加强了内部资金管理和运营,增强了市场竞争实力。随着该系统功能的不断完善和加强,其作为银行吸引大客户、服务大客户的重要手段,必将发挥越来越大的作用。

1.个性化

各大银行可根据自己的市场定位和市场创意,将网上企业银行量身定制成具有自我特色的、为大中客户服务的网上企业银行,使其在竞争日益激烈的各大商业银行中独树一帜,以增强竞争力,提高银行效益。

(1)根据企业的运作模式,设置账号操作模式和操作流程。

(2)根据企业的财务经营管理模式,包括跨地市的管理和监控,尤其针对集团企业,进行操作员权限和账户操作权限控制。

2.高安全性

(1)互联网安全

①系统基于银行内部的局域网与互联网公网完全隔离,提高了互联网安全性。

②系统采用一级防火墙,将外部互联网与银行内部局域网隔离。

③系统采用二级防火墙,将银行内部局域网与账务主机之间进行隔离。

④系统还采用硬件防火墙进行实时入侵检测,对检测到的入侵,可报警或直接与路由器联动,阻挡入侵者。

(2)通信安全

安全套接层(Secure Sockets Layer,SSL)及其继任者传输层安全(Transport Layer Security,TLS)是为网络通信提供安全及数据完整性的一种安全协议。TLS与SSL在传输层对网络连接进行加密,保障了Web浏览器和客户端浏览器之间的安全。SSL在客户端起到HTTP协议代理和安全加密的作用,查看服务器端(Server)证书,保证了Web内容的验证。

(3)数据安全

系统中操作员密码、客户密钥等关键数据加密存放。数据库设置了口令和用户权限。

(4)支付安全

中国软件评测中心在多年承担第三方支付安全性测试的基础上,总结出目前现有网络支付系统的安全体系结构一般分为三大层次,如图3-1所示。

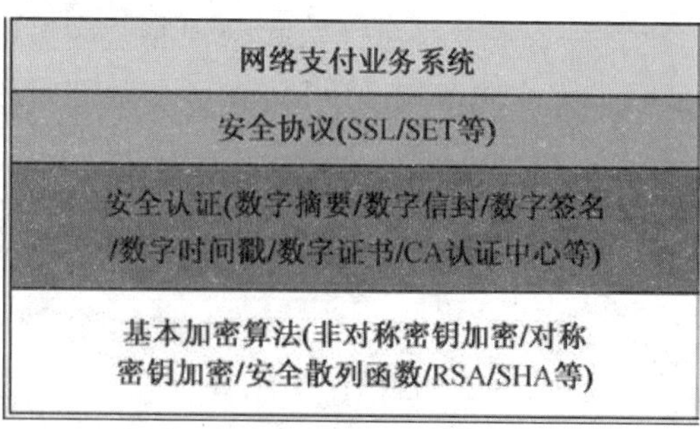

图 3-1 互联网支付安全体系结构层次图

(5)业务安全

①系统控制。控制系统的开通、关闭,能启动、切断各种连接;通过参数控制系统办理业务时间,可实现 24 小时连续开通;可实现银行强制签退企业交易子系统。

②权限控制。银行和企业分别设置多级操作权限,利用 IC 卡系统保障操作员的操作权限控制,避免因有意、无意对系统造成破坏。

③交易安全。网上企业银行交易账号控制:企业在企业电子银行系统中允许做交易的账号;账户业务范围控制:每个交易账号允许做的业务范围;账户限额控制:交易账户的当天转账最大限额;操作员权限控制:对操作员可操作的账号、单笔转账的最大金额、每天转账的最大金额进行控制。

3.工作日志直接打印

对操作员进行的任何操作都自动记录系统日志,根据管理的需要可以随时进行查询与检查,也可直接打印。

4.高扩展性

①系统具有强大的互联网扩展性和业务扩展性。

②支持多种软硬件平台,能有效地适应不同银行的不同需要。

③为企业提供多种财务数据文件格式。

④系统采用模版化配置,针对不同银行的需要,提供一整套的银行交易和服务的应用模块。

⑤支持多种支付密码系统接口。

5.集团企业的有效资金管理

网上企业银行服务采用智能化互联网授权模式,使集团客户可以灵活地监控和调动下属机构间的资金,实现集团企业“收支两条线”“资金集中调配”等企业内部财务管理,加强了集团企业内部控制,提高了资金利用率。

6.零维护、零培训

系统基于 Web 方式,互联网银行的客户端采用公共浏览器,不需要银行去维护和升级,大大节省了银行的客户维护和培训费用。

网上企业银行是银行根据企业客户实际需要,专门为其设计的一套企业自助金融服务系统。它通过采用先进的互联网通信技术将银行的计算机管理系统通过各种工具延伸到企业,形成将银行服务直接送到客户办公室的服务系统。它拉近了客户与银行的距离,使客户不再受限于银行的地理环境、空间距离和物体媒介的限制，足不出户就可以享受到银行的服务。同时通过计算机安全防范技术，保证在提供充分业务方便性的同时，更有效地保障了企业资金的安全。

(二)网上个人银行系统的特点

随着我国市场经济的不断发展和个人信用制度的逐步建立，个人银行业务迅猛发展，正逐步成为商业银行最主要的业务领域和效益来源。

1.产品服务个性化。随着电子信息技术的迅猛发展，银行的经营策略逐步转向客户细分基础上的差别化、个性化服务，根据客户的收入和财富状况、行为偏好、需求变化等提供量体裁衣的服务，以求充分挖掘客户使用银行产品和服务的最大潜力。

2.分销渠道互联网化。零售业务的分销渠道已经由过去单纯的物理网点发展成为包括物理网点、自助终端、电话银行、互联网银行等多种形式在内的互联网化、立体化分销渠道。

3.支付工具卡片化。当代银行业务电子化的基本特征之一，就是传统货币逐步转向以现代电脑技术和通信手段为基础、以银行卡为载体的电子货币，银行业务从传统的手工操作转变为高科技的电子作业。

4.竞争格局并存化。银行业务的电子化和互联网化促使大型商业银行零售业务迅速扩展，超大规模的银行合并使全能型的银行不断涌现。但由于经济发展和金融深化的不平衡，各种类型的小型零售银行仍有其存在和发展的空间，尤其是在交通不便、居住分散、偏远的地区和农村，小型零售银行有其生存发展的独特条件。因此，在今后相当长一段时间内，零售银行领域大银行与小银行、实体银行与虚拟银行将长期并存。

5.个人银行业务国际化。金融的全球化趋势和跨国银行的发展，家庭消费行为和经济活动范围的国际延伸，以及对金融服务需求向国际领域的扩展，必然促进零售业务的国际化发展。

6.市场份额逐渐扩大。20 世纪 90 年代以来，随着电子信息革命与互联网技术的发展，银行业务大量运用 ATM、POS 等设备，电话银行、互联网银行的开通，改变了银行单纯以增设分行为手段的高成本业务扩展方式，为客户提供了价格低廉、快捷、方便的新的金融产品，促使零售业务的销售额和利润迅速增长，使零售业务成为银行的主要盈利业务。

7.网上个人银行的主要业务。个人电子银行业务与其他普通商业银行既有相同之处，也有很大的区别，主要包括下列内容。

①信用卡业务。互联网银行有别于其他银行的是，它有极强的利率竞争优势。在英国，互联网银行的信用卡利率一般在 9%～10%，而其他商业银行则在 12%～15%，上下相差 6%；此外，互联网银行保证赔偿客户的信用卡诈骗损失。

②存款账户。存款业务通常只开设储蓄存款账户，而不办理活期存款账户。其原因是，西方国家的活期存款是一种交易账户，流动性极强，管理成本太高。然而，互联网银行的客户可通过互联网或电话，在不同银行的账户之间进行资金划拨。

③消费信贷。互联网银行的消费贷款一般都设定最高限额，如最高不能超过 15000 元等，其目的是控制信用风险。

④其他银行业务服务。包括查看账户余额及咨询、房屋抵押贷款、购买保险和网上购物;开设活期存款账户;网上进行投资如股票交易、购买单位信托基金等;通过数码技术与电视联网,提供电视银行业务服务。互联网银行还通过"无线运用协定"技术,实现了互联网与电视及移动电话联网,提供"手机银行"和"电视银行"服务。

CA 证书

CA(Conditional Access) 也拥有一个证书(内含公钥和私钥)。网上的公众用户通过验证 CA 的签字从而信任 CA,任何人都可以得到 CA 的证书(含公钥),用以验证它所签发的证书。

如果用户想得到一份属于自己的证书,他应先向 CA 提出申请。在 CA 判明申请者的身份后,便为他分配一个公钥,并且 CA 将该公钥与申请者的身份信息绑在一起,并为之签字后,便形成证书发给申请者。

如果一个用户想鉴别另一个证书的真伪,他就用 CA 的公钥对那个证书上的签字进行验证,一旦验证通过,该证书就被认为是有效的。证书实际是由证书签证机关(CA)签发的对用户的公钥的认证。证书的内容包括:电子签证机关的信息、公钥用户信息、公钥、权威机构的签字和有效期等等。目前,证书的格式和验证方法普遍遵循 X.509 国际标准。

第四节　互联网银行的建设服务与管理

随着互联网技术的不断发展和广泛的应用,各行各业将面临全新的竞争。特别是对金融业而言,在今后的几年里,国内外金融业的竞争将更加激烈,互联网银行将在金融竞争中扮演重要的角色。国内外各金融机构都在为互联网银行的建设和发展寻找突破口,因此,只有加快建设和发展互联网银行,才能使金融业在市场经济中立于不败之地,同时它也是金融业参与市场竞争和寻求发展的一条新途径。

一、互联网银行的基本构建

从宏观角度看,互联网银行作为一种更加便捷、高效、低成本的运行方式,给用户、银行以及商家同时带来了便利和效益,并将在未来成为人们重要的理财工具,互联网银行的发展已经成为金融业不可阻挡的趋势。互联网银行的建设和发展,将扩大金融业在居民个人中的影响,以带有经济效益的方式来宣传互联网银行,还能让更多的人知道互联网银行,了解互联网银行,提高金融业的信誉度,从而树立金融业的良好形象。同时将使金融业逐步从"实体经营"向"互联网经营"转变,突破传统的经营模式和服务方式,为企业和居民个人提供不受空间和时间限制的全天候的金融服务。互联网银行在对传统业务产生全面而深刻影响的同时,也给自身带来了很好的发展机遇。

从微观角度看,互联网银行可以大大降低运营成本。由于开办一个互联网银行,所需的成本只是硬、软件及少量智能资本,相对于实体银行构建而言,不仅减少了员工工资的开支，也不用支付储蓄网点建设和维护的费用；而在传统方式下开办储蓄网点，则需要大量的资金和人力，所以相比之下可以使金融运营成本大大降低，对企业增收节支和扭亏为盈具有深远的意义。

另外，互联网银行将为企业和居民个人提供全新的服务方式，依靠便捷的服务吸引客户，把利润更多地转向中间业务和表外业务，为金融业带来新的利润增长点，有利于加强金融市场竞争能力，同时对企业扭亏为盈起到强有力的推动作用。

建设和发展互联网银行，应从人才和技术两方面入手：一方面建设和发展互联网银行需要一批高技术、高水平及高思想素质的人才。他们不但要精通互联网技术，而且要对金融业务非常熟悉，它们将在建设和发展互联网银行中起主导作用；另一方面，要以技术为支撑点，保障互联网银行运行的安全和高效。

（一）互联网银行系统建设的原则

建设互联网银行系统应遵循以下几个原则。

1.系统的可扩展性。随着业务的发展，系统应具有调整和扩充系统功能的能力，同时保持应用和数据的一致性，适应不同应用环境和不同应用水平的需要。

2.系统的可管理性。金融服务体系的建设，要能对结构复杂、分布广泛、计算机应用水平各异的所有用户和所有系统进行统一、安全的管理，确保业务的正常运行和系统的安全稳定。

3.系统的安全性。系统的安全性主要涉及加密和解密、安全和认证，防止非法侵入和病毒干扰。系统安全主要包括：业务数据的安全管理，结算处理的安全控制，数据传输的加密解密和数据完整性控制，交易过程中的安全认证等。

4.集成性原则。确保互联网银行系统与现有电子银行业务信息系统实现有机的集成，以便为客户提供全天候、全方位和个性化的银行综合服务。集成性原则还应体现在业务服务、经营管理和客户服务三者的集成。

（二）互联网银行系统建设的基本构造

下面以建设银行为例，介绍互联网银行的构成体系。1999 年初，中国建设银行总行与合作公司在北京进行了建行互联网银行业务的需求分析和软件开发。于 1999 年推出建行互联网银行服务系统，为个人客户和企业客户都提供了基于互联网的银行服务，网址为 http://www.ccb.com.cn。

建行互联网银行的服务理念是实时在线、不排队。

中国建设银行互联网银行力求以客户的需求为依据，突出以客户为中心。近期目标是方便客户，满足客户日益增长的随时随地的金融服务需求，帮助客户更新理财观念，享受先进的信息技术在金融行业中的切实应用；远期目标则是采用新型的金融服务方式，以遍布全国的城市综合业务互联网系统为基础，以 24 小时到账的清算系统、全国大中城市联网的龙卡系统为依托，支持实时网上结算、网上购物、网上订房、网上订票等电子商务行为，为客户提供全方位、全天候的金融服务，进而促进电子商务在中国的发展。

（三）互联网银行运行系统结构

中国建设银行互联网银行运行系统由总行网站、分行网站、北京互联网中心、总行网络中心、成员行业务主机系统、成员行签约柜台 6 个部分组成。总行互联网银行系统采取总行、网银中心、分行三层体系结构，提供信息服务、客户服务、账务查询和实时交易等功能。其中，由总行指定部门从全行范围规划、运作和管理，网银中心具体实现账务查询和实时交易功能，分行实现业务主机系统与网银中心实时连接。

分行网站，主要是信息宣传，互联网银行业务通过链接到网银中心实现。网银中心有两个互联网网站，分别是申请网站和交易服务器。申请网站的工作是接受客户申请。交易服务器的工作是互联网银行交易过程，采用基于 SSL 的 HTTPS 协议，只接受有建行 CA 中心发放的数字证书的客户的交易请求，其他客户不能访问。该服务器接受客户的交易请求，转发至相应的成员行业务主机系统进行处理，并将处理结果反馈客户。

总行 CA 中心是建行唯一的证书生成、发放和管理机构，该系统完全离线工作，通过电子邮件方式接受网银中心传送的经过审核的客户申请资料，生成的证书每日批量人工放到专门的证书下载网站上，同时给申请人发通知邮件。成员行业务处理系统是处理网银中心传送来的交易请求，并将处理结果返回网银中心。签约柜台则验证已申请 CA 证书的客户的互联网银行交易账号的有效性。

(四)互联网银行系统的安全设计

1.系统层的安全措施

(1)交易服务器。网银中心的交易服务器，是一个建立在符合 B1 级安全标准的可信操作系统 VVOS(Virtual Vault Operating System ，虚拟保险箱操作系统)之上的安全的 Web 服务器。此服务器可与客户端建立 SSL 连接，并校验客户端证书的合法性。该服务器作为互联网银行的 Web 访问服务器和交易服务器，将内部网络和客户请求到达的外部互联网分开，当从外部区域接收到用户请求后，VVOS 会进行一系列的安全检查。只有在完全确认一切正常后，才会将用户的交易请求通过特定的代理程序，送至运行在系统内部区域的应用服务器进行后续处理。

(2)ISS 安全监控系统。建设银行为保证互联网银行系统的整体安全，对互联网银行系统的运行情况还运用了 ISS 系统漏洞扫描和实时入侵监控。ISS 安全监控工作站用于对进出网银中心的各种信息进行互联网监控，为安全管理员提供可疑信息的“报警、记录、回放”等功能，并提供相应的报告；还可用于对网银中心的各种服务器进行互联网层安全漏洞检测，根据提示修补漏洞，从而最大限度上降低安全风险，保护企业互联网的系统安全。

(3)加密算法加密和数字签名。银行网银中心与商户间的信息运用标准加密算法加密和数字签名，采用 SSL 安全套接层协议，保护从客户端到网络服务器之间的数据传输安全，防止数据在互联网传输过程中被窃听和截取。

(4)数字证书。建设银行的 CA 中心向每个互联网银行的客户(包括商户)发放数字证书以校验客户的身份，该证书在客户网上申请时实施下载。客户的身份认证依靠基于“RSA 公钥密码体制”的加密机制，互联网银行服务器上会安装建设银行签发的服务器端证书。同样，客户端必须装有建设银行的有效数字证书，才能与互联网银行服务器进行通信，而数字证书是建设银行用户在互联网上的身份证，上面存储个人信息使系统有效进行通信的身份识别。参与通信的双方各自有其自己的电子证书，对其身份不容抵赖。

2.应用层的安全措施

建设银行互联网银行系统，除了在互联网和主机等系统方面采取技术防范措施外，软件应用层也有安全控制。客户在建设银行的互联网银行进行交易时，能够体会到建设银行在安全方面从各个层次、各个方面采取的各种安全措施。

(1)检测证书 UID 并核对登录密码、通报系统访问次数。当用户登录时，系统不但会要求用户提供建行签发的数字证书，而且还要从用户证书中摘出 UID，与用户在登录页面中输入的相比较。UID 比较通过后，再比较用户在登录页面中输入的密码与系统预留值是否一致。只有当两次比较都通过后，系统才会进入下一步处理。每当用户登录成功后，系统都会向用户通报该用户共访问了互联网银行多少次以及上一次访问是在什么时间，以便用户及时核对。

(2)设置交易密码。当用户进行转账类交易时，系统会要求用户再次输入一个密码，以提高系统的安全性。用户的初始登录密码和交易密码都由网银中心生成。但为了保护用户的利益，当用户首次登录时，系统会强制性要求用户修改这些密码。

为了进一步加强互联网银行系统用户的安全信心和防范内部安全威胁，所有用户的系统登录密码都不是真正的密码，而是经加密处理后的乱码。用户登录或进行交易时输入的密码，都会由系统进行加密处理，再将加密处理后得到的乱码，与网银中心存放的乱码比较。如一致，则认为所输入密码正确。

(3)设置会话密码，审核用户交易请求。考虑到 HTTP 协议的无连接特点，网银系统将使用会话密码来保证上一个页面的请求和下一个页面请求是由同一个人发出的。当用户登录时，系统会提示用户输入登录密码，核对无误后系统会自动生成一个会话密码，并将其嵌入返回给用户的页面。当系统收到下一个页面时，将首先检查页面中内含的会话密码是否与系统保存值一致。只有通过这项检查，系统才会进行后续处理。当客户操作完毕将交易请求送到网银中心后，网银系统会首先审核其请求是否合法。系统在审核时充分考虑到了 HTTP 协议和 HTML 语言的特点，会全方位地进行审核，如账户是否签约、服务是否登记等。

二、互联网银行系统构建特点

21 世纪的金融业将是建立在互联网技术高度发达的基础上的，互联网技术现代移动通信技术的不断发展将改变金融业传统的经营观念、服务方式、推销方式及交易方式。因此，互联网银行的建设和发展要力求为客户提供全新的财经信息、金融产品信息和个人理财服务，逐步实现网上查询、转账、网上支付业务。实现全国范围内的个人资金融通，并结合实际提供个人信息查询、个人账户之间转账、支付业务、个人理财咨询服务等全方位的金融“套餐”。

(一)建立公钥证书安全体系，保障应用级安全

互联网银行系统建立了目前最为严密的 128 位 SSL 加密的公钥证书、1024 位证书认证安全体系，保证以下安全要素。

1.客户身份认证。个人互联网银行通过发放特约商户证书和银行证书并采用 128 位 SSL 协议的方式，确保了商户、客户的互联网银行密码及加密密钥在网上的加密传送，客

户的每笔交易都将按照机密性和完整性的要求记录，在方便客户的前提下最大限度地确保了客户网上交易和支付安全。企业互联网银行的客户必须持有银行签发的证书才能进行各种交易活动。证书存放在IC卡中，其公、私秘钥长度为1024位，利用证书来验证客户身份，以保证该客户为银行真正的客户，防止非法用户的入侵。

2.可靠性及不可抵赖性。在无纸化的互联网环境中，传统的通过手写签名和印章进行鉴别的方法已经行不通了。因此，互联网银行在确认客户的每一笔支付交易中，都会具有客户签署的电子签名。由于电子签名是由客户的私钥生成的，别人不可能仿制，因此电子签名可以作为每一笔交易的不可抵赖的凭据。

3.信息的完整性、机密性。由于电子商务建立在互联网这个开放的环境上，因此，保证商城、客户、银行三方交易信息的完整性及机密性将是银行的首要承诺。

互联网银行通过128位SSL通道保证商城给银行的交易信息、客户确认的支付信息以及银行给商城(包括收款方)的信息都是加密传输的，并且用信息摘要技术保证完整性效验。如在B2B交易完成后，银行将发给商城及供贷方交易确认信息，每一笔信息都附有银行私钥签名后的信息摘要，商城只需持有银行的公钥证书就可以验证这笔信息的可靠性，确保是银行发出的正确信息。对于个人互联网银行的支付系统，客户在付款成功后，银行将实时地把交易信息和银行自有信息发送给商户，商户每晚将这些信息组成对账单文件经加密后重新传送给银行方，经银行方对账程序自动对账后，将对账成功的交易信息反馈给户，这样保证每笔交易经银行方和商户方双方确认，避免了黑客仿冒银行或商户进行交易的恶性行为。

4.交易的审计。对于客户的每一笔交易，互联网银行系统都会按照完整性和机密性的要求对交易信息进行记录，用作交易的审计备案。

5.个人网上业务转账交易的安全设计。对于个人客户发起的每一笔转账交易，系统求客户两次输入转出账号，同时输入互联网银行使用的支付密码(非登录密码)避免了客户由于失误造成的转账错误，也避免了他人冒用客户身份登录互联网银行或客户未退出系统被他人冒用的情况。

6.企业网上业务转账交易的安全设计。为了降低网上交易的风险，企业网上业务的交易只限于账务信息的查询。而对于转账支付交易，则通过客户在网上提交指令，后台业务人员手工处理的方式，增加了后台业务人员的把关及系统自动加押、后台手工核押的第二道防护；同时客户在登录互联网银行时需要安全证书，在提交支付(支付指令、B2B支付和批量支付)时会提示客户进行电子签名，以保证交易的唯一性和不可否认性；并可以根据支付指令的付款限额支持多级授权，保证客户交易的安全；客户还可以随时通过查询指令来跟踪指令的审批和执行情况。

7.数据库内数据的加密存放。客户使用的密码都经过不可逆加密算法存放在数据库中，即使黑客入侵数据库系统，得到密码字段，也无法破译原密码。

(二)利用防火墙等技术，保障互联网级安全

在整个系统的互联网框架上，银行采取了以总行站点作为入口的方式，以便于系统的安全监控及总行的统一管理。在总行的入口处，设立了两道防火墙及一个安全代理服务器以防止非法入侵；此外，防火墙及安全代理服务器上都有完整的信息审计记录，再辅之

以完善的人为监控,可以最大限度地保证互联网级的安全。

(三)建立动态安全监控系统,保障系统级安全

采用国际领先的互联网安全产品,建立站点的实时监控系统和扫描系统。实时监控系统能够 24 小时监控到系统的所有服务活动,并能根据监控模版配置发出相应的反应。利用扫描系统分别在防火墙内部和外部有针对性地对服务器操作系统进行扫描,可以及时发现和补救系统安全漏洞。

(四)利用多层授权机制,保障业务安全处理

企业客户在进行 B2B 等网上支付交易时,可根据金额大小选择是否需经过企业财务主管进行多层授权。企业客户(财务人员)与财务主管分别持有一个证书,超过规定限额的交易必须由企业主管持有其证书进行确认才能成交。每个企业客户的授权限额可由企业在开户时自行确定。

(五)健全的内部柜员操作管理机制

互联网银行内部管理系统使用浏览器 7 服务器结构,通过内网向全行提供内部管理的功能。系统内部从总行、省行到市行建立七级柜员制度,逐级管理。对于客户管理、柜员管理等重要功能,采用多重柜员审核的机制,保证这些操作不能被单一柜员独立完成。同时,柜员在内部管理系统上的所有操作都记入操作日志中,以后随时进行组合查询。

(六)与 CFCA 认证系统的紧密结合

CFCA 将是我国权威的认证机构,由它提供的 Non-SET CA 证书和 SET CA 证书,是我国互联网银行、电子商务 CA 安全证书的应用标准。

目前,企业互联网银行子系统已经将 CFCA 的 Non-SET 证书中的企业高级证书作为工商银行互联网银行的企业客户证书和商户证书,并即将在全国推广;同时 SET 证书也将用于电子商务应用中。

三、互联网银行的业务项目

美国安全第一网络银行,是世界上第一家也是目前最成功的一家互联网银行。它从 1996 年开始了互联网金融服务,尽管在发展的过程中并非一帆风顺,但是它确实代表着一种全新业务模式和未来的发展方向。从美国安全第一网络银行的情况看,互联网银行提供的服务可以分为三大类:一是提供即时资讯,如查询结存的余额、外币报价、黄金及金币买卖报价、定期存款利率的资料等;二是办理银行一般交易,如客户往来,储蓄、定期账户间的转账,新做定期存款及更改存款的到期指示、申领支票簿等;三是为在线交易的买卖双方办理交割手续。

1.商业银行视角

从商业银行的专业视角看,以美国安全第一网络银行为例,互联网银行具体的服务项目有以下几种。

(1)基本支票业务。在 SFNB 开立基本支票账户只需预先存入 100 美元。在前半年试用期内,对支票签发实行免费无限制服务,每月可以使用 20 次免费电子支付、10 次免费自动柜员机取款服务和免费 POS 交易服务,90 天内免费提供支票清算查询服务。半年以后,如果客户的存款金额达不到银行的要求,则每月收取 30 美元的费用。对于支票

退票或止付,银行收取 25 美元的手续费。

(2)利息支票账户。要开立这样的账户同样只需要 100 美元。这种账户是在基本支票账户的基础上,加上利息收益和电子票据支付服务。这个账户中必须维持月余额不得低于 500 美元。如果在某一个月的任何一天,余额少于 500 美元,则该月就没有利息。利息支票账户的手续费为每月 4.95 美元,可以最多使用 35 次电子票据支付服务。如果账户的日余额超过 5000 美元,则免除所有手续费。

(3)信用卡服务。SFNB 发行 VISA 卡,分普通卡和金卡两种。SFNB 的信用卡不收年费,但如果每年使用次数少于 6 次,则收取 25 美元的费用。要申请信用卡,必须首先开立一个账户。

(4)基本储蓄账户。基本储蓄账户的月手续费为 5 美元,但如果平均日余额超过 200 美元,则可以免收手续费。每月可以免费存取款三次,第四次到第六次存款每次收费 3 美元,第七次起每次收费 15 美元。

(5)货币市场账户。一次存入 2500 美元就可以开立这样的账户了,同时,必须维持每月余额超过 2500 美元。

(6)存单业务。存单业务最小金额为 1500 美元。对提前支取者,半年及一年期的收取 3 个月的利息,对两年期的收取 6 个月的利息。

(7)宏观市场金融信息服务。SFNB 为客户提供全面的金融分析服务,及时向客户提供各种市场信息和新闻。

2.网银客户视角

从商业银行网银客户的视角看,一般说来,互联网银行的业务品种主要包括传统银行基本业务、网上投资、网上购物、个人理财、企业银行及其他金融服务。具体如下:

(1)基本互联网银行业务:在线查询账户余额、交易记录,下载数据,转账和网上支付等。

(2)网上投资:由于金融服务市场发达,可以投资的金融产品种类众多,如银行基金、外汇买卖、债券、银行保险、贵金属、银行理财产品等多种金融产品服务。

(3)网上购物:商业银行的互联网银行设立的网上购物协助服务,大大方便了客户网上购物,为客户在相同的服务品种上提供了优质的金融服务或相关的信息服务,加强了商业银行在传统竞争领域的竞争优势。

(4)个人理财助理:个人理财助理是国外互联网银行重点发展的一个服务品种。各大银行将传统银行业务中的理财助理转移到网上进行,通过网络为客户提供理财的各种解决方案,提供咨询建议,或者提供金融服务技术的援助,从而极大地扩大了商业银行的服务范围,并降低了相关的服务成本。

(5)企业银行:企业银行服务一般提供账户余额查询、交易记录查询、总账户与分账户管理、转账、在线支付各种费用、透支保护、储蓄账户与支票账户资金自动划拨、商业信用卡等服务。此外,还包括投资服务等,部分互联网银行还为企业提供网上贷款业务。

(6)其他金融服务:除了银行服务外,大型商业银行的互联网银行均通过自身或与其他金融服务网站联合的方式,为客户提供多种金融服务产品,如保险、抵押和按揭等服务。

知识链接

我国各大商业银行互联网银行所提供的商城服务有何不同?

招商银行的“非常E购”:将商城分为三大块——奢侈品专区、聚便宜、秒杀专区。设有导航栏,按客户可能的需求分类。同时网站右边的e购小达人栏目,介绍网站热销商品。客户通过商城链接可直达各大商户网站,也可通过搜索引擎直接搜索想要寻找的商品。

中国银行的“聪明购”:最显著的特点是零运费、零手续费、零利息。在中国银行的网上商城里主营电子设备。

建设银行的“善融商务”:特有建行分期特惠栏目,将商品分为几大类,并有新品上架、人气排行榜和最新热卖单品几大专区。

工商银行的“融e购”:商城人性化地为消费者将商品详细分类,并设有品牌店及各种优惠区:特惠区、凝聚利、抢先购和分期热卖,为工行个人客户争取更大的价格让利和更优质的专属服务,不仅为工行个人客户提供了一站式购物的便利,同时也满足了企业客户快速提升影响力、实现跳跃式发展的多方位需求。

本章小结

本章主要介绍了互联网银行的概念、特征、功能等基本知识,详细叙述了互联网银行的主要内容,互联网银行的产生和国内外的发展现状。阐述了互联网银行的主要特点、功能、作用。分析了它依附于传统商业银行和纯虚拟银行的两种经营模式和低成本和高回报的优势以及信用的重要性、提供“3A服务”等基本特性,互联网银行生存及发展的条件等。在金融电子化建设基础上,我国互联网银行的金融服务,由银行电子化形成的金融服务到银行自身网络系统与互联网形成的金融服务两个品种构成,并根据不同的方式对互联网银行的分类、互联网银行系统,电子商务的优势,通过实例介绍了互联网银行的一般应用过程。

本章介绍传统业务与网上业务的手段及特点,重点阐述了互联网银行管理上的一些风险可采用的手段与原则,以及互联网银行在银行整体业务中的作用。

思考与练习

一、单项选择题

1.互联网银行的其他风险有(　　)。

A.流动性风险　　B.利率风险　　C.市场风险　　D.以上全是

2.互联网银行还面临(　　)等其他方面的法律风险。

A.洗钱　　B.客户隐私权　　C.网络交易　　D.以上全是

3.保险电子商务的最终目标是实现(　　),即通过网络实现投保、核保、理赔、给付。

A.电子交易　　B.投保　　C.理赔　　D.支付

4.网上保险是电子商务环境中保险业(　　)的产物。

A.衍生　　B.创新　　C.改革　　D.发展

5.商业银行开拓网上商城的核心目的是(　　)。

A.扩大业务宣传　　B.开发电商市场

C.拓展金融业务　　D 以上都是

二、多项选择题

1.互联网精神的四大特征是(　　)。

A.开发　　B.平等　　C.协作　　D.共享

E.互利

2.互联网金融服务的特点可以简单概括为(　　)。

A.任何时间(Anytime)　　B.任何地点(Anywhere)

C.任何方式(Anyhow)　　D.任何人(Anyone)

E.任何国家(Any country)

3.互联网银行的特征是(　　)。

A.交易虚拟化　　B.交易成本低

C.交易效率高　　D.交易透明化

E.不用交税

4.互联网金融业务应该包括由传统金融机构和部分电子商务机构过互联网提供的各种传统或创新的(　　)。

A 银行业务　　B.证券业务　　C.保险业务　　D.第三方支付业务

E.P2P 业务

5.随着互联网银行的发展,银行卡业务开始融入互联网银行整体框架之内,其结构体系主要有(　　)。

A.支付认证体系　　B.互联网银行卡业务应用系统

C.网上特约商户　　D.客户数据系统

E.以上都是

三、简述题

1.简述互联网银行的业务功能。

2.简述互联网银行的组织体制。

3.简述网络金融的发展趋势。

四、思考题

1.举例分析互联网金融应用的低交易成本。

2.互联网精神——“开发、平等、协作、共享”对你将来的就业和创业有什么影响?

第四章　移动终端金融服务

知识要求

通过本章学习，了解移动终端金融服务工具的各种类型、特点、功能与现状，熟悉自助银行和手机银行的一般运行方式和基本结构。

技能要求

通过本章的学习，要求学生能够熟练使用、掌握自助银行和手机银行的基本操作过程；准确识记本章的基本概念，掌握基本知识点。

从商业银行的发展过程看，移动终端金融服务是随着现代移动通信技术和互联网的发展，在自助银行和手机银行的基础上发展起来的一种移动金融服务形式。20 世纪 90 年代兴起的电子商务，实现了商务活动由网下向网上的转移。诸多成功的 B2B、B2C、C2C 等模式，把互联网经济的作用发挥到了极致，互联网银行兴起之后，手机银行从两个方面成为互联网银行的重要组成部分：一是作为移动金融服务的途径，成为互联网银行的资金流动循环中不可缺少的补充环节；二是将自助设备与互联网连接，成为广大客户进入网络银行系统的重要通道。另外，自助银行和手机银行也有了新的发展，一些公共电信终端（如手机、笔记本、平板电脑、POS 甚至包括车载电脑）也成为自助银行的一种形式。本章重点介绍以自助银行和手机银行为代表的移动金融服务形式。

第一节　自助银行

自助银行（self-service bank ）又称“无人银行”“电子银行”，它属于银行业务处理电子化和自动化的一部分，是近年在国外兴起的一种现代化的银行服务方式。它利用现代通信和计算机技术，为客户提供智能化程度高、不受银行营业时间限制的全天候金融服务，全部业务流程在没有银行人员协助的情况下完全由客户自己完成。国外的商业银行经过多年的建设，已建立了先进的计算机网络系统。自助银行的建设起点也比较高，利用现代科技手段向客户提供自动化程度高、方便、安全、周到、全天候的金融服务，功能也比较全面。

一、自助银行概述

自助银行基本上可以描述为使银行客户以自助形式去处理传统营业网点的柜台作业，通过金融电子化设备来提供金融服务。银行客户于 24 小时内，在没有银行人员协助的情况下，随时能以自助方式来完成某些柜台交易。在自助银行中，处理银行交易与推转银行服务并重，除了处理传统营业网点的业务之外，还能开拓其他的新型业务，是一个全功能的银行业务网点。

（一）自助银行的产生与类型

传统的银行业务是通过柜员操作来进行的，随着银行业务的不断发展和扩大，这种操作模式越来越不适应人们的生活节奏了。在此情况下，各银行都致力于推进金融电子化的进程，通过使用先进的金融设备和经营方式来提供更好的服务，以扩大影响、提高形象。自从我国引入 ATM（自动柜员机）以来，银行自助化逐步发展起来，在很大程度上扩大了银行的服务范围、延长了银行的营业时间。但是，零星的 ATM 只能提供有限的服务，无法在客户中产生深刻的印象，业务范围也只能局限在一定领域和区域。随着各种先进设备的成功开发和投入使用，自助银行这一新颖的服务模式应运而生了。

1.自助银行的产生

20 世纪 60 年代，自助银行首先在国外得到广泛应用。应用的原因很简单，当时银行客户和业务不断增多，柜台客户流量变得越来越大，不少人排很长的队伍仅仅是为了办理小额存取款及查询等简单的业务，办理业务可能只需要 2～3 分钟的时间，但排队却可能要花费很长的时间，客户怨声连连。当时的银行认为，客户增多会使得银行柜台人员疲于应付，因此降低了对优质客户的高端服务能力，于是便想通过增加营业网点来分散客户，但是增加人员势必大幅度提高成本开支。基于这些情况，银行产生了引入自助取款机的念头，技术供应商也积极响应。于是，自助取款机应运而生，接着又扩展到自助存款机、外币兑换机、夜间金库、自助保管箱、存折补登机、信息查询机等一系列自助银行设备。

这些设备的出现，从时间和空间上延伸了银行的服务，很快便得到了客户的青睐。银行业也意识到这些设备不应只存活于银行的营业网点内，而是应该散布在公共场所，作为银行网点的一种延伸。

2.自助银行的类型

目前国外流行两种不同形式的自助银行营业网点，即混合式自助银行和隔离式（全自动化）自助银行。所谓的混合式自助银行，指的是在现有的银行分支机构的营业大厅内划分出一个区域，放置各种自助式电子设备，提供 24 小时的自助银行服务。该区域在日常营业时间内，能够分担这些网点的部分银行业务，缓解柜台压力；在柜台营业时间以外，营业大厅关门，该区域被人为地与营业大厅隔离，又变成了独立的自助银行。它也可以作为独立的自助银行营业网点，银行客户通过自行操作这些设备，获得所需的金融服务。隔离式自动银行又称全自动自助银行，这种形式的自助银行与银行分支机构和营业网点完全独立，一般设立在商业中心、人口密集区或高级住宅区内，也是全天候开放。自助银行的独立网点不仅能有效节省银行开设人工网点的成本，还能迅速扩大其影响和服务区域。由于不受时间限制、能良好地保护个人隐私，自助银行能有效地吸引高收入阶层人士办理存款业务，以固定的营运成本争取更多的储蓄存款。

自助银行属于银行柜台业务处理电子化、自动化和互联网化的范畴，是商业银行为满足客户的交易需求而进行的金融创新成果，一般由电子保安、ATM、CDM（自动存款机）、外汇兑换机、存折补登、夜间金库、多媒体查询、自动保管箱等系统组成。目前国外各大银行都已推出了不同规模层次的自助银行，无须银行工作人员的操作，在一天 24 小时内都可完成现有银行柜台作业的交易。客户可以凭借本行或联网其他银行的金融卡，开启门禁系统，然后利用银行提供的电子设备，进行现金存取款、外币兑换、存折补登、对账单打印、公共服务缴费、金融信息查询、财物保管等方面的自助服务。自助银行已逐渐成为衡量商业银行现代化水平的重要标志之一，它的推广必然大大加快银行的金融电子化与网络化建设的步伐。

（二）自助银行的功能和特色

1.自助银行的功能

ATM 是最早出现的自助银行，现在属于自助银行设备中的一部分。从理论上讲，ATM 可以算是自助银行的一种早期模式——功能不齐全的自助银行。走进任何一家自助银行，都会看到里面至少有 5 台机器，一般来讲是自动提款机、自动存款机、多媒体查询机、存折补登机和外币兑换机等。大部分银行的自助银行设备和功能也都只局限于这几种，主要功能有：自动提款、自动存款、存折补登、多媒体查询、外币兑换、外汇买卖、银证转账、缴纳公用事业费、自助贷款等。

2.自助银行的特色

商业银行从自身的利益出发，根据以客户为中心的营销理念，充分考虑到不同消费者的消费需求，一些新型的服务网点模式应运而生。

（1）社区模式——在街道社区、厂矿企业、办公写字楼及其附近提供银行服务的分行模式，强调中间业务和表外业务的服务及营销，是一种类型的“自助银行增强型”设计，即以自助设备为主，并不定时地配合必要的人工服务，以期同时达到高效率服务和业务推广的双重业务目标。

（2）商业区模式——在商业区、闹市区提供快速现金服务的自助银行，强化快速取现服务和卡发行，以自助银行或自助银行增强型为主。

（3）校园模式——在校园及其附近提供简单存取款服务，其交易特征为“频率高、单次交易额小”，以特殊形式自助银行为主，如网吧银行、书吧银行等，也有单设自助取款机的。

（4）店中银行模式——在便利店、机场、加油站、商场、酒店等其他行业的营业厅内提供银行服务。这些营业场所也是银行客户最常光顾的场所，在这些场所提供银行服务显然给银行储户提供了最大的方便。可以结合所在营业场所的具体情况设计成咖啡吧银行、超市银行、专卖店银行等。

（5）顾问银行模式——顾问银行模式又称 VIP 分行，是一种专门为其附近的 VIP 客户提供专业理财服务的网点。与传统的自助银行网点不同，这些新型模式的网点具有更强的针对性，更贴近普通社会大众的生活，可以根据目标客户群的不同采用完全不同的风格设计，以满足目标客户群的心理和情感上的需求，这些将是未来自助银行网点发展的主要形式。

不同城市有不同的消费特点，相同城市不同区域的市民也有着不同的消费要求，相同区域的客户又会因为收入、职业等情况的不同分为若干个不同的客户群，在一个城市区域范围内，往往需要采用多种网点的整合布局，以达到既能最大服务覆盖、又能有区别地为不同的客户提供不同服务方式的目的。

最终的城市区域银行服务网点体系，必将是一个由重构的传统网点、各种新型分行模式和单独布放的自助服务设备（如 ATM 等）组成，这些不同模式网点的数量及分布，则应该完全根据整合营销策略的要素来进行确定。

二、自助银行的设计

发展业务、最大限度地争夺客户份额、留存忠诚客户是银行业务渠道建设的真正目的，而自助银行的建设只是达到这个目的的手段之一。在进行自助银行系统功能的整体方案设计和营销渠道整合布局时，首先应该考虑的是如何通过结构重建充分发挥现有网点的作用。是否需要建设自助服务网点，则应根据目标客户群的特征进行正确分析。

1.自助银行的设计原则

自助银行整体方案的设计和规划，是依据金融机构和客户的具体需求来进行的。为了吸引更多的客户光顾自助银行，最大范围地开展各项业务、树立银行形象，应该从不同的层面上进行统筹规划，并遵守以下原则。

①产品成熟性——所选择的设备应是技术稳定、功能先进的整合式设计的产品。

②符合工业化标准——硬件设备应遵循工业化标准，并具有开放式体系结构，以便支持符合标准的软件和硬件。

③良好的通信性能——自助银行的各个组成设备都应具有良好的通信能力，能够支持局域网和广域网的连接。

④模块化设计——系统应采用模块化设计，且具有良好的可维护性和可扩充性。

⑤安全性能好——系统在软、硬件方面都要提供安全措施，重要的自助服务设备应具有自动报警和监管控功能。

2.自助银行的功能设计

从功能上划分，自助柜员系统可以分为如下 3 个部分。

①银行业务主机——银行业务主机主要负责处理前置机转来的账户交易，完成各相关的更改、登记及处理结果的反馈等。主机通信程序员负责通信链路的建立、管理、监管维护以及通信设备和前置机的管理。

②前置机系统——前置机系统的设置，除了减轻防火墙和主机负担外，更重要的是为了以最大的带宽接收现金循环控制的所有信息、记入相应的库表，并由前置机系统生成发往主机的信息包。这样，即使主机更换应用系统，也无须修改现金循环控制系统的应用程序，只需对前置机进行调整，从而减轻了科技人员开发和维护的工作量。前置机系统主要具有如下功能。

· 接收、处理和转发 CRS 交易并进行加密和解密处理。处理并记录交易日志和 CRS 的例外信息。

· 管理 CRS 密钥，提供维护人员对 CRS 设备状态和交易情况的统计和查询报告。

· 监控 CRS 设备的运行状况。

· 提供操作员对 CRS 设备增加、修改和删除的管理。

· 通信及环境参数的设置与管理。

③现金循环控制系统——现金循环控制系统主要具有以下功能。

· 硬件管理。主要完成对串口、识别模块、凭条打印机、日志打印机、出钞口、入钞口等配置；对读卡器、功能键、钞票暂存器等硬件模块的检测和初始化；在运行过程中对识别模块、打印机、存取款钞箱、通信状态、传感器、传送带等进行实时检测；对检测到的异常状况，及时写入电子日志，并进行处理；提供所有硬件设备的自诊断功能等。

· 插卡检查。对客户磁卡进行检查，对无效卡拒绝插入，不提供操作，同时对系统能够识别的、不同性质的卡种，提供不同的服务。

· 交易管理。完成客户交易请求的提交和交易结果的返回处理，完成操作员管理交易的提交和交易结果的返回处理。客户主要交易流程有现金取款、取款冲正、现金联机存款、现金脱机存款、存款补发、账户查询、修改密码、转账交易。管理交易流程有清钞、清钞确认、装钞、装钞确认、对账请求、线路检测、主机换密钥通知。

· 异常处理。异常处理主要是对客户操作不当或系统内部其他原因而产生的非正常现象的处理。通常客户的操作间隔均有时间限制，若客户在规定时间内未完成相应的操作，如果客户忘记取出磁卡、未在规定时间内拿出出钞口的现金、连续 3 次输错密码等，从保护客户利益出发，系统会根据产生异常的不同原因，自动选择不同的处理，如收回磁卡或现金，或者暂停服务等。

3.自助银行服务终端设备

①自动柜员机（Automatic Teller Machine，ATM）。ATM 是最普遍的自助银行设备，提供最基本的银行服务之一，即支付交易，有些全功能的产品还可以提供信封存款业务。在 ATM 上也可以对账户进行查询、改密等业务。自助式金融服务终端，除了提供金融业务功能之外，ATM 还具有维护、测试、事件报告、监控和管理等多种功能。

②自动存款机（Cash Deposit Machine，CDM）。自动存款机能实时将客户的现金存入账户，消除客户信封存款的疑虑。在存款过程中，CDM 能接受多种货币，识别面值并判断真伪，不需要人工核查、清点。客户存款能实时入账，并可以马上查询到交易处理结果，而不必担心交易过程中出现意外问题。

③存折补登机（Automatic Passbook Update Machine，APUM）。存折补登机是一种方便客户存折更新需要的自助服务终端设备，通过存折感受器和页码读取设备的配合，实现自动打印和向前、向后自动翻页。客户将存折放入补登机后，设备自动从存折上的条码和磁条中读取客户的账户信息，然后将业务主机中的客户信息打印到存折上，打印结束后设备发出声音提示客户取走存折。整个过程自动完成，操作简便，打印迅速。

④外币兑换机（Foreign Exchange Machine，FEM）。外币兑换机适用于机场、旅游区、闹市区等地，主要服务对象为外国游客和有侨汇收入的居民。能识别多种不同的货币，在兑换过程中自动累计总数，然后按照汇率进行兑换。

⑤自动发卡机。为银行解决柜台压力，满足客户在自助银行开户的业务需求，解决新开户在自助银行的发展的瓶颈，扩展客户数量的自助发卡设备在银行大堂和自助银行的

运用，极大地缓解了新开户排队难的问题。银行多功能自助发卡机通过对第一代、第二代身份证的识别，支持开户发卡，实现在自助设备上客户就可以持证自助开户，同时该项设备还继承了传统银行自助设备的功能，如查询余额、查询明细、转账、修改密码和各种中间业务；其发卡功能是补卡、换卡和持存折开卡。

⑥多媒体虚拟柜员系统。虚拟柜员是指与 DCC（银行数据集中工程）系统相连、外挂的自助设备（如 ATM、CDM、CRS、POS 等）及电子系统（如 Call center）。需要注意的是，虚拟柜员不能提供柜台服务，主要是查询与调拨。实体柜员是在各种机构内具体经办会计、储蓄、信贷、财务、银行卡业务的人员，分为 3 级主管、15 级主管、现金柜员和普通柜员。无论何种实体柜员均能够对外营业，且都能够携带现金钱箱，办理现金收付，但不同属性柜员其授权权限及业务权限不同。

⑦多媒体查询机。多媒体查询机利用触摸屏技术提供设备说明、操作指导、金融信息、业务查询等多种服务。精心设计的简洁、直观的画面可以引导客户轻松操作，进行账户余额、近期交易的查询、对账单打印，并可修改密码、获得业务咨询、客户理财设计等多种信息服务。

⑧大屏幕信息显示屏。大屏幕信息显示屏是通过主机控制的液晶显示屏，采用 1.60 矩阵，显示内容丰富多彩、灵活多变，克服了数码管显示方式单调、项目固定的缺陷。屏幕可以滚动显示利率、汇率，并可显示业务指南、广告等大量信息。通过修改主机上的应用程序，可以方便地更改显示内容和显示方式。

⑨夜间金库。夜间金库（又名银行自助金库）可以进行大额现金、贵重物品的寄存，它是自动柜员机的一种延伸产品，解决了普通存款机巨额存款的烦琐和银行营业柜台网点夜间无法进行交易的矛盾，还增加了夜间贵重物品保管的功能，减少了用户在夜间现金和贵重物品的携带量，保证用户的安全，积极推进了银行的业务扩展，适于安放在繁华商业旺地，也可单独面向大额存款的企事业单位（如收费站、加油站、超市等）。

⑩自动保管箱。客户事先向银行申请办理租箱手续，领取箱号钥匙和专用磁卡。客户持专用磁卡插入读写器并输入密码进入检物室，在检物室内按语音提示，输入箱号和密码，系统核对无误后由机械手将客户租用的保管箱传送到客户身边；若有必要，客户可通过对讲系统与控制中心人员联络。客户用钥匙打开保管箱，可提存物品，操作结束锁好保管箱按返回健，系统自动将保管箱放回原处。客户离开时，必须使用保管箱钥匙才能开启检物室房门，以防止客户将钥匙遗留在检物室内。

⑪IC 卡圈存和圈取机。帮助客户实现储蓄账户、IC 卡账户（电子存折）、电子钱包间的相互转账。

⑫其他辅助设施。包括电话、点钞机、伪钞识别机、UPS（不间断电源）、书写台等设备。

4.自助银行安全监控系统

由于自助银行的无人值守性质，其安全防范就极为重要。为此，必须设计聚合出入管理、安全防范、火灾监视、设备控制等系统于一体的现场综合安全管理系统。

①系统功能

· 出入管理功能——只有持有指定卡的人员方可进入该场所，并同时提供在防范异常、火灾等情况发生时的自动锁定和开启功能。

• 安全防范功能——利用传感器监视各种非法入侵和破坏活动。一旦发生，迅速报警，并启动 CCTV 系统监视或录像。

• CCTV 监视功能——利用该系统监视重要的设备和区域，当异常情况发生时自动启动，实现监视或录像。

• 火灾检测报警功能——发生火灾时发出报警、关闭空调、打开出入口。

②设备管理功能

有人进入时，自动打开照明和空调，退出后关闭。

③显示和报警功能

显示系统工作状态，有异常情况发生时，发出声光报警。联网报警监视无人场所发生异常可以通过公用电话回线转报到控制中心，实现了联网。

知识链接

商业银行创新服务项目

自助银行新功能：无卡取现、卡被吞可自助取回、先退卡再吐钞、百元钞能打印冠字号……

近年来，随着银行卡的大量普及，银行针对卡片使用增设的功能越来越多。ATM 已经从单纯的自动取款，发展成为“全能机器人”，各种新功能不断上线：无卡取现、卡被吞可自助取回、先退卡再吐钞、查询人民币冠字号……不过，这些新功能，你是否都了解？知道该如何使用吗？2015 年 3 月，笔者特意走访我市多家银行，从中梳理出一些与市民生活关系密切的 ATM 特色功能，以便大家了解与使用。

功能一：无卡也可取现

出门在外忘带钱包，没有银行卡但是急用钱，怎么办？别急，银行有无卡取现自助服务功能。笔者了解到，目前交行、工行、光大等多家银行均推出了这种新型的取款方式，操作步骤大致相同。以光大银行为例，用户登录手机银行选择“预约取现”功能，输入取现金额、预约码、预约手机号、选择预约取现账户后进行认证介质验签完成取款预约，随后便会收到一条临时密码短信。用户在当日有效期内凭手机号、授权码及取款密码即可取款。需要注意的是，银行对无卡取现的金额有所限定，一般单笔取现金额在 2000～3000 元，每天取款的总额不能超过 2 万元。

不过，如此简便的无卡取现业务是否安全呢？对此，我市某国有银行的银行卡专家认为，无卡取现可以降低取现过程中面临的风险系数。“操作过程中的预约号大多是用户自己设置的，类似于动态密码，仅限使用一次。在使用之后，即使被他人获取，也无法盗取资金。倘若交易密码不慎被他人获知，但由于无须插入实体卡，他人没法窥探银行卡号进而复制卡片，账户信息也是安全的。”该专家解释道。

功能二：银行卡被吞可自助取回

在 ATM 上取完钱忘了取卡，过去系统为保护卡片安全往往会自动吞卡。银行卡被吞掉后，用户就不能自行在 ATM 上取回，必须寻求银行工作人员的帮助。而如今，如果用户遇到此类情况，可凭银行卡密码当场“自救”。据悉，目前厦门市部分银行的 ATM 已有银行卡被吞自助取回的业务。如交通银行规定,银行卡超时被吞90秒内,持卡人输入密码即可自助取回。

功能三:ATM可先吐卡再吐钞

ATM取款的主流程序一般是"先出钞,再退卡",但这样的"流程"往往让一些"马大哈"将银行卡遗落在ATM中。随着光大银行国内首推的升级版ATM的出现,将取款流程调整为"先出卡,后出钞",便大大减少了客户将银行卡遗忘在ATM的可能性。"这种ATM与普通ATM外观相同,只是内部进行了升级",光大银行某支行工作人员向笔者介绍道,"当用户选择'取款'服务后,ATM屏幕中央出现'本机先出卡后出钱'的提示;用户取完款后,就有语音提示'卡已退出,请先取卡,再为您出钞';如果用户要取款后继续其他操作,只要选择'取款后继续交易'即可,无须重复插卡。"

不过,有市民担心,万一拿走银行卡后忘记拿钱怎么办?对此,光大银行某支行营业部工作人员表示,一旦用户未及时取走现金,ATM将在设定时限内将钞票自动收回,以确保用户资金安全。

功能四:百元钞能打印冠字号

过去,如果在ATM上取出假钞,往往是银行、取款人各执一词,很难判断。如今,这种情况将得以避免。因为部分ATM可以打印钞票"身份证"了,只要借助冠字号码查询技术,就可真相大白。

什么是"冠字号"?笔者了解到,人民币冠字号实际上就是钞票左下角的10位编号。由于人民币实行"一票一号"制管理,所以每一张纸币的冠字号码都是唯一的,相当于纸币的身份证。存取款机加载钞票冠字号码保存、打印功能后,万一用户在ATM上取到假币,取款凭条就能作为凭证。那么,如何打印人民币的冠字号呢?近日,笔者来到一家兴业银行ATM上亲身体验,发现无论是存款或是取款,交易完成以后均会有"打印冠字号"的选项,点击该选项以后,即可获得打印着取款冠字号码的凭条。这跟常规的取款流程相比,只不过多一道选择"打印冠字号"的程序,非常便捷。

第二节 手机银行

手机银行结合了货币电子化与移动通信的崭新服务,不仅可以使人们在任何时间、任何地点处理自己的多种金融业务,而且极大地丰富了银行服务的内涵,使银行能以便利、高效而又较为安全的方式为客户提供传统和创新的服务。手机移动终端所独具的贴身特性,使之成为继ATM、POS、互联网之后银行拓展业务的强有力的移动终端金融服务工具。

一、手机银行的技术基础

(一)概念与定义

手机银行(Mobile Banking Service)也可称为移动银行,是商业银行利用互联网技术和移动通信网络及终端办理相关金融业务的简称。早期的手机银行是在电话银行和自助银行概念的基础上发展起来的，其概念是按照客户通过手机发送的短信指令，为客户办理查询、转账、汇款、捐款、消费、缴费等业务，并将交易结果以短信方式通知客户。随着互联网技术和现代移动通信技术的发展，手机银行也能实现互联网银行的所有操作。

手机银行作为一种信息技术的应用成果，集成了多种现代通信技术为基础。

1.信息无线应用(SMS)

短信服务(Short Massaging Service，SMS)是一种在移动网络上传送简短信息的无线应用，是一种信息在移动网络上储存和转寄的过程。世界上第一条短信息是 1992 年在英国 Vodafone 的 GSM 网络上通过 PC 向移动电话发送成功的。与话音传输及传真一样，短信服务同为 GSM(全球移动通信系统，Global System for Mobile Communication)数字蜂窝移动通信网络提供的主要电信业务，它通过无线控制信道进行传输，经短信息业务中心完成存储和前转功能，每个短信息的信息量限制为 140 个八位组。从发送方发送出来的信息(纯文本)被储存在短信息中心(SMS)，然后再转发到目的用户终端。这就意味着即使接收方终端由于关机或其他原因而不能及时接收信息，系统仍然可以保存信息并在适当的时候重新发送。

2.用户识别系统

用户识别系统即"用户识别应用开发工具"(Sim Tool Kit)。它包含一组指令用于手机与 SIM 卡的交互，这样可以使 SIM 卡运行卡内的小应用程序，实现增值服务的目的。之所以称小应用程序，是因为受 SIM 卡空间的限制，STK 卡中的应用程序都不大，而且功能简单易用。目前市场提供的主流 STK 卡主要有 16K、32K 和 64K 卡。STK 卡与普通 SIM 卡的区别在于，在 STK 卡中固化了应用程序，通过软件激活提供给用户一个文字菜单界面。这个文字菜单界面允许用户通过简单的按键操作就可实现信息检索，甚至交易。STK 卡可以有选择性地和 PKI(公钥基础设施)结合使用，通过在卡内实现的 RSA 算法来进行签名验证，从而使利用手机从事移动商务和金融业务活动不再是纸上谈兵。

3.移动通信/分组无线服务(GSM/GPRS)

GPRS(General Packet Radio Service)中文含义为通用分组无线服务，它是利用"包交换"的概念所发展出的一套无线传输方式。所谓的包交换就是将数据封装成许多独立的封包，再将这些封包一个一个传送出去。GPRS 是一种新的 GSM 数据业务，它在移动用户和数据网络之间提供一种连接，给移动用户提供高速无线 IP 和 X.25(第一个面向连接的网络，90 年代以后被面向连接的 ATM 网络所取代)分组数接入服务。GPRS 采用分组交换技术，它可以让多个用户共享某些固定的信道资源。

4.无线应用协议(WAP)

WAP 是无线互联网的标准，由多家大厂商合作开发，它定义了一个分层的、可扩展系结构，为无线互联网提供了全面的解决方案。WAP 协议开发的原则之一是要独立于空中接口，所谓独立于空中接口是指 WAP 应用能够运行于各种无线承载网络之上，如 TDMA、CDMA、GSM、GPRS、SMS 等通信技术。

5.移动通信/交互式数据业务(GSM/USSD)

USSD 是指非结构化补充数据业务，是一种基于 GSM 网络的新型交互式数据业务，它是在 GSM 的短信息系统技术基础上推出的新业务。GSM 业务主要包括结构补充业务(如呼叫禁止、呼叫转移)和非结构补充业务(如证券交易、信息查询、移动银行业务)两类。

6.无线 Java 业务(K-Java)

无线 Java 业务是一种新的移动数据业务的增值服务,开辟了移动互联网新的应用环境,它能更好地为用户提供全新图形化、动态化的移动增值服务。用户使用支持 Java 功能的手机终端,通过 GPRS 方式接入中国移动无线 Java 服务平台,能方便地享受类似于互联网上的各种服务,如下载各种游戏、动漫画、小小说等,也可进行各种在线应用,如联网游戏、收发邮件、证券买卖、信息查询等。无线 Java 业务使得手机终端的功能类似于可移动上网的个人电脑,可以充分利用用户的固定互联网使用习惯以及固定互联网应用资源,提供高性能、多方位的移动互联网使用体验。

7.无限扩频通信技术/无线二进制运行环境(CDMA/BREW)

美国 Qualcomm 公司从芯片出发设计了 BREW 平台。BREW 并不仅仅是为 PC 或 PDA 开发的产品的缩减版本,它比其他应用程序平台或成熟的操作系统小许多倍。平台位于芯片系统软件之上,启用了快速 C++本地应用程序以及浏览器,与基于 Java #8482 技术和扩展虚拟机(例如游戏引擎和音乐播放器)的简易集成。除本地 C++以外,BREW 还支持多种语言,包括 Java、可扩展标识语言(XML)、Flash 等执行环境。而且,由于它可以驻留在采用 Palm 等任何移动操作系统(OS)的智能手机上,因而可使用 BREW 发布系统(BDS)无线下载为这些 OS 编写的应用程序,并像 BREW 应用程序一样使之商品化。BREW 对基本的电话和无线网络运行提供保护。

(二)主要功能与支付方式

1.功能

通过特殊技术(主要是 Java 和互联网通信技术)实现支付的手机,可支持电子支付和数据下载等多种功能。未来手机将集成公交卡、银行卡和钥匙等功能,支付部分日常生活服务,方便市民出行购物,这一技术在日本已经十分成熟。这将大大提高公众生活质量,使出行更加方便。

移动支付是连接线上与线下的支付,典型代表如扫描支付,基于 LBS 技术的移动支付等。看见心仪的商品,扫一扫二维码,用手机完成支付后即可取走商品,这就是扫描支付,完全自主化。二维码扫描支付可以实现近场支付(自动售货机购物等),也可以实现远场支付(团购等)。目前二维码扫描是连接线上与线下的主要纽带。手机支付是指通过手机对银行卡账户进行支付操作,包括手机话费查询和缴纳、银行卡余额查询、银行卡账户信息变动通知、公用事业费缴纳、彩票投注等,同时利用二维码技术可实现航空订票、电子折扣券、礼品券等增值服务。

目前大多数移动支付表现为远场支付,典型代表如微信支付、手机银行支付、短信支付、语音支付、支付宝支付,主要通过移动互联网技术来实现支付。远程支付可以通过如下几种模式来实现:一是客户端模式,二是内嵌插件支付模式,三是手机刷卡器模式。

最后需要说明的是:以上三种分类方法没有严格的界限,某些移动支付,既可以实现近场支付,也可以实现远场支付,也可以是 O2O 移动支付。上述三种移动支付模式的密切组合,可以实现近场近付,近场远付,远场远付。

此外,移动支付的主要问题是标准不统一,比如,国内三大运营商建立了各自的移动支付服务平台(Trusted Service Manager,TSM),提供不同行业的支付应用(例如金融、公交等);中国银联与部分商业银行也建设了 TSM,向合作的运营商提供金融支付应用。2013 年底中国建成的移动金融安全可信公共服务平台(MTPS)可以在一定程度上解决这一难题,目前建设银行、中信银行、光大银行、中国银联、中国移动等 7 家机构的企业 TSM 已系统级接入试运行。移动金融安全可信公共服务平台的建成,可以实现商业银行、移动通信运营商、第三方支付公司的互联互通,公共服务平台是一个顶层架构,是移动支付行业的标准,在此顶层架构下可建立多个企业 TSM 并存的移动金融健康生态环境。

2.微信支付

(1)应用范围

2013 年微信支付诞生以来,迅速席卷全中国。目前支持微信支付的有 QQ 充值、腾讯充值中心、广东联通、印美图、麦当劳、微团购等。银行理财业务也正在与微信进行合作,财付通已经和多家银行协商展开合作,前期将尝试以风险较小的固定收益类产品为主。除此之外,微信支付还延伸至民生支付领域,如由深圳市供电局正式上线的"深圳供电"服务,不仅能为客户提供业务办理指南,还能快速查询电费、电价等各类信息,并可以直接缴纳电费。虽然小额民生支付相对于信用卡还款、电子商务支付等利润微薄,但这可以增加用户黏性。

为了增加支付的便利性,微信逐渐与一些商家合作推广语音支付,用户可以直接对着手机说出自己想要的商品,并可直接进行支付。此外,微信还可以通过扫描购物,即用户扫描商店里产品的二维码,直接付款购物。在微信支付的过程中,用户不用退出微信再进入其他网页或程序,只要拥有一张与微信绑定的银行卡、一个微信账号,就能通过财付通购买公共账号所提供的商品,整个过程不到 1 分钟。

然而金融机构在微信支付上的进展相对于其他行业来说相对较慢。截至 2013 年 12 月,已有超过 40 家基金公司开通微信账户,但主要是余额查询和业务咨询方面,多数不涉及支付,如需购买理财产品则仍需要跳转至基金公司的手机页面。银行业也是同样的情况。此外,微信支付的上线商户基本上是中国内地的商户,暂时只能接受中国内地用户的支付交易,尚未覆盖海外地区,也就是说目前还不能利用微信实现跨国购买产品。

(2)工作原理

微信支付有两层含义:一是通过第三方支付平台财付通来完成的快捷支付,是一种移动创新产品;二是通过银行开通的微信公众号引导到手机银行来完成的支付。我们通常所说的微信支付更多地指第一层意义上的微信支付。微信支付不仅整合了社交网络平台与第三方支付公司,同时也整合了手机银行,能够最大化地满足客户的支付需求。第一层意义上的微信支付的运作过程如下:微信用户首先需要在个人资料里添加银行卡,完成与银行卡的绑定。绑定银行卡时需要输入某张银行卡卡号、身份证号、姓名、手机号,并通过手机号验证身份,以上信息如果准确无误,即可完成绑定。一般情况下,用户需要设定一个微信支付密码,并且这个密码必须与银行支付密码不同。完成与银行卡的绑定之后,就可进行支付。

关于第二层意义上的微信支付,首先需要银行开通微信公众号,微信用户与银行通过微信进行互动，并通过微信平台把客户引导到手机银行来完成支付，但前提条件是客户需要开通手机银行。

微信支付的核心是融合了社交网络平台、第三方支付与手机银行，充分利用了社交网络平台的客户优势、第三方支付的开放性以及手机银行功能的多样性。

(3)微信红包

微信红包是传统“发红包”、移动通讯、社交网络与支付相结合的产物，是由互联网精神催生的新事物，是微信功能的延伸。

微信红包分为拼手气群发红包和普通红包两种，基本操作如下：填写红包信息(金额、祝福语等)→微信支付→发送好友(群)。收发红包过程的背后则是财付通的充值功能、银行卡的提现功能和银行的支付结算功能的整合。一个典型的微信抢发红包的步骤如下：一是建立一个微信群(这相当于“定向增发”)；二是绑定自己的银行卡，充入发红包的金额(比如2000)；三是随时发送红包(也可以事先告诉群成员发送红包的时间)。红包一经发出，成员就可以在群里“争抢”，并可以在群里晒出各自抢到的金额，互相比拼“人品”和“运气”(因为有红包个数和红包总金额的限制，并且每个红包的金额也是由系统随机生成)。

来自腾讯方面的数据显示，农历2013年除夕到农历2014年大年初一下午4点，参与抢红包的用户超过500万，领取到的红包总计超过2000万个，平均每分钟超过9000个红包被领取。微信红包之所以受到用户追捧，原因如下：

一是微信红包具有社交网络的属性，贴近真实世界的人际关系，这是微信红包走红的主要原因；二是拼手气群发红包实质是抢红包，“抢”字意味着竞争，正因为竞争机制的引入，增加了人气，同时也增加了“年味”；三是微信“发”红包符合中国传统的发红包习惯，而“讨”红包则不符合中国人爱面子的习惯，这也是支付宝的“新年讨喜”不及微信红包的原因之一；四是微信红包摆脱了物理位置的限制，虽然相隔千里，同样可以感受到“天涯若比邻”的欢乐；五是微信红包体现了互联网的精神，即共享、平等、普惠、民主等，这里没有高低贵贱之分，也不是名利场，有的只是亲情、友情和同学情，如各行各业的精英、企业家们，在抢发红包的过程中也都表现出孩子气的一面。

通过微信红包活动，微信支付潜在收益如下：一是微信红包活动使微信支付功能得到了大范围的推广，大部分参与“抢红包”的用户都将微信账户与银行账户进行了绑定；二是部分领到微信红包的用户不提现，使得红包成为腾讯的沉淀资金，腾讯可以通过沉淀资金来获益，主要是“吃利息”；三是用户领到微信红包后不提现，使得微信支付账户变成一个类似“支付宝余额”的账户，倒逼腾讯植入更多的增值服务，如话费充值、销售金融产品等。

3.手机银行

早期的手机银行是以互联网为网络支持，以移动电话为接口设备，以IC卡为安全控制工具和交易手段，为客户提供更为方便、快捷的服务。截至2016年2月的手机银行，已经成为一种结合了货币电子化与移动通信的崭新服务。移动银行业务不仅可以使人们在任何时间、任何地点处理多种金融业务，而且极大地丰富了银行服务的内涵，使银行能以便利、高效而又较为安全的方式为客户提供传统和创新的服务。

二、手机银行的基本原理

手机银行的基本原理是将用户手机 SIM 卡与用户本人的银行卡账号建立一种一一对应的关系，用户通过发送短信的方式，在系统短信指令的引导下完成交易支付请求，操作简单，可以随时随地进行交易。用户还可以通过 WAP 和客户端两种方式进行支付，无须任何绑定，用户在短信引导下完成交易，仅需要输入银行卡号和密码即可，银联结算。

（一）手机支付

手机支付这项个性化增值服务，可以实现众多支付功能，此项服务强调了移动缴费和消费。当我们在自动售货机前为找不到硬币而着急时，手机支付可以很容易地解决这个问题。当客户身处外地，或者是移动运营商的营业厅下班以后，为了缴话费四处找人、四处寻找手机充值卡而耗费精力时，手机支付真正让手机成为随身携带的电子钱包。

整个移动支付价值链包括移动运营商、支付服务商（比如银行、银联等）、应用提供商（公交、校园、公共事业等）、设备提供商（终端厂商、卡供应商、芯片提供商等）、系统集成商、商家和终端用户。

（二）手机银行的应用模式

手机银行分 3 种基本模式。

1.STK 智能卡模式

在电信商提供给手机用户的 STK 智能卡上，加上银行的增值服务项目，即由手机、GSM 短信息中心和银行系统构成。手机与短信中心通过网络连接，而短信中心与银行之间的通信可以通过网络连接。由于手机短信息服务资源有限，存在以下缺点：不能与多个银行在同一张 STK 卡上合作、不能随时更新应用菜单、银行依赖电信商等。

2.无线应用协议模式

使用 WAP（无线应用协议）手机可以直接与互联网连接，利用银行提供的各种网上银行服务，摆脱电信商对银行增值服务的控制。但此种方式对客户来说，使用成本高，安全性却不高。

3.IC 卡上网交易模式

通过双卡手机，使用符合 ISO 国际标准的银行 IC 卡，银行可以开发更加广泛的业务，客户不仅可以使用不同银行的 IC 卡上网交易，而且使用成本降低，安全性提高。进入 21 世纪以来，手机银行迅速兴起。在欧洲，手机上网已经成为开展移动商务的重要手段，手机银行也日益流行。在亚太地区，个人电脑不够普遍、互联网发展较晚，网上电子商务发展较晚；而由于手机具有便宜、便捷、个人拥有的特点，手机用户增长速度超过个人电脑增长速度，因此手机银行业务有着广阔的发展空间和市场潜力。香港的许多银行都相继推出手机银行移动理财服务，如大通银行、运通银行、汇丰银行、恒生银行、东亚银行、花旗银行、道亨银行、泰富银行等。

手机银行主要采用的实现方式有 STK、SMS、BREW、WAP 等。其中，STK（Sim Tool Kit）方式需要将客户手机 SIM 卡换成存有指定银行业务程序的 STK 卡，缺点是通用性差、换卡成本高；SMS（Short Message Service）方式即利用手机短消息办理银行业务，客户容易接入，缺点是复杂业务输入不便、交互性差；BREW（Binary Runtime

Environment for Wireless)方式基于 CDMA 网络，并需要安装客户端软件；WAP(Wireless application Protocol)方式即通过手机内嵌的 WAP 浏览器访问银行网站，即利用手机上网处理银行业务的在线服务，客户端无须安装软件，只需手机开通 WAP 服务。

WAP 方式的手机银行较为方便、实用，成为该领域国际发展趋势。俄罗斯 Guta、斯洛文尼亚 SKB、意大利 Toscana、德国 Deutsche 等国际著名银行已竞相开通了 WAP 手机银行业务。

(三)手机银行开发平台

手机银行开发平台主要包括开发者管理、API(应用程序编程接口)管理、应用管理、安全管理、计费管理等模块。主要是将手机支付的核心能力(包括支付、缴话费、营销工具等)输送出去，从而吸引、聚拢庞大社会力量，利用众包的模式来推动业务、应用、产品的创新和发展。手机支付开放平台在对自身特点、现今开放平台的状况以及未来的发展方向进行深入分析之后，确定了基础能力、支付能力、营销能力等几大类能力模块为发展方向。

(四)银联手机支付的应用

1.中国银联手机支付 SD 模式简介

中国银联开发出了多种业务形态的手机支付业务模式，包括深度黏合运营商的 Sim Pass 模式(贴膜模式)、双界面卡模式、贴卡模式(手机背面直接粘贴银行卡)、同时支持远程和现场的 SD 模式等，并在全国范围内不同省市开展多种模式的银联手机支付业务的推广试点。综合分析上述模式优劣势，结合实际试点情况，最终中国银联总公司将 SD 模式作为主要推广模式，在全国范围内铺开。就上述业务模式比较而言，SD 模式主要优点如下。

①模式中作为金融账户承载载体的金融智能卡内嵌金融 IC 芯片，具备近场支付功能以及 PBOC IC 卡转化的潜质，先天便具备了兼容远程与现场、融合磁条与 IC 的优势。

②SD 模式采用的金融智能卡具备优良的加解密机制及防破解机能，能够为使用者提供更为可靠的安全防护。

③SD 模式能较好解决金融账户承载权归属金融智能卡投入一方的主要矛盾，与银行金融机构坚持账户控制的核心诉求保持一致，能够代表广大银行业金融机构的利益。

④SD 模式使商业银行能借助银联及其合作伙伴拓展移动商圈，为本行手机银行提供更多功能扩展性，提升银行客户服务的内涵和价值，增强客户黏性。

2.SD 卡模式的性能

①银联手机支付技术。中国银联新一代手机支付 CUP Mobile 是通过将传统银行卡磁道信息经专用机具 IC 化并封装到金融 SD 卡内，在手机上安装软件，使用无线网络进行金融支付。以下各方负责性能构建：

·渠道建设方。负责中国银联手机支付业务用户发展工作，拓展办理网点并完成用户业务开通工作，承担金融智能 SD 卡采购费用、发卡费用、售后服务费用。

·内容引入方。负责将企业(商户)的产品或服务按照中国银联手机支付运营平台的技术要求接入运营平台，承担引入内容的技术开发和业务应用所需费用。

·平台运营方。中国银联授权的手机支付运营商，为银联手机支付用户提供技术支持、运营接入、客户服务。

· 内容提供方。通过在中国银联手机支付运营平台交易产品、服务、资源等内容，并获得交易利润的企业或商户，承担交易手续费和提供交易佣金。

· 用户。使用中国银联手机支付业务的个人，负担银联手机支付业务服务费。

银联手机支付费用由商户手续费（传统银行卡交易手续费）、销售佣金（额外向移动支付业务商户收取的超过手续费的销售利润返佣）、用户服务费（用户使用手机支付服务缴纳的费用）和移动支付品牌服务费四部分组成。相关分配方式为以下几种。

· 交易手续费。与传统银行卡交易手续费分配相同，发卡、转接和收单三方按照 7∶1∶2 进行分配。

· 销售佣金。按照发卡渠道方 50%，内容引入方 30%，平台运营方 20%的比例分配。

· 服务费。用户拓展方、系统运营方按照 3∶7 的比例分配。

3.银联手机支付的安全机制

银联手机支付系统采用点对点通信的安全加密、对称密钥的传输加解密保障信息交互的私密性、安全性、完整性和不可抵赖性；通过对存储密钥的两次加解密保障银行卡磁道信息在手机支付的整个生命周期都处于安全保密状态；同时，银联将 CUP Mobile 手机支付平台部署在上信机房，保证了系统物理环境的安全，并采用与 CUPS 系统同样的技术方式设计安全的应用系统构架。

另外，虽然智能存储卡支付模式采用第三方提供客户端软件的形式交互，但该软件均按照银联提供的接口规范进行开发，并经过银联的测试认证，所以安全可靠性得以保障。

4.银联手机支付的升级与挂失

银联手机支付客户端版本按月进行更新，目前采用自助升级的方式：每月月底系统后台将本月新增应用叠加到客户端软件中，并上传至升级平台；手机支付用户登录客户端时，可通过客户端左软键菜单中“自动更新”选项完成客户端升级。在已经推出的客户端 2.0 版本中，采用 APP Store 理念，搭建了基于银联多渠道平台及 CUP Mobile 平台的 UP Store（手机支付应用商城），届时银联手机支付各新增应用都将通过上传应用功能到 UP Store 的形式实现，客户端更新仍将延续自助升级的方式：用户预装在手机上的是银联手机支付产品引擎，用户可通过引擎登录 UP Store，点选自己适用的应用功能下载到引擎中，成为最适合自己使用的个性化客户端。

银联手机支付挂失流程参照银行卡挂失流程执行：用户拨打银联客服热线（或银联手机支付运营中心客服热线）获取人工服务，向工作人员说明需挂失银联手机支付业务绑定的手机号码，由工作人员根据系统后台记录完成匹配，根据用户预留的相关身份验证信息完成身份审验后，工作人员在后台将挂失用户金融智能卡片序列号 CSN 录入后台黑名单进行冻结，在逻辑上拒绝挂失 SD 卡发起的任意交易，以确保用户账户安全；用户事后找到已经冻结的 SD 卡，可拨打客服热线进行解冻操作；用户若需完全废弃之前冻结的 SD 卡，可拨打客服热线完成注销操作，注销完成后，用户可申办新的金融智能卡并完成开卡操作，重新使用银联手机支付业务。

知识链接

八位组(octet):大多数因特网标准使用八位组(octet)这个术语,而不是使用字节来表示8位的量。在传统的二进制数字概念中,1 byte(字节)=8 bit(位)。

比特(bit):在计算机科学中,bit是表示信息的最小单位,叫作二进制位;一般用0和1表示。Byte叫作字节,由8个位(bit)组成一个字节(Byte),用于表示计算机中的一个字符。

SIM卡:是Subscriber Identity Module(客户识别模块)的缩写,也称为用户身份识别卡、智能卡,GSM数字移动电话机必须装上此卡方能使用。在电脑芯片上存储了数字移动电话客户的信息,加密的密钥以及用户的电话簿等内容,可供GSM网络客户身份进行鉴别,并对客户通话时的语音信息进行加密。

PKI:是Public Key Infrastructure的首字母缩写,翻译过来就是公钥基础设施;PKI是一种遵循标准的利用公钥加密技术为电子商务的开展提供一套安全基础平台的技术和规范。

RSA算法:RSA算法是第一个能同时用于加密和数字签名的算法,也易于理解和操作。1978年出现了著名的RSA算法,它通常是先生成一对RSA密钥,其中之一是保密密钥,由用户保存;另一个为公开密钥,可对外公开,甚至可在网络服务器中注册。

本章小结

本章主要介绍了自助银行、手机银行系统的构成、功能、支付的模型和支付工具的支付与结算原理、模型及特点;重点解释了这类银行的体系结构和服务体系建设。本章所介绍的几种自助银行和手机银行是指商业银行通过金融网络为客户提供的全方位金融产品与金融服务的新的经营方式。本章还阐述了自助银行和手机银行的基本特征,详细分析了不同模型手机银行的特点与功能以及低成本和高回报的优势、信用的重要性和提供的"3A"服务等。

思考与练习

一、单项选择题

1."使用专用网传递信息,必须在商场使用商场的POS付款,并当场使用有效证件验证身份,再由手写签名授权商家扣款",以上描述针对的支付方式是(　　)。

A.网上银行卡支付　　B.网上电子钱包支付

C.传统信用卡支付　　D.网上电子转账

2.采用数字签名进行远程授权的支付方式是(　　)。

A.银行卡在线刷卡记账　　B.银行卡从ATM提款再支付

C.银行卡POS结账　　D.银行卡网上支付

3.根据电子支付的定义，以下选项中不属于电子支付的是(　　)。

A.用银行卡进行结账　　B.用电子钱包进行网上支付

C.电子汇款　　D.用银行卡从 ATM 提款再支付

4.手机银行(移动银行)也是以互联网为网络支持，但是以移动电话为接口设备，以(　　)为安全控制工具和交易手段，为客户提供更为方便、快捷的服务。

A.IC 卡　　B.ATM　　C.POS　　D.信用卡

5.以下(　　)不是银行卡采用联网设备进行支付的。

A.在线刷卡记账　　B.POS 结账

C.ATM 提取货币　　D.借助 E-mail 在互联网上直接支付

二、简述题

1.简述互联网银行的主要支付方式。

2.为什么说自助银行是实体银行的一个重要组成部分?

3.简述手机银行的主要形式。

4.简述网上银行的业务功能。

5.简述网上银行的组织体制。

6.简述网络金融的发展趋势。

三、分析题

1.分析网上银行的成本。

2.分析网络经济时代，金融“游戏”新规则。

3.分析网络经济时代的银行再造。

四、思考题

1.分析不同模型手机银行的特点与功能，如何看待手机银行的发展前景?

2.指出自助银行、手机银行和电话等多媒体银行的特点、功能与现状，如何看待自助银行的发展前景?

五、实训题

1.有条件的可以在商业银行办理手机钱包和银行卡的开户。

2.结合自助银行、手机银行和信用卡的使用，说明网络金融对人们生活的影响。

第五章　互联网证券金融服务

知识要求

通过本章学习，要求了解互联网证券的一般内容，熟悉互联网证券、期货交易模式和交易程序；掌握互联网证券、期货的一般服务内容。

技能要求

通过本章的学习，要求学生能够熟练掌握证券交易、期货交易在互联网上的基本操作过程；准确识记本章的基本概念，掌握基本知识点。

互联网证券是指在互联网进行各种证券发行与交易的服务活动的总称。目前国内外互联网证券业务发展很快。在我国，互联网证券交易经营有"华夏模式""赢时通模式"和"飞虎证券模式"。互联网证券包括三大部分，即互联网证券发行服务、互联网证券交易服务和互联网客户理财服务。互联网证券的特征和影响，挑战了传统证券交易的主流地位，促使传统证券交易所和证券公司重新进行战略性定位和改革。

第一节　互联网证券概述

互联网证券是利用互联网进行的证券发行与交易的各种活动的总称，是互联网金融的主要内容之一。互联网证券交易应用，不同网站有不同的操作程序，其互联网证券交易操作分为互联网股票、互联网基金和互联网国债 3 个部分。

一、互联网证券的概念和内涵

互联网证券是以互联网为业务平台，运用互联网技术对证券公司业务流程、证券发行与交易进行重组，为客户提供全方位证券投资服务的一种经营模式。

(一)互联网证券涉及的概念

从信息互联网技术应用的层面来看，互联网证券包括三大部分，互联网证券发行服务、互联网证券交易服务和互联网客户理财服务，其内容具体为互联网路演、互联网信息披露、互联网证券咨询、互联网证券行情、互联网证券交易、互联网基金投资与互联网理财等。与传统证券市场相比，互联网证券更具有效率和潜力，已成为证券市场互联网化的主流。

互联网证券在互联网金融应用中一般涉及的对象包括下述内容。

1.证券公司

指专门从事证券发行、承销、自营和经纪的金融机构，又称券商。它们是实现互联网证券交易和互联网证券发行的主导者和实施者。开展互联网证券业务的核心要素，要求证券公司确保互联网证券交易活动的安全性、稳定性和准确性；受客户欢迎的关键是给客户提供丰富的互联网证券信息、手续费减让和优质服务。

2.客户和上市公司

指证券市场上证券公司提供证券交易经纪或证券发行服务的对象，它们是互联网证券交易、发行的主体，包括个人和企业客户（一般是指上市公司）。个人客户一般指证券投资者。证券公司提供证券交易经纪服务，提供即时互联网信息和降低交易费用，是吸引客户积极参与互联网证券的关键。证券公司与上市公司的关系，在于利用证券公司网站开展互联网证券发行和互联网路演等，包括发布招股说明书、披露财务信息、传递重大信息等。

3.互联网产业服务商

指专为互联网证券提供互联网技术和空间、软件和硬件设备的公司。它们分为两大类：一类是互联网服务提供商（ISP）。它们向客户提供互联网接入服务，同时为证券公司的行情服务器提供场地和维护服务。证券公司选择 ISP 应考虑其现有的客户群和未来的发展前景。另一类是设备、软件供应和维护商。它们提供和维护有关的互联网、服务器和客户终端，提供和维护互联网交易的系统软件和应用软件。

4.商业银行

指为证券市场上证券结算提供服务的商业银行。它们为个人和企业客户提供转账汇款、交易结算和互联网支付，以及出入金开户服务。

（二）国外互联网证券发展概述

互联网证券发展的历史很短，美国是最早开展互联网交易的国家。20 世纪 90 年代，美国一些证券公司开始利用专用电脑互联网下达证券交易指令。1995 年，互联网用户首次可以通过互联网完成交易委托。仅几年的时间，美国就已出现了数百家互联网券商，一大部分的散户交易是通过互联网交易完成的。2010 年之前，美国互联网证券交易账户数目已超过 3000 万个，涉及资产近万亿美元。

（三）我国互联网证券发展概述

我国最早的互联网证券交易是闽发证券和中国华融信托投资公司于 1997 年推出的互联网交易系统。其中，福建闽发证券深圳营业部在 4 个月内的互联网交易开户数达到 1000 多个，而中国华融信托投资公司湛江营业部 1998 年末的互联网交易开户数达到 7000 多个，互联网交易占该营业部交易的 20%。此后，君安证券、华泰证券、国通证券等公司相继推出互联网交易。

我国互联网证券发展很快，据中国证券业协会 2015 年 6 月发布的统计数据，国内已有 125 多家证券公司以及经营机构开展了互联网证券交易委托业务。其中，推广规模较大的有君安证券、银河证券、华夏证券、闽发证券、鑫鼎盛证券、大鹏证券和港澳信托等。

上市公司、证券公司等利用信息互联网技术，开展证券发行信息披露、发布招股说明书和配股说明书、上市公司财务信息、业绩推介、增发新股、基金发售等互联网路演，提供互联网证券发行服务。

与日、美等国家相比，我国互联网证券交易的发展程度还是比较落后的。互联网交易投资者占投资者总数的比例，远远低于美国的60%和韩国的64%(2005年统计数据)。这说明我国互联网交易用户仍然有极大的增长空间。2009年至2010年，我国证券行业营业收入占当年GDP的比重为0.5%～0.6%，而同期美国证券行业的营业收入(Net Revenue)占当年GDP的比重为1.8%～2%，其中来自于美国本土的营业收入占当年GDP的比重约为1.2%，约为我国比重数的两倍；同期日本证券行业的营业收入占当年GDP的比重约为0.6%。从这一比例上看，我国证券行业的收入水平与日本相近，与美国相比仍有一定距离，大约处于美国1985年时的水平，但差距也不算悬殊。仅从营业收入上看，我国证券行业规模并不算小。

二、互联网证券交易运作模式

21世纪初，世界许多国家纷纷利用互联网开展证券业务，既形成了各国相对独立的互联网证券交易系统，也初步形成了全世界不同形式的证券交易系统。在国外，独立电子交易系统和互联网虚拟证券交易所是两类典型的证券交易系统；在我国，互联网证券交易经营有“华夏模式”“赢时通模式”和“飞虎证券模式”。

(一)国外互联网证券交易系统

1.独立电子交易系统

它是有别于证券交易所和柜台市场的“另类交易系统”。根据美国证券投资委员会(SEC)的定义，独立电子交易系统是指除证券投资所或证券商协会以外，不经过SEC注册登记，却能自动集中、显示、撮合或交叉执行证券投资的电子系统。

证券投资者在独立电子交易系统内可自行报价、下单并执行交易。其中有些系统的结构与证券投资相同，但与传统的集中证券投资有所不同。1995年9月在伦敦建立的TDP交易系统就属于此类型。据统计，独立电子交易系统交易额在美国纳斯达克市场上的份额已经达到了22%。

2.互联网虚拟证券交易所

它是互联网证券交易的一种形式。虚拟交易是指投资者不通过证券公司和证券交易所而直接在互联网上买卖股票，有点像模拟证券交易。互联网虚拟证券交易所没有固定的场所，也没有营业机构，只有一些供投资者选择的互联网网站或互联网自动撮合系统。互联网虚拟交易所的交易很像是早期咖啡屋的证券投资，投资者和经纪商通过一对一、一对多或多对多的直面方式完成交易。

互联网虚拟证券交易所有两种交易方式：一是公告牌的方式，即证券投资者在互联网虚拟交易所或其他站点上挂出公告牌，显示出自己的买卖意向，这是较低层次的互联网交易，类似于早期一对一或一对多的证券投资谈判。比如，美国某证券公司的网站已获得证券市场监管机构的许可，可以在互联网开办公告牌，为投资者提供互相交易的场所。二是提供自动撮合系统的方式，互联网证券投资者可以直接把订单输入到互联网虚拟交易所的撮合系统。

（二）我国互联网证券的运营形式

在我国，互联网证券业务都采取第一种形式，许多规模大的证券公司在互联网上设立网站，为投资者、股东、上市公司提供证券发行和交易的业务及服务。鉴于资金和技术等原因，从合作伙伴的角度上看，我国证券公司互联网证券交易的经营有三种方式。

1.证券公司独立进行

证券公司自行开发或向软件供应商购置互联网交易及后台控制软件，自行安装配置，自行宣传和开发互联网客户。这种方法的好处是掌握互联网交易的所有控制权，不足之处是投入使用的周期较长，行情信息更新较慢，开户网点少，必须单独宣传，难以利用其他资源的优势。

2.证券公司和 ISP 合作

证券公司将行情服务器（由证券公司提供或租用 ISP 的）放在互联网主干机房或 ISP 的机房，保证行情和信息有足够高的传输速度，提高用户的访问速度。这种方式的优点是可借力互联网产业服务接入商的主页，用户访问速度快，并具有宣传和推广优势。缺点是 ISP 可能会要价较高，证券公司的业务信息有被其截获的可能。

3.证券公司和 ISP 及银行合作

证券公司与银行之间建立专线连接，并将转账服务器（或由银行自购）放在银行主机房，用于互联网证券交易的查询、冻结，以及银行账户和保证金之间的即时划转。这种方式可充分利用银行的营业网点拓宽客户群，并给客户带来凭银行活期账户即可进行证券交易的便利。由于资金和技术等原因，从证券公司经营的角度，我国证券公司开展互联网证券交易的业务有三种模式。

"华夏模式"——传统证券公司通过建立自己的网站为所有的营业部客户提供互联网下单通道，满足那些使用互联网证券交易用户的需要。华夏、银河、平安、国通、青海、中信、光大等各大证券公司，都纷纷出巨资创办起自己的网站，开展互联网交易，在自己的网站上提供互联网交易、股票行情、财经新闻、投资分析等互联网证券交易服务。

"赢时通模式"——该模式为既有证券公司背景又具有财经网站背景的互联网金融的经营模式。在我国，一些财经类网站本身不是证券公司，没有合法经营互联网证券交易的资格，只是通过与证券公司的营业部建立联系，为其提供互联网交易的网页，证券之星、和讯、盛润、道博资讯、康熙证券、赢时通、易富、乾通证券等。

"飞虎证券模式"——该模式定位于"交易类证券网站"的互联网证券服务商的经营模式，飞虎证券网是其代表。此网站给我国的互联网证券交易业务形式引入一种不同于传统的财经资讯类网站的全新商业模式，可以称为在前两类商业模式中延伸出来的第三种模式。该模式使互联网证券交易更加简单、快捷、安全、可靠。目前，该模式业已得到认同，青海证券、湘财证券等都不同程度地采用了此种经营方式。

（三）互联网证券用户接入

一般地说，我国互联网证券用户主要有六种上网方式：一是使用 Modem 或 ISDN 通过拨号接入高速互联网的上网方式；二是 ADSL 上网方式；三是利用数字传输通道和数字交叉复用节点组成的数字数据传输网的专线上网；四是无须布线，只需将无线网卡插入电脑，再安装其配备的软件，用户即可实现无线上网的方式；五是有线宽带，通过闭路电视线接入，是广播电视系统普遍采用的接入方式，也叫有线电视互联网接入上网；六是FTTP，利用数字宽带技术，光纤直接到小区里，再通过双绞线到各个用户的小区宽带上网的方式。

（四）互联网证券交易系统

传统证券综合业务系统是在业务变化不大的条件下，以证券营业部柜台交易系统为核心建立的，形成了"交易所＋证券公司总部＋证券公司营业部"的市场组织模式和信息系统体系。随着证券市场竞争日益加剧和互联网证券交易的发展，证券公司需要重新找到自身的市场定位，确定新的商业模式，多层次、针对不同客户群体、提供多种综合服务的新型市场框架，要求支撑证券业务的基础信息系统，形成集中型的证券综合业务系统的应用模式和业务环境。具体包括以下几个方面。

1.互联网证券综合业务系统

整个系统由集中交易、业务管理系统、行情系统三大子系统及多个小系统构成。三大子系统都连接在相同的数据总线上，通过"订阅—发布"技术实现系统之间的数据交换，同时也实现数据推送服务。如行情系统将实时行情播报给交易系统，交易系统则将交易过程中的重大事件播报给业务管理系统。

2.互联网电子交易基础平台系统

该系统为大规模、大容量互联网电子交易系统提供基础性平台，基于Java技术自主开发。基础平台通过互联网集中监控和配置技术，可以将所有的服务器通过一台集中监控和配置服务器统一管理起来。系统管理员通过集中监控和配置服务器就可以监控所有服务器的运行状态，并进行配置修改、业务模块发布等操作，集中监控和配置服务器提供了信息自动报警、手机短信息发送等功能。

3.证券公司业务管理系统

该系统是一个集服务、信息、生产、营销、管理于一体的公司级的业务管理系统，包括综合理财、综合信息、互联网交易、客户服务、产品研究、营销管理、决策支持、内部交流、知识库管理、风险管理及绩效考核等业务功能。综合业务管理系统是"大"客户的概念，包括公司客户、公司员工、兼职经纪人、管理机构等。综合业务管理系统是证券行业CRM与ERP系统的集合，其设计目标是实现管理自动化与科学化。

4.多市场、多品种集中型交易系统

该系统是专门针对证券行业未来交易业务集中管理，以及多市场、多品种的交易趋势而设计的交易系统。由于各证券公司的证券交易业务规则是相同的，所以集中交易系统的设计重点在于提高系统的处理性能、安全可靠性和可扩展性。

5.多市场、多品种行情发布系统

行情发布系统是证券传统业务和互联网证券都不可缺少的重要部分。成功的行情发布系统应该能够通过多种手段，以方便用户使用为出发点，将行情信息高速、准确、稳定、可靠地传送给用户。针对未来投资者多市场、多品种组合投资的需要，开发最新的支持多市场、多品种行情的发布系统。

6.证券客户服务中心系统

在证券公司成功应用客户服务中心系统的基础上，通过进一步技术改造完成了I-C CENTER架构，并实现了IVR、ACD子系统及客户端、IVR业务网关的原型，基本实现个性化与自动化的客户服务。

《互联网证券应用示范系统》通过采用先进的中间件技术、海量存储技术、数据仓库技术、并行处理技术、互联网通信技术、防火墙技术和异地备份技术等，结合多媒体技术、改据加密技术，以及身份认证技术等，解决了证券信息系统互联网网下交易发展中的技术难题。

三、互联网证券的特点与影响

互联网证券的发展前景，就在于自身的优势和特征，适应了社会信息化与互联网发展的要求。

(一)互联网证券的特点

互联网证券不同于传统证券的交易与服务，它的特征包括下述几点。

1.信息充分流动，可以提高证券市场资源配置的效率

在市场经济运行中，每个竞争主体都会因信息不对称导致决策失误，从而失去发展的契机，并直接影响交易的数量和质量。信息不对称助长了证券交易中的投机成分，尽管有关法规业已出台，但仍然不能从根本上消除这一缺陷。开展证券互联网交易，提供快速方便的信息服务，能大大提高证券市场信息的流通速度，从而使证券投资者之间获得信息的时间差大为缩短，又可以有效地提高证券市场的定价功能和资源配置功能。

2.互联网证券市场的特性，可以促使证券投资者群体不断扩大

互联网证券交易市场是无形的交易空间，它利用互联网冲破时空界限，将各地的投资者聚集在这个无形的市场中。通过互联网进行互联网证券交易，不仅使那些既有资金又有投资欲望，却无暇进行交易的投资者和机构进行投资成为可能，而且还可以吸引大量银行活期存款客户进行交易。互联网证券交易的投资者也是上网爱好者，他们具备一定的计算机专业技术和互联网技术知识，通过上网不断从互联网获取投资信息，随时可介入互联网交易市场，由此实现网民与股民的交叉和同步发展，从总体上扩大证券投资者的队伍。

3.互联网证券的优势明显

互联网证券主要有以下三个方面的优势。

①对于证券公司而言，互联网证券有助于其降低经营成本、扩展业务、开拓市场、扩大市场份额；有利于提高服务质量。互联网证券委托交易的实时性和互动性，有利于证券公司为客户提供更加及时、个性和全面的服务，深化和加强了券商的服务意识。

②对于投资者而言，互联网证券可以得到更加优质快速的证券行情信息和交易服务，可以减少因行情延迟、信息时差或交易不及时等引起的交易损失；可以突破地域限制，在任何一个能够上网的地方参与证券交易，给所有投资者一个公平的交易平台和较为平等的信息咨询服务。

③对于证券交易所而言，可以通过互联网的应用提供政策信息咨询和服务，进行证券

市场的管理。同时，支持和发展互联网证券既有利于国内证券市场的发展和有序竞争，也有利于与国际证券交易市场接轨。

4.互联网证券业务加剧行情波幅

互联网证券的发展，往往会影响到各国证券市场的稳定。从美国的互联网证券看，使用互联网的投资者买卖次数较频繁，他们会紧跟共同基金的表现频频买入或赎回个别的基金。近期的研究显示，美国中小证券投资者的行为会加大市场行情波幅。牛市时，人们争相买入股票基金，从而进一步推高股价；熊市时，人们又会争相卖出套现，从而进一步压低股价。频繁交易和过高的换手率会加剧投机因素，扩大并带来证券市场的波动。

5.互联网证券推动中介机构的联合

有关专家估计，未来的世界资本市场，将可能会出现真正受全球欢迎的证券网站，迫使证券公司之间联系得更加紧密，共同合作以求发展。2003 年亚洲 5 家重要的证券公司包括日本蓝泽证券株式会社、中国台湾群益证券股票有限公司、韩国远东证券有限公司和中国香港大福证券集团有限公司、中国香港口亚证券集团有限公司建立了伙伴联盟关系，成立了亚洲第一个跨地区界限的互联网股票交易联网，参与的证券公司都将开发各自现有的互联网交易系统给其他伙伴作为使用界面。投资者只需进入参与联盟的本地证券公司的网站，便可以自动享受其他几家证券商网站的服务，发出互联网交易指令。

（二）互联网证券的影响

1.互联网证券的兴起与发展，动摇了传统证券交易的主导地位。一方面，独立交易系统和互联网虚拟证券交易所的诞生，改变了“场内集中交易”的传统模式，使证券交易所在法律地位上受到独立证券投资系统的挑战，在未来，这种挑战对传统交易所也许是致命的，甚至可能会导致有形交易场所的逐步消亡。另一方面，互联网证券交易的市场份额迅速扩大，新兴的互联网证券服务机构纷纷涌现，给传统的证券交易所带来日益巨大的竞争压力，对传统证券交易所的市场垄断地位提出了挑战。

2.互联网证券的发展，将促使传统证券交易所重新进行战略性定位和改革。互联网证券及其交易的迅猛发展，可能会降低传统证券交易所作为集中交易场所而提供的增值价值，但对其他方面的作用还不能取而代之。互联网证券的发展，可以促使传统的证券交易所改革交易模式，提升证券交易技术，转变监管理念，因而也有助于证券交易所不断创新。

3.基于互联网技术和现代移动通信技术的新型券商和其他互联网证券服务机构大量涌现，以及其他非证券类金融机构（如商业银行、金融电商等）对证券业务的日益渗透，使得目前的分业监管体制受到挑战。“互联网＋”背景下的金融监管可能因此做出重大调整，甚至有可能走向金融混业监管。

知识链接

传统期货经纪公司的运作模式（以厦门润鸿期货经纪有限公司为例）

1992 年 12 月开业的润鸿期货，是厦门市第一家在中国工商总局（当时还没有成立证监会）注册的期货经纪公司，其传统的经营模式代表了 20 世纪末期中国证券期货业的一般运营模式。

一、交易场所

交易大厅：摆满几十台甚至上百台黑白显示屏，呈网状分布，所有显示屏显示的内容都有一台在后台控制的电脑发出，主要用于查看行情走势和新闻信息。所显示的内容均为英文版，后台有专业的工作人员通过场内广播发布翻译的信息。客户无法自己操作显示屏的内容。

交易窗口：交易厅一般都有几百至上千平方米，交易厅的尽头为一排类似于火车站售票窗的交易窗口，那是客户下达纸质交易指令的通道。交易窗口的上方是一排电子液晶显示板，用来显示文字消息或通知等。

盘房和机房：盘房（结算部）和机房（配备有卫星接收解码器和电脑等设备）为公司的核心机密部分，一般连在一起设置在交易窗口后面的房间里。

业务办公区：一般设在交易大厅大门的两边，如贵宾室、总顾问室（分析师室）、会议室等。总经理办公室一般靠近盘房，也比较隐秘。

二、业务拓展

和20世纪末的其他行业一样，当时的期货公司也是靠传统的媒体进行宣传，拓展业务则主要是靠业务员的电话访客和陌生拜访。

三、开户入金

客户到公司现场签约开户，并将准备用于期货交易的保证金存入期货公司在商业银行开设的统一账户。之后，客户就可以在期货公司的交易大厅进行期货交易了。

四、下达指令

当时润鸿期货做的是美国的期货，因而其交易指令也“西化”了，主要包含开盘价（OOD）、市价（MKT）、限价（LT）、止损（STP）、收盘价（COD）指令等。客户的交易指令是填写在交易指令单上的（一式三联），不论开仓或平仓，买入指令填“红单”，卖出指令填“蓝单”。从客户下达交易指令到客户收到成交回单的时间差约为三十秒到一分钟，有时甚至要两分钟之久。

五、资金结算

交易结算：客户一般在交易日的第二天早上能收到交易结算单，客户在没有持仓的情况下可以清算并提出撤资要求。

撤资出金：当客户想退出期货市场时，要到期货公司现场办理出金手续，并将结算后属于自己的资金从期货公司账户划转到客户自己的私人账户上。

第二节　互联网证券交易

在国外，互联网券商的发展有三大模式：一是纯线上经纪商，以美国E-trade为代表；二是“O2O＋资产管理”类券商，以美国嘉信理财为代表；三是电商系券商，以日本乐天证券为代表。E-trade从互联网技术类公司起家，研究和资管服务起步较晚，同时其过度依赖线上渠道，难以获得高净值客户，增值业务发展缓慢，致使公司盈利途径较为单一，综合竞争力较弱。嘉信理财更注重金融属性的打造，先通过“低佣金＋优质服务”战略扩大客户规模，之后以 O2O 模式将公司资管产品和服务输出给投资者，使得公司成为“有广度也有深度”的一站式理财平台。我们认为，国内券商转型更适合嘉信理财的模式。

在我国，鉴于资金和技术等原因，传统证券公司进行互联网化的经营合作通常有三种方式：证券公司独立进行、证券公司和互联网接入服务商合作、证券公司和互联网接入服务商及银行合作。从证券公司经营的角度看，互联网证券交易也有前面提到的三种模式。实际上，我国利用互联网技术开展互联网证券交易服务的模式很多，网站类型也不相同，各有特色。但是，像日本乐天证券那样以互联网电商起家的券商还没有，倒是有券商想渗透电商了，然而，这条路还有很远。

一、互联网券商交易网站

根据网站业务的内容来划分，可以将各类证券网站分为金融证券综合类、证券公司类和证券信息服务类等，通过搜索引擎就可以找到相关网址。

(1)金融证券综合类型的网站。我国金融证券综合类型部分网站，见表 5-1。

表 5-1　金融证券综合类型网站一览表

上海证券之星	盛润证券 2000	赢时通证券商务网	中国易富-证券网
和讯	财智网站	牛网	全景互联网
巨灵信息网	中华网中国财经	金融街	财富〈中国〉
神光预测网	股易	21cn—财经股市	上海证券报
深圳热线财经股市	中国证券报	新浪财经纵横	中国财经信息网
股文观止	中国证券在线	证券天地	国信证券公司
中国华鼎财经网	中国上市公司资讯网	巨潮互联咨询网	巨丰金融网
中国风险投资网	中国保险信息网	中国上市公司资讯网	金新证券信息网

(2)证券公司网站。我国主要证券公司网站，见表 5-2。

表 5-2　证券公司网站一览表

长江证券	光大证券	北京证券	申银万国
国泰君安	国信证券	平安证券	蔚深证券
广发证券	广东证券	大鹏证券	华夏证券
湖南证券	江南证券	西南证券	海通证券网
青海证券/数码证券网	华福证券网	中信证券网	闽发证券网
汕头证券	南方证券	三峡证券	湘财证券网
兴业证券	银河证券	辽宁证券	首创证券网

(3)证券信息服务类网站。我国部分证券信息服务类网站,见表 5-3。

表 5-3　证券信息服务类网站一览表

搜狐—股市分析	证券之星—新闻股评	上海证券交易所	赢时通—股市纵横
神网—市场分析	和讯投资	新浪—股评天地	网易—股市纵横
中国金融在线	股易—分析研究	财经宽网—市场分析	亿唐个股点评
巨灵信息网—名家看盘	金融街—投资纵横	中国证券网—股评在线	新浪—谈股论金
和讯网—股市大家谈	钱龙资讯网—数据下载	零点工作室数据下载	证券天地数据下载
深圳证券交易所	中国证券报	上海证券报	证券时报

二、互联网证券交易程序

与传统的证券交易服务相比,互联网证券交易服务的程序是一样的,都包括开户、委托、成交、平仓或交割等几个步骤,所不同的是实现交易的手段。原来需要投资者在证券公司现场办理的手续,现在大部分或全部都可以通过证券公司的网站进行。互联网证券交易包括开户入金、委托交易、交易撮合和清算交割四个步骤。

1.开户入金——截至 2016 年 1 月,国内的证券商已经能够支持客户在互联网开户,只要证券投资者将自己的电脑或手机连接到券商的网站,即可直接在互联网登记和开户,在家中即可加入证券交易者行列。国内的互联网证券公司一般都要求客户开户用的电脑配置了摄像头和耳麦,以便在线人工沟通;客户若是通过手机开户,则要求先扫描该券商网站上的二维码。在国外,在线开户还要求提供社会保险号、信用卡卡号和授权。

2.委托交易——需开通互联网证券交易的交易者,首先需要下载和安装互联网证券交易系统软件,在线与证券公司签订互联网证券委托交易合同。证券投资者在进行互联网委托交易之前,必须安装互联网证券交易系统。以中信建投证券交易系统为例,投资者登录中信建投证券网站(http://www.csc108.com)后,下载互联网委托交易系统软件“cscjy.exe”,然后按照提示即可完成安装。证券投资者进入互联网委托交易系统,如需委托,单击“交易”指令,输入证书密码,即可连接主站。选择营业部,输入资金账号或股东账号,输入交易密码,即可进行证券委托。

3.交易撮合——上海与深圳证券交易所均采用电脑撮合交易方式。在该方式下,交易所电脑主机与券商的电脑联网,证券部本部及其分支营业机构通过终端机将买卖指令输入电脑。券商经纪人在集中市场交易终端上,接到其营业部传来的买卖指令后,需确认无误,再输入交易所的电脑主机。买卖指令经交易所电脑主机接受后,按证券价格、时间排列,自开市开始时按“价格优先、时间优先”原则撮合成交。

4.清算交割——在证券买卖成交后,买方需支付一定的款项获得所购证券,卖方需支付一定的证券获得相应价款。清算是交割的基础和保证,交割是清算的后续与完成。清算交割主要在证券登记结算机构与证券经营机构进行,证券经营机构与投资者之间,往往只进行资金清算。证券登记结算机构与证券经营机构之间的清算交割通过计算机互联网进行。各类证券按券种分别计算应收应付轧抵后的结果进行交割,价款则以统一的货币单位计算应收应付轧抵净额后交割。投资者的证券往往由证券经营机构集中保管,投资者的证券交割由证券经营机构自动划转。证券经营机构与投资者之间的资金清算，一般通过证券营业部的电脑系统或与该营业部联网的结算银行电脑中心进行处理。当客户证券卖出成交返回后，计算机系统即时将资金增加到用户的账户上。当客户证券买入成交后，则即时将所需资金从用户的账户中划转出去。

三、互联网证券交易应用

我国互联网证券交易应用，不同网站有不同的操作程序，现以国信证券的鑫网、中国工商银行网站和鑫鼎盛期货公司网站为例。

（一）国信证券互联网证券交易

国信证券为我国大型综合类证券公司，是中国证券市场主承销商之一。它的网站名称为鑫网，主要业务和信息服务栏目有互联网营业厅、高速行情、开户与交易、会员专栏、市场咨询、金融顾问、产品中心、关于国信等。在其首页内容中，包括滚动式的证券市场即时新闻、鑫网股评家的最新观点、证券市场操作技巧基本分析、每日必读的证券市场新闻和互联网投资报告会的主题调查。

国信证券的互联网交易内容占有很大比例。进入互联网营业厅，从“互联网交易演示”路径入手，可以看到证券公司提供两大服务：一是提供实时交易委托、查询和开放式基金交易服务；二是提供手机短信服务、个股资料、国信鑫网服务等。从“互联网预约开户”路径，用户可以预约开立股东代码卡和开设资金账户。随后，资金存取、交易账户设置、交易与行情、办理增值业务、修改资料等服务项目也按照规范可以进行操作。在互联网营业厅，可以找到国信证券遍布全国的营业网点及第三方存管开户的网点。从“互联网交易软件下载”路径，用户可以下载最新版本的互联网交易软件——“国信通达信互联网交易软件（最新版本）”，并进行安装。在相关业务程序全部完成后，从“互联网下单”路径，用户可以进行互联网证券交易。在用户登录栏目中，用户输入投资者的账号代码、交易密码及附加码，进入互联网交易操作程序，根据需要进行股票或基金的交易买卖。

（二）中国工商银行互联网证券交易

中国工商银行网站是以银行业务为主要内容，兼有互联网证券、互联网保险、互联网商城等业务的专业性金融网站。互联网银行业务栏目有个人金融服务、企业金融服务、电子银行服务、银行卡服务和金融信息等；互联网金融业务栏目有互联网银行、互联网汇市、互联网证券、互联网保险和互联网商城等。从互联网证券的路径看，该网站提供证券信息、业务介绍、主要功能等金融服务，为用户提供全面的证券信息和便捷的交易平台。

工商银行互联网证券业务的具体操作程序分为申请和操作两大部分。

1.互联网证券业务申请

互联网证券业务申请必须到证券公司开通互联网交易，同时在用户的电脑里安装交易软件、再连上互联网，而后方可开始进行交易。在交易前，要对申请过程有充分的了解。互联网证券业务申请包括以下业务。

①银证通——此功能即为拥有银行和证券公司账户的投资者提供证券交易开户服务。互联网用户需要通过“金融@家”进行互联网证券交易，可以到当地工行营业网点办理开通银证通功能，并注册为工商银行“金融@家”客户，才能在互联网银行进行股票买卖

业务。

②银证转账——此功能即为拥有银行和证券公司账户的投资者提供证券交易中资金流动服务。互联网用户使用银证转账功能也必须在柜台开通银证转账功能，并注册为工商银行"金融@家"用户。目前银证转账只支持证券市场中的A股交易。

③网上基金。此功能即为基金投资者提供互联网交易服务。互联网用户在工商银行"金融@家"办理基金业务前，需在工商银行开立灵通卡和理财金卡，在柜台完成基金账户开户、基金交易账户开户、TA基金账号登记等相关手续，并通过营业网点注册或在互联网自助注册为"金融@家"用户。

④互联网国债——此功能即为国债投资者提供互联网交易服务。互联网用户通过"金融@家" 进行国债买卖，需在银行营业网点开立二级债券托管账户，指定一个本人的活期存折户作为国债买卖的资金账户，并将该债券托管账户挂到灵通卡或理财金卡上，同时注册成为"金融@家"的用户。

2.银证通业务操作程序

工商银行互联网证券交易操作分为互联网股票、互联网基金和互联网国债三个部分，互联网股票分为银证通和银证转账。

①银证通操作程序——客户要进行银证通交易，必须首先凭股东代码和密码登录银证通功能模块，才能选择相关的交易功能。选择进行交易的市场，如深A、深B、沪A、沪B，用户选择后，所进行的交易均是该市场交易，客户可随时重新选择市场。买入委托申报：客户可直接买入股票、认购配股、申购新股。卖出委托申报：客户按照指定委托价格进行股票卖出委托申报。委托撤单：客户可撤销当日已委托成功但尚未成交的委托合同。

②银证转账业务操作程序——在互联网证券交易中，客户必须开通银证转账功能，并注册工商银行互联网银行。该功能的服务时间与证券交易所的交易时间保持一致。服务内容包括资金账户向保证金账户转账，如客户通过互联网银行将银行账户中的资金转入其指定的证券公司的资金保证金账户的处理。保证金账户向资金账户转账，如客户通过互联网银行将其指定的证券公司保证金账户中的资金转入银行资金账户的处理。

3.互联网基金业务操作程序

互联网基金业务操作程序，分为两大部分：一是互联网基金认购流程，二是互联网基金申购流程。

①互联网基金认购流程包括初始认购金额应为个人最低认购金额的整数倍。追加认购金额应为追加认购基数的整数倍，大于最小追加认购金额；认购金额要大于0，并且必须大于对公最低认购金额，小于对公最高认购金额；不同的基金有不同的认购金额要求，如果输入的金额不符合认购该基金的金额规定，将提示错误的具体信息，用户需重新填写。基金发行期间，只有认购业务；已认购的基金单位在发行期间不得卖出；互联网进行基金认购，交易的确认需要到基金发行期结束时，因此，当日认购确认无法查询到有关信息，只能查询当日交易明细。

②互联网基金申购流程包括基金申购限于基金存续期间。基金申购时，申购价格未知，申购以金额为单位（不以份额计算）；基金申购金额应该是最低申购金额的整数倍；在互联网进行基金申购，交易的确认至少需要一日，因此当日申购确认无法查询到有关信

息，只能查询当日交易明细。

4.互联网国债业务操作程序

目前，个人互联网国债买卖仅限于记账式国债买卖；申购债券总面值（元）必须是100的整数倍；债券的申购交易需在指定交易日（一般为每周的周一至周五）的指定交易时间（一般为上午9:00～11:30，下午13:00～15:00）。

国债申购交易的流程为，登录工商银行互联网个人银行，进入互联网国债业务，填写申购交易时间，选择债券代码和债券卡号，返回债券代码、名称、发行价、面值和年利率，买入债券总面值，确认交易，国债交易成功。国债二次买卖交易流程为，登录互联网个人银行，进入互联网国债业务，填写二次买入或卖出交易时间，返回债券名、发行价、面值、年利率、净价和全价，买入债券总面值，确认交易，国债二次交易成功。

（三）鑫鼎盛互联网期货业务操作程序

1.开户——开户时要进行客户类型的选择，如自然人客户或法人客户。之后要选择开户时间和地点，也就是选择某地的某期货公司（同一家期货公司可能有不同城市的几家分支机构）。签署合同后由该期货经纪公司提供两份空白的《开户合同》，请仔细阅读，无异议后在《开户合同》上签字，并连同开户人、指令下达人及资金调拨人的身份证复印件一同带到期货公司。核实无误后，期货公司盖章并把其中的一份《开户合同》给客户，同时向交易所申请编码。

2.开户金额——开户金额不能低于5万元。

3.开户所需资料。如果是个人，需要提供客户本人的身份证复印件、指定下单人的身份证复印件、资金调拨人的身份证复印件。如果是法人，则要提供营业执照复印件、税务登记证复印件、法定代表人授权文件、法定代表人身份证复印件、指定下单人的身份证复印件、资金调拨人的身份证复印件，开户后，客户获得在期货公司的资金账户。

4.银期入金——入金可通过银期转账系统。通过银行划转到期货公司账户，资金到位后视作入金成功。

5.申请编码——客户获得在期货公司的资金账户后，由期货公司为客户办理在各个交易所的交易编码，编码获得批复后即可进行交易。

6.交易——期货公司全面开通电子化交易，客户入金后，公司将同时请客户签收互联网交易登录密码，客户签收后，在第一时间按照初始密码登录系统并更改密码，所有委托均可以通过计算机直接进入交易所场内。

互联网客户通过互联网，使用期货公司提供的专用交易软件收看、分析行情、自助委托互联网交易。客户在网络交易系统出现故障，可通过期货公司工作人员为客户电话委托下单，报上客户的交易账号和交易编码进行电话下单。若期货公司的通信出现故障时，系统会自动转为人工委托下单，客户仍可通过互联网自助交易，但下单与回报速度会降低（建议互联网出现问题时暂时不要操作，待系统正常后操作）。具体步骤如下。

①登录下单系统——登录期货公司的互联网交易系统并填写登录信息。客户登录成功后，根据公司的设置，客户需要对系统弹出的账单内容进行确认。

②进入行情看盘系统（免费）——自选合约可以进行分组设置，这里同时可以单击标签页，进行各个页面之间的切换，根据自选合约组名显示指定的自选合约页。

③进入委托(下单输入区)——此时,会出现界面说明如下内容。

• 合约:同时支持键盘输入、鼠标选择、快捷键输入;在信息提示栏提供快捷键提示。

• 交易编码:输入合约之后,自动显示该客户对应此交易所的交易编码;如果有多个交易编码,默认显示最后一个。

• 买卖交易:支持快捷键输入,在信息提示栏提供快捷键提示。

• 开仓平仓:支持快捷键输入,在信息提示栏提供快捷键提示。

• 交易手数:支持合约参数的默认下单手数;如果设置了默认手数,输入的时候自动代入 1 单手数。

• 成交价格:根据合约买卖方向,自动显示合约价格,如果设置委托参数,则根据设置的默认价格类型显示对应的价格(最新价、买入价、卖出价或指定价)。

• 下单指令:单击此按钮,发出普通委托单。

• 预埋指令:单击此按钮,预埋委托单。

• 取消指令:单击此按钮,可以清空已经输入的委托信息。

• 委托方式:系统提供了多种委托信息的输入方式,可以手工输入,也可以从行情导入, 部分信息;同时支持键盘和鼠标操作。

④查询(查询区)——查询有"查委托""查资金""查成交""查预埋" "查合约""查持仓"六种,都是分页显示,用鼠标单击标签页可以进行各个页面之间的切换,单击"查询"按钮,查询相应内容。查询的结果可以按"全部""可撤""不可撤"对结果集进行分类。

⑤出入金——选择菜单栏"查询"→"出入金",可以查询一段时间内的出金、入金或全部,查询条件包括:开始日期、结束日期、出入金类型。

⑥交易结算——期货公司的电子化系统进行实时动态结算,客户于交易中即可查阅账户上的情况。每日收市后,由期货公司结算部进行盘终结算,客户可以选择书面、传真、电子邮件、互联网查询等方式收看结算结果。

⑦客户撤户——客户在办理完期货公司规定的撤户手续后,双方签署终止协议结束代理关系(指客户与期货公司)。

⑧出金——客户出金,可以通过银期转账系统,将资金转入自己的银行账户内(可由期货公司工作人员代为办理)。

四、互联网证券交易实务

随着全球电子商务的迅猛发展,其应用形式和应用领域也日益广泛,投资者开始利用互联网资源获取证券的即时报价,分析市场行情,并通过互联网委托下单,实现实时交易。

(一)证券之星

1.证券之星网站(http://www.stockstar.com)简介

证券之星是在互联网技术方面有一定优势的证券网站,创建于 1996 年,它是由上海美宁计算机软件有限公司投资经营,主要股东有中国电信(上海)、上海联创投资基金等。它是中国最早的理财服务专业网站,是专业的投资理财服务平台,是中国最大的财经资讯网站与移动财经服务提供商,同时也是中国最领先的互联网媒体。2000 年证券之星成为中国第一家通过 ISO 9001 国际质量体系认证的互联网企业,在中国互联网发展状况的历次各项权威调查与评比中，证券之星多次获得第一，连续5年蝉联权威机构评选的“中国最优秀证券网站”榜首，注册用户超过750万，是国内注册用户最多、访问量最大的证券财经站点。它以客观、理性、务实的作风，在国内开创证券资讯行业之先河，首次提出个人投资理财产品概念，是中国最领先的互联网媒体及电信增值服务运营商。

证券之星以金融理财产品为核心，通过网站、短信、WAP、YIR、行情分析软件等渠道，依托中国领先的理财产品研究分析专家团队，以及国内最具实力的理财技术创新开发团队，为中国理财用户提供专业、及时、丰富的财经资讯和无线智能移动理财产品、个人理财应用与咨询等多方位专业理财信息服务。

证券之星金融证券服务产品包括行情分析软件、手机信息服务、股票、WAP、丰帆理财等系列产品，将金融证券信息服务产品全方位地渗透到国内外具有投资理财要求的大众用户，作为证券之星的系列产品的基础和枢纽，证券之星金融证券新产品是一个传统证券与财经媒体联合打造的主流服务平台，向大众化用户提供海量信息，资料查询及综合信息分析。并且通过该平台，证券之星向广大用户提供了证券之星行情分析软件，该软件提供了基于标准行情上的适度理性信息服务。

2.证券之星分析软件

证券之星分析软件是由证券之星推出的金融分析工具，该软件集多年市场经验，并听取近百万股民的炒股心得，汇总多位专家的日常操作手法，建立一套以操作股票流程为线索的符合逻辑的股市操作系统。该软件具有提供行情、外汇、证星魔棒、飓风轨迹、新闻提示、信息红旗、智慧F10、财务选股、特色指标、在线面对面、持仓管理等功能。证券之星分析软件具有以下方面的优点。

①符合投资者的看盘习惯——尤其对使用过钱龙、胜龙的用户，其界面特别友好。

②使用高手指标——例如，结合股市民间预测师殷保华的全套指标，可使用江恩3号、4号、9号……请用线上阴线买入、线下阳线卖出进行验证。

③自动完成历史数据的添加——利用互联网技术，不需要做收盘作业，也无须转换周、月线。

④证券之星独特的真实指数——为用户还原股市的真实走势。

⑤证星精确复权功能——不仅还原送配股前的真实股价，还能还原送红利之前的细微变化。

⑥公告提示——将股市10多年间的数十万条公告标注于K线上，方便用户参考基本面与技术面的关联。

⑦多汇市行情——24小时不间断的汇市行情，让用户在休息时也能进行投资。多汇同列同屏，让用户了解多个币种的实时走势，不让机会在换屏中溜走。

(二)华泰证券

1.华泰证券的背景

华泰证券前身为江苏省证券公司，1990年经中国人民银行批准设立，1991年5月26日在南京正式开业，注册资本1000万元，经过五次增资扩股，目前注册资本为22亿元。1999年公司更名为华泰证券有限责任公司，是中国证监会首批批准的综合类券商之一。2005年3月，经中国证券业协会从事相关创新活动证券公司评审委员会第四次会议评审通过，华泰证券获得创新试点资格。

华泰证券目前在全国拥有近 280 家证券营业部，其中江苏省内 90 家，省外近 190 家，省外营业部主要分布在国内经济发达地区或具有较大影响的大中城市。有沪、深 A 股，B 股，债券，基金，代办股份转让等交易品种，可为投资者提供电话委托、磁卡委托、小键盘委托、钱龙自助委托、可视电话委托、互联网委托（含页面委托）、STK 卡手机炒股、GPRS 手机炒股、固定电话“家家 E”证券短消息炒股等交易手段。目前，华泰证券与中国银行、中国工商银行和中国建设银行等银行开通了银证通业务，证券投资更加方便快捷。

华泰证券在上海设有地区总部，在北京、深圳设有办事处，在全国大中城市设有近 280 家营业网点，在南京、上海、北京、深圳设有投资银行业务机构。经中国诚信证券评估有限公司按国际评级标准测评，华泰证券信用等级为“AA＋”级。

2.华泰证券网站功能

华泰证券网共有 9 个一级栏目，35 个二级栏目，105 个三级栏目以及众多的底层内容栏目和功能操作栏目，用户可以通过首页的网站导航进入所需要的具体栏目。一级栏目包括：首页、我的主页、资讯中心、行情交易、在线交流、产品服务、华泰研究、移动证券、走进华泰。

①全面完善的服务体系。华泰证券网站栏目分类清晰，功能齐全，便于访问和使用。财经资讯内容丰富，并注重自主资讯和研究内容的开发。在线交易方面也很有特色，项目多。除“专家门诊”栏目已成为网站的品牌栏目外，还设有“专题论坛”，可根据需要随时开设热点话题进行交流，可随时解答用户在互联网交易方面遇到的各种技术问题，方便了网上交易的用户。

②互联网交易业务。投资者通过华泰证券网进行互联网证券交易。首先投资者应该持本人有效证件、证券账户卡到开户营业部柜台填写《互联网交易开户申请书》《互联网交易委托协议书》申请经营业部交易员确认并输入电脑，立即可以互联网交易。也可以在华泰证券互联网进行开户预约，用户只需要输入真实姓名、身份证号、在营业部下拉菜单中选择对用户方便的营业部、输入电话、手机号任一种，并确定上门时间和上门服务地址，完成“发送” 后，用户即可在 24 小时内得到华泰证券公司的开户预约服务，及时为用户办理互联网证券交易所需的各种相关手续。

3.华泰银证通业务

为了适应证券市场的发展，近年来，华泰证券依托互联网交易委托系统、手机炒股、全国统一委托电话等电子商务优势，分别与中国工商银行、中国银行、中国建设银行、中国农业银行、交通银行、邮政储蓄等金融机构进行了电子商务方面的业务合作，并签订了“银证通”合作协议。

华泰证券“银证通”业务是指银行储蓄系统和华泰证券保证金系统进行联网，在银证转账基础上推出的更高层次的银证合作产品，它为投资者提供了“券商＋银行＋互联网”的新型证券电子商务模式，同时提供了电话炒股、互联网交易、手机证券短信息炒股三位一体的炒股新方式。“银证通”的证券买卖功能，是指客户的资金由银行办理，证券交易由证券公司处理，并且实现客户银证账户间的自动资金划转。客户在合作银行开通“银证通”业务的任何一个营业网点办理“银证通”开户后，无须人工办理保证金转账手续，即可进行证券交易和查询。

与传统的证券理财工具相比,"银证通"业务具有三个方面的优点:一是炒股自动转账。即买入股票时资金自动从活期储蓄账户转出,卖出股票时资金自动转入活期储蓄账户,客户无须再进行银证转账操作,资金自动划转,安全方便;二是存取款自由方便,由于投资者买卖股票的资金直接存放在银行的活期储蓄账户上,借助 ATM,投资者可实现 24 小时随时取款;三是提供优质的全方位服务,在遍布城乡的众多的银行网点即可办理证券开户等手续,将证券投资理财与银行理财有机结合起来,实现资金增值最大化。

银证通与银证转账的主要区别如下:

①银证通是自动转账,无须办理保证金转账,银证转账必须进行电话转账后才能进行证券交易。

②银证通在合作银行开通"银证通"业务的营业网点均可办理,银证转账的开户须在证券营业部办理。

③银证通在银行直接开户,而银证转账开户是先到银行办理开户,再到证券公司办理银证转账开户。

④银证通业务还从技术上保护了投资者资金的安全。中国证监会专门出台了有关规定,严禁证券公司挪用客户保证金

银证通采用银行监管资金、券商管理股票的新分工模式,使投资者的资金安全性大大提高,避免了客户资金被挪作他用的可能。

4.银证通业务特色

所有证券业务通过银行便可完成,充分利用了银行网点多、信誉度高、服务面广的优势;资金全部由银行保管,客户存取款更方便,也更安全;券商、银行提供多种快捷委托方式,炒股弹指一挥间便可完成;券商、银行提供多样化服务方式,在家中享受专业化服务不再是梦想;多种优惠措施,炒股成本更低廉;可同时进行主板、开放式基金、三板交易。

5.银证通业务功能

银证通业务包括股东账户开户与挂失、银证通开户、银证通销户、上海股东账户指定交易、深圳股票转托管、证券交易密码和资金密码预设与重置、选择交易委托方式(电话委托、互联网交易、手机证券短信息与电话银行等)、资金存取、开户资料修改、查询和打印交易明细、银证通客户转非银证通客户、新股配售、红利领取、证券买卖委托和撤单。

知 识 链 接

Modem(调制解调器):调制解调器是一种计算机硬件,它能把计算机的数字信号翻译成可沿普通电话线传送的模拟信号,而这些模拟信号又可被线路另一端的另一个调制解调器接收,并译成计算机可懂的语言。这一简单过程完成了两台计算机间的通信,故从 20 世纪 50 年代开始一直使用至今。

ISDN(Integrated Services Digital Network,综合业务数字网):是一个数字电话网络国际标准,是一种典型的电路交换网络系统。在 ITU 的建议中,ISDN 是一种在数字电话网 IDN 的基础上发展起来的通信网络,ISDN 能够支持多种业务,包括电话业务和非电话业务。在网络综合方面最早的尝试开始于 20 世纪 80 年代初期。但是,ISDN 发展受到

其他竞争技术的限制，如 ADSL。

ADSL(Asymmetric Digital Subscriber Line，非对称数字用户线路)：属于 DSL 技术的一种，亦可称作非对称数字用户环路。是一种继 ISDN 之后的新的数据传输方式。ADSL 技术采用频分复用技术把普通的电话线分成了电话、上行和下行三个相对独立的信道，从而避免了相互之间的干扰。用户可以边打电话边上网，不用担心上网速率和通话质量下降的情况。理论上，ADSL 可在 5 km 的范围内，在一对铜缆双绞线上提供最高 1 Mbps的上行速率和最高 8 Mbps 的下行速率(也就是我们通常说的带宽)，能同时提供语音和数据业务。时至 2016 年，拨号上网的模式渐渐被光纤上网的方式所替代，ADSL 技术渐渐被 FTTH 和 PON (EPON/GPON)技术所取代。

FTTH(Fiber To The Home，光纤入户)：是指将光网络单元(ONU)安装在住家用户或企业用户处，是光接入系列中除 FTTD(光纤到桌面)外最靠近用户的光接入网应用类型。21 世纪以来计算机的普及以及信息网络化的发展使得全球宽带接入网技术得到了迅猛发展，据中国工业和信息化部发布的消息，截至 2015 年 9 月，我国固定宽带用户超过 1 亿户。

5G(5th generation wireless systems)：是指第五代移动通信技术，是继 2G(GSM)、3G(CDMA)和 4G(LTE-A、WiMax)之后的最新一代蜂窝移动通信技术。5G 的峰值理论传输速度可达每 8 秒 1GB，是 4G 的 10 倍以上。国际电信联盟(ITU)的 ITU IMT-2020 规范要求速度高达 20 Gbit/s，可以实现宽信道带宽和大容量 MIMO。

本章小结

本章介绍了互联网证券的三大部分，互联网证券发行服务、互联网证券交易服务和互联网客户理财服务，其内容具体为互联网路演、互联网信息披露、互联网证券咨询、互联网证券行情、互联网证券交易、互联网基金投资与互联网理财等，以及互联网证券交易模式、程序与应用。这是传统的非银行类金融企业的互联网化的主要代表行业之一，属于广义的互联网金融范畴。下一个章节我们将详细阐述互联网保险。

思考与练习

一、单项选择题

1.传统金融业的互联网化主要是指(　　)的互联网化。

A.证券业　　B.保险业

C.商业银行　　D.商业银行和非银行类金融企业

2.互联网证券服务不包括(　　)服务。

A.证券发行服务　　B.证券交易服务

C.技术分析服务　　D.客户理财服务

3.我国互联网证券的经营形式不包括(　　)。

A.证券公司和ISP合作　　B.证券公司和ISP及银行合作

C.ISP自行开发　　D.证券公司自行开发

4.2016年大多数互联网券商的上网方式是(　　)。

A.FTTH　　B.无线网卡

C.ADSL　　D.Modem或ISDN

5.互联网证券对于投资者来说具有(　　)好处。

A.成交及时　　B.交易不受时间和地点的限制

C.交易平台较为公平　　D.以上都是

二、简述题

1.互联网证券的运营平台主要有哪几种?

2.简述证券经纪业务互联网化应用方案。

三、分析题

1.分析互联网证券交易的模式选择。

2.分析发展互联网期货的现实意义。

四、思考题

1.在我国是否有可能出现由ISP或电商独创的互联网证券交易平台?

2.互联网券商将来是否可能也包揽电子商务的业务?

五、实训题

1.浏览 https://www.dkhs.com/app 网站,玩玩“谁牛”。

2.浏览几家互联网券商的网站,看看有没有课本上尚未提到的、更方便于投资者的新功能。

第六章　互联网保险金融服务

知识要求

通过对本章内容的学习，要求学生了解互联网保险的一般内容，熟悉互联网保险优势及其营销；了解互联网保险企业产品服务具体的运营方法和模式。

技能要求

通过本章的学习，要求学生能够熟练掌握互联网保险的定义、内涵等基本知识；能够准确识别不同类型的互联网保险经营模式及其主要的在线服务项目；同时，也要求学生展开开放性思维，就互联网保险未来的在线服务功能提出创新需求。

随着互联网技术和现代移动通信技术的高速发展，全球保险业的营销模式日新月异，一种全新概念的保险——互联网保险应运而生。所谓互联网保险，是指保险企业以信息技术为基础，以互联网为主要渠道来支持企业经营管理活动的经济行为。其核心内容是指保险企业建立互联网化的经营管理体系，并通过互联网与客户交流信息，利用互联网进行保险产品的宣传、营销并提供服务，其最终目标是通过互联网实现投保、核保、理赔、给付等一系列保险经营活动。我国互联网保险主要有互联网经纪人和全程互联网交易两种业务模式。

第一节　互联网保险概述

“大象插上翅膀能飞吗?”孩子们在问。大象要想插上翅膀就能飞的前提是——那个翅膀要有有效克服地球引力的本事。同样地，机构庞大、员工众多的传统保险业这只“大象”，一旦插上了互联网的翅膀，就真的能“飞起来”！理由很简单，互联网技术和现代移动通信技术已经有效地使许多金融业务突破了差额时间、物理空间和信息瓶颈的限制。

互联网技术在金融业的应用范围日益扩大，这对保险业产生了包括“改善保险双方信息不对称、价格竞争转为技术服务竞争、保险公司的组织与管理和保险业的监管工作”四个方面的影响。互联网保险的应用分为互联网直接投保、互联网财险产品服务、互联网寿险产品服务三个方面。

一、互联网保险的概念

互联网保险，是指保险公司和保险中介机构以信息技术为基础，以互联网为载体来支持保险业务开展的活动总称，是实现了保险信息咨询、保险产品选择、保险计划书设计、投保、交费、核保、承保、保单信息查询、保全变更、续期交费、理赔和给付等保险全过程网络化的保险新业态。百度百科将它定义为："是新兴的一种以计算机互联网为媒介的保险营销模式，有别于传统的保险代理人营销模式，是指保险公司或新型第三方保险网以互联网和电子商务技术为工具来支持保险销售的经营管理活动的经济行为。"

它包括两个层次的内容：一是保险企业利用互联网进行内部管理，即利用互联网对公司员工和代理人进行培训，利用互联网与公司股东、代理人、被保险人进行信息交流和开展互联网营销活动；二是指保险公司通过互联网开展互联网保险业务，即利用互联网与客户交流信息，提供保险产品咨询和互联网保险服务，其中，互联网投保和互联网理赔是两项主要的特色内容。

互联网保险是随着互联网信息技术的发展而产生的，是互联网金融应用的主要内容之一。尽管它与互联网银行、互联网证券业务发展同步，但互联网保险产品、服务与互联网银行、互联网证券业务的开展还存在差距，尤其是在新兴工业化国家和发展中国家。

互联网保险发展至今，虽然还不是最完善和便捷的，但已经历经了一定的发展历程。

二、互联网保险的发展

20 世纪 90 年代，保险公司只是将自己的保险产品"搬到"互联网网站上（或者自建网站，或者使用电商平台）展示、宣传和推广，这是互联网保险的 Web 1.0 渠道创新阶段；进入 21 世纪之初，保险公司应用 Web 2.0 技术可以在网站上与客户在线沟通，并对个别保险产品进行在线出售和收费（如 2000 年 8 月 18 日平安保险推出的 PA18）。2013 年众安保险的上线，使保险产品真正实现了"3A"服务，人们看到了一个名副其实的互联网保险榜样。这是一个基于场景的保险产品创新阶段。未来的互联网保险将朝着 Web 3.0（目前还只是个概念）的方向发展，朝着商业模式创新的方向发展。

下面，我们引用《安信互联网金融报告系列之一：互联网保险 3.0 及众安保险探究》的部分内容加以说明：

(1)互联网保险 Web 1.0 版本——渠道创新阶段。保险行业传统营销渠道面临增长空间有限、运营成本高等困境，互联网渠道创新有助于缓解传统营销困境。2014 年我国互联网用户规模大约 6.49 亿人，互联网普及率提高到 47.9%，互联网渠道能够以较低的成本为保险公司带来一个规模持续增加的潜在客户群体，有 61%的公司既有自建平台，又与第三方平台合作。

互联网渠道的出现和成熟成为保险公司传统营销渠道转型的历史机遇。互联网渠道能够以相对较低的成本为保险公司带来一个规模持续增加的且具备一定消费能力的潜在客户群体。互联网渠道还有降低保险公司渠道成本，弱化对第三方渠道的依赖，改善信息不对称性的情况，服务质量提升，费率水平也得到进一步下降的空间，对潜在客户的吸引力则进一步增强。

(2)互联网保险 Web 2.0 版本——基于场景的产品创新阶段。互联网新的生态环境为保险公司的产品设计提供了新颖的场景和丰富的标的,华泰财险的退货运费险在 2013 年“双十一”当天成交超过 1.5 亿笔,保费规模近 9000 万元,创造了保险业单日同一险种成交笔数的世界纪录;新技术改变了传统定价模式,为实现精确定价、动态定价创造可能。车联网的技术应用,使传统车险的定价模式由按车型定价向按使用行为定价(Usage Based Insurance,UBI)转变,智能可穿戴设备的出现使得传统健康险产品的定价模式由静态定价转为动态定价成为可能。

基于互联网场景最有代表性的一家互联网保险公司是众安在线。众安在线作为国内第一家互联网保险公司,致力于针对互联网新场景开发设计保险产品,众安在线联合互联网公司推出了一系列新产品,如众乐宝、参聚险、高温险等。由于销售的便利,目前互联网保险产品呈现出最主要的特征是标准化。产险互联网保费中车险占到 96%,非车险保费仅占 4%,寿险互联网保费中万能险占到 58%,其次是意外险占到 5%,短期健康险占到 1%。

未来 O2O 模式有望解决非标准化产品销售的问题。互联网保险 O2O 可以分为 O2O 1.0 和 O2O 2.0,1.0 版本即为传统的 O2O 模式,即 Online to Offline,保险公司把线上的消费者带到线下的场景里完成消费,为了达到这个效果,保险公司需要把线上的场景做得足够有趣才会有吸引力,此外,为了实现目的还需要保险公司线下主动去接触在线上留有相关信息的潜在客户。现在比较通行的做法是在线上平台对产品进行介绍并引导用户来到线下进行投保以及通过调查问卷或其他形式获取潜在客户资料,后续再通过电销或个险渠道主动跟进。

O2O 2.0 在 1.0 基础上进行升级,由 Online to Offline 发展为 Online to Online。具体表现形式可以为保险公司在相关页面中加入“在线咨询”功能,并设置互联网座席,人们在浏览产品或其他信息时如有疑问可直接通过点击按钮呼叫互联网座席,并通过电子保单、在线确认等技术完成线上投保。

(3)互联网保险 Web 3.0 版本——商业模式创新阶段。在这一阶段,互联网保险的商业要素得到扩维,传统保险商业模式主要包括三个要素,分别是产品、渠道、客户,在互联网与保险融合以后,数据成为第四个要素;盈利方式更加多元化,互联网商业模式下既可以通过构建生态圈,使用跨界竞争、客户迁徙战略建立竞争优势,又可以深耕保险领域,通过产品优势压缩渠道成本,提高盈利水平;全线上闭环流程优化用户体验,从产品信息浏览、咨询,到产品购买,再到后续产品服务全部在线上完成,提高用户体验;组织结构更加扁平化,保险公司基于传统业务而设定的组织结构在面对变化迅速的互联网保险业务时决策流程过长,反应速度过慢,未来扁平化将成为互联网保险公司组织结构的发展趋势。

传统商业模式下,渠道为王,产品必须服从于渠道,互联网保险商业模式下,客户为王,客户诞生数据,数据服务于产品,产品创造出渠道。在互联网保险商业模式下,用户从产品信息浏览、咨询,到产品购买,最后到后续服务,都能够在线上完成,大幅提升用户体验。

三、互联网保险的模式

我国保险市场业务开展的主体有几大类。从业务内容划分，有人寿保险和财产保险。寿险企业包括中国人寿、平安人寿、新华人寿、泰康人寿、太平洋人寿、美国友邦、中英人寿等以经营人身保险业务为主的保险公司；财险公司包括人民保险、太平洋财险、华安财险、平安财险、美亚财险和瑞士丰泰财险等经营财产保险业务的保险公司。从所有制内容划分，有股份制，外国独资、合资，兼有国有经济和混合经济的保险公司。保险中介机构包括上海东大保险经纪公司、深圳富安达保险代理等保险经纪公司。另外，世界上许多著名保险公司在我国都设立了办事处和代表处，中国保险同业协会和地方同业协会也在担负起应有的职责。从运营层面划分，有产品、渠道和客户三个层面。保险的业务主体决定了其平台的构建模式。

互联网是互联网保险企业与客户之间的共同平台。到 2016 年 2 月为止，互联网保险与客户连接的平台主要有保险公司自建平台、电商平台、第三方平台三类。鉴于科技发展日新月异，不久的将来，必有更高形式的互联网保险模式出现。

（一）自建平台模式

自建平台在早期就是网上俗称的“官方网站”，互联网保险的官方网站模式指的是保险企业通过自建官网来展现自身品牌、展示保险产品信息、销售保险产品、提供在线咨询和服务。多数有实力的保险企业，如中国人保、中国人寿、平安保险等企业，都已选择过此种模式。此模式的特点是重视品牌效应，可以为具有品牌忠诚度的客户提供网上购买的渠道，对产品的介绍比较专业、详细和集中，用户能较方便地选择到自己需要的产品。

随着信息技术的发展，互联网金融应用范围逐渐扩大，几乎所有的保险公司都拥有一个网站，其目的在于宣传自己的公司，推介保险产品和服务，发布保险业信息。在官方网站的基础上，许多保险公司予以升级改造为“官方平台”，还开通了互联网投保、互联网理赔和互联网保险服务等。太平洋保险公司长沙分公司的网站中有新品速递，如律师责任险、校园方责任险、商场责任险、医疗责任险等；险种介绍，如安居综合险、个人住房保险、机动车辆保险、企业责任险、企业财产保险和货物运输保险；投保指南，有互联网保险的作用、互联网保险合同如何签订等；案例分析，包括有关意外事故、汽车被盗再保险和理赔等。此类公司网站模式的优点是成本低、投入小，但用户的访问率低，保险功能的互联网特性不能充分发挥。

保险公司投资建立产品平台的目的，在于销售保险产品和扩大保险营销。除了强化平台模式的一般功能外，通常设立在线投保、在线理赔等互联网营销的功能。一些保险公司针对自身的经营特点，比较详细地介绍了保险产品，以产品带动市场，以市场扩大营销力度，逐步拥有和扩大市场份额。

2000 年 8 月，国内两家知名保险公司太平洋保险和平安保险几乎同时开通了自己的全国性网站。太平洋保险公司的网站成为我国保险业界第一个贯通全国、连接全球的保险网络系统；平安保险开通的全国性网站 PA18，以网上开展保险、证券、银行、个人理财等业务，被称为“品种齐全的金融超市”。同年 9 月，泰康人寿保险公司也在北京宣布泰康在线开通，在该网上可以实现从保单设计、投保、核保、交费到后续服务全过程的网络化。

与此同时，由网络公司、代理人和从业人员建立的保险网站也不断涌现，如保险界等。2013年11月6日，众安在线财产保险股份有限公司正式开业，并通过“众安在线”开展专业网络保险业务，这是一家真正意义上的中国互联网保险企业。

自建平台在某些方面具备其他平台无法比拟的优势。第一，自建平台具有排他性、独占性的特点，是集中展示公司品牌最好的手段。第二，新款产品能够在短时间内获得较大的关注程度。但是从长远来看，一家公司要形成较强的影响力，必须要有足够好的“战略纵深”，也就是说，要形成丰富、完整的产品体系，满足不同客户不同阶段的特定需要，保证对客户的持续黏性，在这一点上，自建平台能够对自己公司产品有足够的容纳程度，便于对产品进行分类管理。第三，自建平台能够支持销售之后的一系列后续服务，保险公司依赖自建平台来为客户提供保单信息查询、保单管理乃至理赔等众多在线服务，并为客户提供其他“保险＋”的增值服务，让客户能够体验到从投保到理赔的全流程线上操作的快捷与高效，提高客户的满意程度。第四，互联网的世界，流量是生存的基础，拥有了流量就仿佛有了进入互联网领域的“金钥匙”，自建平台能够将流量牢牢地掌握在自己手里，不用依赖第三方，不会由于第三方的因素而影响到自身的正常运营，为后续稳定的发展奠定基础。第五，在互联网业务的过程中会同时产生海量信息数据，这些数据经过数据挖掘技术的处理和储存，将会是未来保险企业的无价之宝。

目前，大中型公司以及以众安在线为代表的互联网保险公司更偏好自建平台，根据中国保险行业协会统计数据，2014年经营互联网保险的85家公司中，有69家公司有自建平台，如泰康、平安、太保、新华人寿、太平人寿等大中型保险公司纷纷成立专门的电子商务公司来专心“耕耘”自己的“在线家园”，详见表6-1。在保费规模上，2014年有57％的互联网保费通过保险公司自建平台实现，产险方面，通过自建平台实现的保费达456亿元，占互联网产险总保费的90％以上，寿险方面，全年仅实现互联网保费18亿元，占比仅有5％。

表6-1　国内主要保险公司自建网络平台情况

企业简称	网络平台	主要产品	运营机构
众安保险	众安在线	特色、旅游、意外、健康、团体等保险种类	众安在线财产保险股份有限公司
中国人寿	国寿e家	人身保险	中国人寿电子商务有限公司
中国平安	网上商城、万里通、一账通	人身险、车险、意外险以及小微团险	中国平安保险公司事业部
太平洋保险	在线商城	在线e购、车险直通车、人身保险	太平洋保险在线服务科技有限公司
新华保险	网上商城	人身保险	新华电子商务有限公司
太平人寿	网上商城	人身保险、车险、意外险	太平电子商务有限公司
泰康人寿	泰康在线	人身保险	泰康事业部

（二）电商平台模式

电商平台模式是保险机构借助有影响力的电子商务平台，以开展互联网保险业务活动的模式。以淘宝、天猫为代表的电商平台具备其他平台无法比拟的流量优势，根据中国IT研究中心2013年9月发布的网购品牌影响报告，在网络品牌影响力排名中，淘宝、京东和天猫稳居前三。在用户关注度方面，截止到2014年9月，淘宝以87.47万人次的用户关注度占半壁江山，第二名京东仅为19.19万人次。2013年“双十一狂欢”中，天猫总交易额达350亿元，京东数据显示“双十一”期间3天总交易额达25亿元，订单量超过680万单，是同期订单数量的3倍多。

在我国，受金融业分业经营政策的约束，电子商务平台模式一般是由一些非保险公司类的机构设立的，这些机构一般具有互联网技术优势或电子商务优势的背景。比较有代表性的有天猫网，目前已有多家保险企业进驻天猫网开设旗舰店，集中售卖自己的保险产品。京东商城等大型电子商务网站也开始售卖保险产品。不仅电子商务网站，和讯、新浪、搜狐等以内容服务为主的综合类门户网站也开始试水在网上直接售卖金融产品。

淘宝自2010年设立保险频道以来累计有36家保险公司进驻平台，保费规模年均增速达到10倍，2013年“双十一”成交量就达1.5亿笔，生命人寿的“e理财”万能保险，在开售7个小时后，成交额即超过亿元。预计在未来很长一段时间，大型电商平台的流量优势还将十分明显，尤其是中小型保险公司将会把第三方平台当作一个重要的渠道。国内主要电商平台保险销售情况详见表6-2。

表6-2 国内主要电商平台保险销售情况

主要电商平台	合作险企
淘宝	在淘宝官方旗舰店设立旗舰公司的财险公司和寿险公司分别达到10家和16家，产品涉及车险、旅行险、少儿险、健康险、财产险、意外险和理财险等多个领域
苏宁易购	合作险企主要包括中国平安、太平洋保险、泰康人寿、阳光保险和华泰保险5家
京东商城	与泰康人寿、太平洋保险等7家险企开展了合作
腾讯拍拍网	主要合作险企有平安车险、阳光车险、太平洋车险、天平车险
网易	目前以车险产品为主，合作保险公司包括中国平安、人保、太平洋保险、阳光保险和大地保险等5家

资料来源：中国产业信息网整理。

（三）第三方平台模式

这是由互联网企业提供的互联网保险专业平台。它既不同于电商的“什么都卖”——只卖保险产品，也不同于互联网保险企业的“只做我的金融产品”——各家的保险产品都卖。以慧择网和中民保险网为代表的这类平台集合了产品咨询、产品比价、产品购买、代理人社区等功能。投保流程与电商平台基本一致，能够使用户在一个页面上比较不同保险公司的产品并作出购买决策。就该类平台的发展现状来看，在流量方面还远远无法达到电商平台的水平，后续发展可能会面临转型。国内专业保险销售网站基本情况见表6-3。

表 6-3　国内专业保险销售网站基本情况

网络平台	情况介绍
优保网	国内第一家外资第三方保险平台，其母公司 eHEALTH 是美国最大的健康险在线投保平台，纳斯达克上市企业。主要险种为意外保险、健康保险、人寿保险。产品实现全国销售，实现电子化保单，最快一小时生效，支持网银、银联、支付宝付款，通过中国电子商务诚信认证
慧择网	于 2006 年成立于深圳，产品种类在网络销售的范围内较齐全。主要实现电子化销售的产品有意外险、旅游险、家财险、货运险等。可实现电子化保单，支持网银、银联、支付宝付款
捷保网	支持为深圳安网科技有限公司，2008 年推出，主要产品有意外险、意外医疗险、家财险、部分健康险、保险卡等。网上支付，经营范围全国
E 家保险网	2007 年在上海设立。主要险种有汽车保险、出国保险、意外保险、健康医疗保险、家财保险。实现电子保单，支持支付宝付款
车盟	总部在上海，成立于 2005 年。经营车险，主要经营范围为上海市及江浙部分城市。在线对比选择获得报价，填写信息，送单收保费
搜保	2006 年于北京设立。经营车险，主要经营范围：北京、深圳、广州、东莞、天津。模式为网站＋呼叫中心。车险投保方式为在线选择、获得报价、信息审核制

资料来源：中国产业信息网整理。

随着互联网移动终端用户数量的增长，移动互联网终端正在成为互联网保险的主战场，上述三种模式都将通过移动互联网终端竞争客户。中国互联网信息中心（CNNIC）发布的《第 35 次中国互联网络发展状况统计报告》显示，2014 年我国互联网用户规模达6.39 亿，其中手机端互联网达 5.57 亿，占比 85.8%，较 2013 年提高 4.8 个百分点。随着移动互联网技术的越来越成熟，用户使用习惯的改变及智能手机的更加普及，移动互联网将由“次生”的状态向“原生”发生转变，未来的互联网必是移动互联网，PC 端必将让位于移动端，互联网保险未来的端口必定属于移动互联网端口。依托于手机 App 和微信公众号，目前已经有保险公司在向移动端口进行渗透，但仍普遍存在两个问题，一是移动互联网端口提供的功能还无法像传统互联网端口那么丰富，尤其是保险公司比较偏爱的微信公众号在很多时候仅仅起到了资讯推送和基本信息查询的功能，二是移动端口整合程度不高，调查显示全国平均每部移动设备上安装 34 款应用，设备平均每天打开 20 款应用，移动端触点如果过于分散，则不利于已有客户及潜在客户体验到方便、快捷的服务。

知识链接

中国大陆第一份互联网促成的保单

1997 年 11 月 28 日，中国大陆第一份通过国际互联网促成的保单在新华人寿保险公司诞生。该保单的投保人是北京商学院医生张女士，她一直想给自己在对外经济贸易大学的儿子买保险。28 日下午，儿子在同学的电脑上浏览时，偶然发现了新华人寿保险公司的网址。看完险种介绍，他觉得条款不错，便与母亲取得联系，并给新华公司发了一份电子邮件，表达了自己的投保意向。下午4点18分，新华公司员工在检查自己的主页时收到这份电子邮件。根据电子邮件留下的联系电话，公司指派寿险代理人立刻前去客户家拜访。5点多钟，寿险代理人赶到了张女士家，向她转达了公司的谢意，并为其详细介绍了条款的内容，张女士爽快地填写了投保单。这份特殊的保单在新华公司备受重视，晚上8点多钟顺利出单，投保人拿到了保单。这份保单的诞生标志着互联网已经进入中国保险业。

中国大陆第一份互联网电子保单

对于“泰康在线”、泰康人寿保险股份有限公司以及我国的保险行业而言，2000年9月22日是一个历史性的日子。在这一天，中国的第一张通过互联网交易实现投保的保险单诞生了。在这天，泰康人寿保险股份有限公司的客户刘巍女士通过“泰康在线”提供的互联网平台，在互联网上完成了购买旅游险保险单的全过程交易。这一交易已经由泰康人寿保险股份有限公司确认成功。也许，刘巍女士在购买这份保单的时候并没有意识到，她将以这份“中国在线投保第一单”的购买者身份，而永远地载入我国的保险发展史册。

继完成国内第一笔互联网投保交易后，“泰康在线”又于2000年9月23日率先实现了保单的互联网变更，向客户发出了国内第一张电子批单。

“泰康在线”是由泰康人寿保险股份有限公司建设，以实现在线投保、互联网保户服务和代理人展业支持等功能为核心，兼顾金融保险知识普及、保险信息传播、保险法律咨询等服务为一体的大型保险电子商务网站。

对于“泰康在线”提供的这种新型服务方式，广大用户普遍表示欢迎，认为这将推动我国保险业迈入 新的发展阶段，为保险业全面进入互联网时代而做好准备。

第二节　互联网保险金融服务

互联网保险使公司经营与服务的核心转向客户，其全时段、宽地域以及信息交互性等特点，将带来保险各方经济利益的提高，并提高市场运行效率。首先，互联网的利用使“保险运行”整体提速，使保险的搜寻、谈判、销售、签单等方面的费用减少，有利于提高保险公司的经营效益；其次，互联网投保公正透明，在很大程度上可以减少中间环节由于利益驱动给保险机构带来的不可避免的承保风险；再次，由于互联网对时空的突破，以及对潜在需求的深层把握，有利于创新险种、拓展业务提高经营效益；最后，互联网保险有利于公司的发展规划。

一、互联网保险的业务流程及营销决策

（一）互联网保险的业务流程与业务类型

1.保险公司的基本业务流程

传统保险公司实施互联网保险经营管理模式战略转移的关键点在于转变经营观念，充分利用信息技术，重新设计业务流程，调整组织结构，实现“以客户为中心”的市场拉动型的营销管理战略，只有这样才能真正发挥互联网的信息平台优势，挖掘互联网保险的市

场潜力。

无论是开展互联网保险业务还是传统保险业务活动，关键的是基本的业务流程。保险业务流程简单化是互联网保险的基本要求。

2.互联网保险的业务类型

互联网保险的基本业务内容可以大致分为以下几种类型。

①信息咨询业务。

通常，代理商给承保人提供的价值有收集名单、引导客户对保险的需求、提供个性化的服务、收集信息并处理申请单、评估索赔等内容。

②互联网直销保单业务。

③在线投保业务。

3.互联网保险的业务处理

需要说明的是，目前互联网保险并不能改变保险公司的展业、承保、核保、理赔等基本业务流程，由于信息技术的有力支持，所改变的只是这些基本业务流程的处理方式。

从信息技术的层面来看，保险公司的一个完整的互联网保险系统是保险公司网站与其内部局域网的集成，它们发挥着保险公司业务流程的传导载体的作用。

现以 AAA Michigan 保险公司为例，说明一个较为完整的互联网保险业务。保险公司在互联网上开展的具体的保险业务，从报价(quote)、产品信息(product information)、在线交易(online transactions)到在线理赔(online claims)等服务一应俱全。住在密歇根的公司成员可以通过互联网得到 AAA 公司通过汽车俱乐部保险协会(Auto Club Group Insurance Company)开展的业务及服务。用户可以得到最新的汽车险、家庭财产险、船舶险和寿险产品的信息。互联网还详细介绍了保险单和条款。

顾客可以通过互联网表格得到汽车险、家庭财产保险和船舶保险的报价。在交易环节中，可以通过安全交易系统付款，或者用户可以要求进行保单变更，包括地址、汽车状况或增加新驾驶员的变更。如果用户发生事故或丢失财产，可随时在互联网上提出索赔。以下是其具体操作。

①得到报价(get a quote)。在填写和提交完成了一份表格后，用户可以得到 AAA Michigan 的会员保险公司为用户的家庭财产保险、汽车或船舶给出的报价。

②产品信息(product information)。互联网实际上提供了许多不同的保险产品(汽车、家庭财产、流动家庭财产、摩托车、船主及生命保险)的说明。

③在线交易(online transactions)。在互联网上交易，可以要求变更保单或选择交易选项决定付费方式。保单变更的要求会被重新审查以确定所有要求事项都已填好，公司会告诉用户何时进行。

④在线理赔(online claims)。该服务提供一个理赔号码，开始处理用户的索赔，或向用户提供有关用户提出的索赔报告的信息。

AAA Michigan 保险公司提供上述服务的保险种类有：汽车保险、房主保险、流动家庭财产保险、船主保险、生命保险、旅游保险、洪水保险、摩托车保险等。

（二）互联网保险的营销决策

1.保险市场的特质

保险市场的状况和保险产品自身的特点，使其天生适用于在互联网进行经营。保险作为一种特殊商品，与一般意义上物化的商品有着显著的不同。

①保险是一种承诺，属于诺成性合同，同时也是一种格式合同。保险商品的表现形式为契约。

②保险是一种无形产品。它不存在实物形式，唯一的形物可能只是一纸合同，而且合同还未必要打印出来。

③保险是一种服务商品。保险服务是保险企业为顾客提供的从承保到理赔的全部过程，主要是一种咨询性的服务。

保险产品本身的这一特质，在一定程度上使它适合于在互联网经营。首先，在互联网发布保险条款内容，并做出详细的、互动的解释，将避免因为极少数代理人销售时的夸大保险责任导致的理赔纠纷，有利于维护良好的行业形象。其次。保险服务内容主要是一些无形的服务，所以也使保险适合在互联网进行。互联网的优势与保险业这些特征的结合，使互联网保险发展成为具有竞争优势的新生力量。

2.互联网保险营销决策支持系统

保险产品不同于一般的有形产品，也有别于其他一些金融产品，具有无形性、契约性等特征。正因为如此，保险营销基本上是一个由保险公司发动的推销过程，对保险公司的营销管理提出了很高的要求。互联网保险的营销策略必须重视客户需求，利用互联网信息的传播特性，吸引大量潜在客户，并与优质客户建立长期稳定的关系。而互联网保险系统利用在线客户关系管理系统，将互联网保险前台业务和后台业务处理系统管理集成，其技术核心就是利用数据挖掘技术和数据仓库技术，从而实现销售自动化。

3.互联网保险营销的基本步骤

开展互联网保险营销电子商务活动，大致要经历以下 4 个具体步骤。

①市场定位和保险营销主页的设计制作。互联网营销主页制作前，市场定位要明确互联网营销想做些什么，怎样做以及对象是谁。

②构建互联网服务器。互联网服务器是保险营销主页的驻留地。构建互联网服务器有两种方法：第一种是自建，这种方式投资大并且需要专线连接和专门人员维护，运行成本较高；第二种是托管，即通常所说的虚拟主机，这种方式非常经济，适合于大多数公司。

③宣传互联网保险营销主页。宣传主页的主要方法有两种：一种是利用传统公众媒体推荐（比如当地的日报、晚报、杂志等）；另一种方法是在国内外的著名搜索引擎上注册（比如人们非常熟悉的百度或谷歌）。

④互联网营销和客户服务紧密结合。保险公司还应组织专门的人力、物力配合互联网营销活动，及时对互联网客户的访问和咨询做出反馈，做好营销服务工作。

4.互联网保险商业运作趋势

①营销模式互联网化。互联网时代的保险公司将是智能化、重创新的保险公司，不仅使传统意义上的保险公司与客户的关系发生改变，而且会改变保险服务的传递方式、产品的推销方式和交易处理等一系列营销方式。

②运作模式扁平化。互联网时代的保险公司运作更趋向于虚拟化、智能化。一方面不需要在各地区设置分支机构等实体机构，而只需一个互联网端口即可将业务伸到世界任何一个角落。另一方面，互联网保险公司不再主要借助传统的物质资本、人力资本向客户提供服务，而是主要借助互联网智能资本，靠少数的智力劳动者。

③服务模式人性化。互联网时代的保险公司业已突破了传统的经营和服务模式，变成以客户为中心的全功能的、个性化、互联网化、超越时空的“3A”服务。

二、互联网在线投保

传统保险业宣传和业务推广主要通过报纸、电视、咨询、会议营销等方式进行，收集反馈信息也主要通过问卷、书面投诉等形式，工作量大、耗时长、费用高、准确性差。现在保险公司通过互联网可以把险种和个性化服务全部介绍给客户，瞬时覆盖全国。从客户的角度看，互联网保险使得客户可以足不出户就轻松完成某些保险项目的在线选保、投保协议、保金支付、理赔等；从互联网保险公司的角度看，不必再雇佣大批的保险经纪人，只要几个后台客服人员即可，既节省时间、人力和财力，又有更广阔的客户覆盖范围。

(一)“众安保险”网站平台在线保险

互联网保险的应用，可以从“三马卖保险”开始。2013 年 11 月 6 日，由阿里巴巴的马云、腾讯的马化腾以及平安保险的马明哲“三马”联手成立的“众安在线财产保险股份有限公司”(以下简称“众安保险”)正式开业，其网站 http://www.zhongan.com 正式上线。身为国内首家互联网保险公司，众安保险根据互联网电商领域、社交领域及互联网金融等各种场景下产生的保险需求，定制化地设计开发保险产品。产品全程在线，全国均不设任何分支机构，完全通过互联网进行销售和理赔服务。选择众安网站的互联网保险服务做案例，有下述几个方面的因素。

1.首创互联网保险。众安保险是我国首家真正意义上的互联网保险企业，是名副其实的互联网行家与保险行家的联手。众安保险和传统保险机构一个很大的不同是，现在很多传统保险机构是把自己在传统保险领域的产品搬到互联网上去卖，仅仅是在网上卖保险，而是众安保险则是用保险服务于互联网生态。

2.保险和互联网的结合是全方位的结合，不单单是销售环节的结合，而是产品设计、定价、分销、服务以及信息系统全部进行互联网化的变革。而这些正是众安保险正在做或将要做的事。

3.众安保险的产品和传统的产品有很大的不同，比如更加的碎片化，更加注重场景。众安保险的产品本身的定价不是相对固化的数据，而是基于客户的场景实时收集数据的动态的定价。众安分销也不是通过传统的方式卖保险产品，而是将产品嵌入到互联网的场景过程中，服务于场景，使用户在使用某些场景的过程中购买众安保险的产品。这是众安保险通过互联网来重构自身的价值链。

4.众安保险正在利用互联网技术创新保险服务。信息技术，包括大数据技术发展到 2016 年，“我们能不能利用这些技术和保险结合，不光进行风险的处置，同样更多地介入到风险的管理过程当中去。因为现在数据收集的便利性、实时性越来越强，我们能不能提供一种服务，在风险发生的过程中就给用户提供充分的服务来降低该项活动的风险。实在不行，发生风险以后我们再用传统保险的方式来帮他进行风险的兜底”。（摘自：2015年6月3日，众安保险运营总监余磊在蓝莲花研究机构主办的“互联网金融融合与创新”高峰论坛的演讲）

（二）互联网在线投保内容

目前，在众安保险网站上可直接投保的产品种类很多，主要有众安特色保险、旅行保险、意外保险、健康保险、团体保险、投资保险等种类。每个种类都包含了两到四个具体的保险产品。

以众安意外保险为例，这一种类的保险包括航空、交通工具、公共场所三个具体的保险产品。比如说其中的“有地自容”公共场所安全意外险，客户在线操作十分简单。

1.投保：点击图标“立即购买”→填写保险信息→确认投保信息→在线支付保费→点击图标“完成”。

2.理赔：拨打4009999595→根据保险条款规定提供理赔所需材料（网络提供、自动理赔、寄送）→赔付协议达成后10天内理赔→赔款资金将支付至被保险人账户或受益人账户。

3.退保：众安保险承诺，客户投保后48小时之内可以无理由退保。

三、互联网财险产品服务

我国财险市场业务开展的主体有几大机构，包括人保财险、太平洋财险、华安财险、平安财险、美亚财险和瑞士丰泰财险等经营财产保险业务的保险公司。这些机构有股份制，外国独资、合资，兼有国有经济和混合经济的保险公司。

客户可以从人保财险的产品中看到该公司保险业务的开展情况。单击该公司网站进入主页后，有公司概况、新闻中心、投资者关系、PICC保险大超市、客户服务、防灾中心和保险课堂等栏目，从“PICC保险大超市”的路径进入，可以看到我国财产保险产品的全部标准化产品业务。

1.机动车辆保险。为了适应保险市场的变化，人保财险2003年启用的机动车辆保险条款，体现了细分市场需求、细分客户群体、细分风险特性，量体裁衣，实行个性化产品、差别化费率的方案。设计开发了8个主险条款和配套的11个附加险条款，以满足客户的多样化选择。

2.家庭财产保险。家庭财产保险产品有“金锁”家庭、普通家庭综合保险，个人贷款抵押房屋综合保险，金牛投资保障性保险等。“金锁”家庭财产综合保险包括“金锁”组合型保险和“金锁”自助型保险两种。“金锁”组合型保险是由综合险和附加险相互搭配组合而成的，包括家安保险、家顺保险、家康保险、家泰保险4种款式。

3.企业财产保险。企业财产保险主要有财产保险综合险、财产一切险、财产基本险和计算机保险等。财产保险综合险是人保财险公司专为企事业单位提供保障的一个险种。任何属于被保险人所有或与他人共有而由被保险人负责的财产、由被保险人经营管理或替他人保管的财产、其他具有法律上承认的与被保险人有经济利害关系的财产都可在保险标的范围内。投保金银珠宝等珍贵物品需事先与人保财险公司进行特别约定，但有价证券等不在本保险范围内。

4.船舶保险。船舶保险是为其船壳、救生艇、机器、设备、仪器、索具、燃料和物料提供的保险保障，分为船舶全部损失保险和包括船舶全损、部分损失、责任和费用在内的一切险。

5.货物运输保险。在我国，进出口货物运输最常用的保险条款是CIC中国保险条款，该条款是由中国人民财产保险股份有限公司制定，中国人民银行及中国保险监督委员会审批颁布的。CIC保险条款按运输方式分为海洋、陆上、航空和邮包运输保险条款四大类；对某些特殊商品，还配备有海运冷藏货物，陆运冷藏货物，海运散装桐油，及活牲畜、家禽的海陆空运输保险条款。以上8种条款，投保人可按需选择投保。

国内水路、陆路货物运输保险适用于国内水路、铁路、公路或联运方式，是保险货物遭受保险责任范围内的自然灾害或意外事故时，据以得到经济补偿的保险。保险责任开始于签发保险凭证，且保险货物运离起运地发货人的最后一个仓库或储存处所；终止于货物运到保险凭证上注明的目的地的收货人在当地的第一个仓库或储存处所。被保险人需一次性交纳保险费。当货物发生损失时，收货人应在货物运抵目的地的10天内向当地保险机构申请检验。

6.责任保险。责任保险有十几种产品，以产品责任险为例。产品责任险分为涉外和国内两种情况。产品责任险承保被保险人（生产厂家和经销商）所生产、出售的产品或商品，在承保区域内发生事故，造成使用、消费或操作该产品或商品的人或其他任何人的人身伤害、疾病、死亡或财产损失，依法应由被保险人承担责任时，中国人民财产保险股份有限公司在约定的赔偿限额内负责赔偿。出口商品通常根据国际惯例要求必须投保产品责任险，以满足进口商的要求。

四、互联网寿险产品服务

中国人寿的网站内容主要是宣传性和政策性的，这是因为各分公司可以根据自己的实际情况设立网站或网页，开展互联网保险业务。在中国人寿网站的首页，除了有关保险业的新闻和信息外，还设计了个人客户、团体客户、营销社区、团险业务员、中介机构等业务栏目。从个人客户路径进入，可以看到中国人寿为个人保险提供的产品和服务，见表6-4。

表6-4 中国人寿保险产品服务

保险产品	保障保险、健康保险、意外保险、养老保险、少儿保险、终身或两全保险、分红保险
保险计划	潇洒人生、幸福家庭、闲适人生、呵护未来、康禧人生、吉星高照、雨后彩虹
客户服务	客户知识、在线服务
寿险知识	基础知识、投保知识、保单售后服务知识

保障保险是指被保险人在保险期内身故（或全残）可获得的保险金给付，主要是定期保险。定期保险是指在保险合同约定的期间内，被保险人如发生死亡事故，保险公司会依照保险合同的约定给付身故保险金。如果购买了定期保险，就意味着被保险人在保险期间内将得到身故保障。保障保险有十几种可供客户选择的种类。

知识链接

Web

web的本意是蜘蛛网和网的意思,在网页设计中我们称为网页的意思。现广泛译作网络、互联网等技术领域。表现为三种形式,即超文本(hypertext)、超媒体(hypermedia)、超文本传输协议(HTTP)等。

Web 1.0

Web1.0是第一代互联网,虽然各个网站采用的手段和方法不同,但它们有诸多共同的特征,表现在技术创新主导模式、基于点击流量的盈利共通点、门户合流、明晰的主营兼营产业结构、动态网站。web 1.0不以html为语言,与浏览者的交互性缺乏,但在1.0时代,动态网站已经广泛应用,比如论坛等,这时的网站多以推广宣传为主。

Web 2.0

Web 2.0是相对于Web 1.0的新的时代。指的是一个利用Web的平台,由用户主导而生成的内容互联网产品模式,为了区别传统由网站雇员主导生成的内容而定义为第二代互联网,即web 2.0,是一个新的时代。web 2.0最大的特征是它强大的交互功能,这是"互联网+"时代的关键技术基础之一。Web 2.0的经验是:有效利用消费者的自助服务和算法上的数据管理,以便能够将触角延伸至整个互联网,延伸至各个边缘而不仅仅是中心,延伸至长尾而不仅仅是头部。

本章小结

本章详细阐述了互联网保险的发展、内容和营销模式。通过阐述互联网保险的应用,分别叙述了互联网保险的在线投保、互联网财险产品服务、互联网寿险产品服务和互联网保险金融服务等。互联网保险发展迅速,新的理念和新的技术必将催生出更多更好的互联网保险产品,以及更加便捷、经济的业务模式。本章内容尚属广义的互联网金融范畴,从下一章开始,我们将逐一学习狭义范畴的互联网金融模式。

思考与练习

一、单项选择题

1.互联网保险是电子商务环境中保险业(　　)的产物。

A.衍生　　B.创新　　C.改革　　D.竞争

2.保险电子商务的最终目标是实现(　　),即通过互联网实现投保、核保、理赔、给付。

A.电子交易　　B.投保　　C.理赔　　D.支付

3.互联网保险的最终目标是实现(　　),即通过互联网实现投保、核保、给付、理赔等业务工作。

A.快捷方便　　B.保险安全交易

C.利益最大化　　D.保险电子交易

二、简述题

1.互联网保险的发展历程。

2.简述互联网保险的运营平台构建模式。

3.分析互联网保险的商业模式。

三、思考题

1.试分析互联网保险平台构建三种模式的优缺点。

2.你认为移动互联网终端会主宰未来的互联网保险市场吗?

四、实训题

请浏览众安在线网站,考查该网站为客户提供的服务功能是否足够便捷和人性化,并提出你认为还应该改进的服务功能建议。

第七章　互联网支付

知识要求

通过对本章内容的学习，要求学生了解互联网支付的形式和特点，熟悉商业银行之间大额资金的互联支付结算的业务逻辑；掌握互联网支付的几种基本模式。

技能要求

通过本章的学习，要求学生能够熟练应用互联网支付的基本知识，解释当前互联网支付的各种现象，包括电子商务中的互联网支付和商业银行间的互联网支付现象。

互联网支付，也称网上支付，英文可定义为 NET PAYMENT，是指以金融电子化网络为基础，以各种可兑现的电子货币为媒介，以二进制数据形式储存，并通过计算机互联网特别是以电子信息传递的形式实现流通和支付功能。可以看出，互联网支付是互联网技术和现代通信技术的产物。互联网支付是基于互联网的电子商务的核心支撑流程。互联网支付是利用开放的互联网平台，利用数字信息传输来处理资金流动。互联网支付的安全，取决于执行安全电子交易控制的开放性标准和安全电子交易协议。互联网支付是在线转账、付款和资金结算，是电子商务、互联网金融业务的关键环节和基础条件。

第一节　互联网支付概述

支付的含义可以理解为，为了清偿商务伙伴间由于商品交换和劳务活动引起的债权债务关系，由银行所提供的金融服务业务。这种结清债权和债务关系的经济行为，就称为结算。因此，支付与结算含义基本相同，可以直接理解为支付结算，或支付。从电子支付与互联网支付的发展及概念可以看出，互联网支付可以认为是电子支付的一个新的发展阶段和创新，或者说，互联网支付是基于互联网并适合电子商务的电子支付。互联网支付比现在流行的 ATM 存取款、POS 支付结算等电子支付方式更先进一些，将是 21 世纪互联网时代里的主要支付方式。

一、互联网支付的兴起

随着社会经济与信息互联网技术的不断发展，人们对支付系统的运行效率和服务质量要求也越来越高，促使支付系统不断从手工操作走向电子化、互联网化。互联网支付是电子商务的关键环节，也是电子商务得以顺利发展的基础条件。

(一)互联网银行对网上支付的影响

资金流是电子商务的核心流程，基于互联网的支付结算资金流运转的畅通与否，将直接影响电子商务的发展，是电子商务发展的瓶颈，在我国尤其如此。互联网银行的发展给互联网支付所带来的影响表现在以下几个方面。

1.互联网银行具有的广泛的客户基础，为网上支付提供了极大的便利。我国的各种商业银行作为国民经济体系的大动脉和社会经济的资金中介和支付中介，具有广泛的客户基础。他们与全社会的各个经济单元，包括政府、事业、企业单位、家庭和个人均有经常性的资金往来关系，而电子商务的参与者几乎都是银行的客户，这为银行业开展电子商务的网上支付提供了极大的便利。

2.互联网银行使得网上支付具有稳健和信誉的特点。银行业数百年的发展塑造了其稳健、诚信的社会形象，构造了安全、快捷、发达的支付网络，这些客观存在的优势决定了银行支付体系仍将是互联网经济实现支付的首选。而且电子商务需要借助某种信用方式才能完成，而银行信用无疑是高于商业信用的，因而通过网上银行中介开展网上支付，最容易取得交易各方的信任和支持。

3.互联网银行业务的发展拓宽了互联网支付的应用范围。互联网支付方式不再仅有企业直通银行的电子支付方式，由互联网为个人、家庭开辟了连接银行的渠道，并且使个人和企业不再受限于银行的地理位置、工作时间，突破了空间距离和物理媒介的限制，足不出户即可完成支付结算。

(二)互联网支付兴起的主要因素

互联网支付的目的在于减少银行成本、加快处理速度、方便客户、扩展业务等。它将改变支付处理的方式，使得消费者可以在任何地方、任何时间，通过互联网获得银行的支付服务，而无须再到银行传统的营业柜台办理。

1.传统支付结算方式的局限

传统的支付方式主要有现金支付、票据支付和银行卡支付 3 种类型，即所谓的“现金＋三票一卡”。这些传统的支付结算方式在处理效率、方便程度、安全可靠、运作成本等多方面存在着诸多局限性。

①运作速度与处理效率比较低。基于手工处理，造成支付结算效率的低下。

②在支付安全上问题较多。特别是跨区域远距离的支付结算。

③应用起来并不方便。各类支付介质五花八门，这些给用户的应用造成了困难。

④浪费资源。由于涉及较多业务部门、人员、设备与较为复杂的业务处理流程，运作成本较高。

⑤不能为用户提供全天候、跨区域的支付结算服务。

⑥纸质支票的应用并不是一种即时的结算，企业资金的回笼有一定的滞后期，且给偷税漏税、违法交易提供了方便。

2.电子商务的迅速发展对金融业产生了深远的影响

互联网支付是电子商务的重要组成部分，是传统支付系统的发展和创新。传统支付变革的目的在于减少银行成本、加快处理速度、方便客户、减少欺诈等，而网上支付创新改变了支付处理的方式，使得消费者可以在任何地方、任何时间经互联网获得银行的支付服务，而无须再到银行传统的营业柜台，如图 7-1 所示。

互联网在线支付是电子商务的关键环节，也是电子商务得以顺利发展的基础条件。电子商务的一个极重要的观念，是在进行付款、信用借贷及债务清偿过程中，能获得即时、方便且安全的服务，将商品销售与服务的付款行为整合在电子销售网快速进行。电子商务发展的需求直接导致了互联网支付结算的兴起。

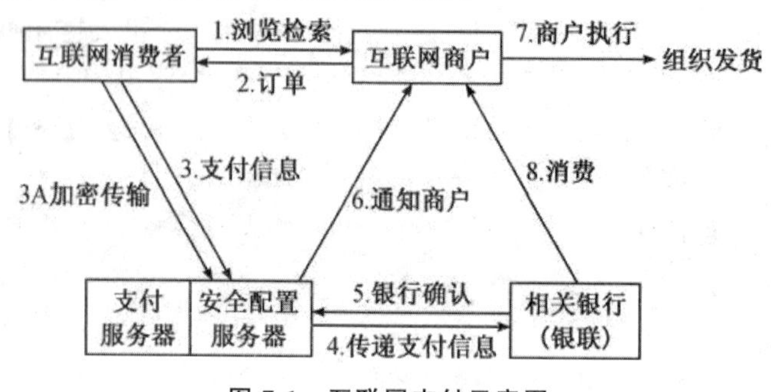

图 7-1　互联网支付示意图

二、互联网支付的形式和特点

更确切地说，网上支付是交易者（包括消费者、企业和银行等）使用安全的电子支付手段，通过互联网进行的货币支付或资金转移。

电子支付是以金融电子化系统工具和各类电子货币为媒介，以计算机技术和通信技术为手段，通过电子数据存储和传递的形式在计算机互联网系统上实现资金的流通和支付。

（一）互联网支付环境的重要性

互联网支付是电子商务、互联网金融业务的关键环节和重要组成部分，是电子商务、互联网金融能够顺利发展的基础条件。在讲求速度的电子商务、互联网金融环境中进行经济交易活动，必然是电子支付方式。在线电子支付是互联网金融业务的关键环节，也是电子商务得以发展的基础条件，互联网支付的工具是电子货币。

完善互联网支付体系，建立和健全良好的支付环境，是保障和促进电子商务发展的一个关键因素。电子商务的发展要求信息流、资金流和物流三流的畅通，其中资金流主要是指资金的转移过程，包括付款、转账、兑换等过程。在互联网上的经济交易活动，支付方式可以是在线的电子支付（“一网通”等），也可以采用离线的传统支付方式“网上交易，网下结算”，如邮政、电传采用的方式。传统支付方式的优点是人们比较熟悉的，感觉安全；缺点是效率低下，使其失去了电子商务、互联网金融快捷的特点。根据传输信息内容的不同，可以把互联网支付系统分为非数字现金支付系统和数字现金支付系统。由于运作模式的不同，各种支付系统在安全性、风险性和支付效率等方面有着不同的特点。

（二）互联网支付的三种形式

1.电子资金传输

电子资金传输就是电子支票系统。它通过剔除纸面支票，最大限度地利用了当前银行系统的自动化潜力。如通过银行自动提款机（ATM）网络系统进行一定范围内普通费用的支付；通过跨省市的电子汇兑、清算，实现全国范围的大额资金在各地银行之间的传输。

电子支票系统包含 3 个实体，即购买方、销售方以及金融机构。当购买方与销售方进行完一次交易处理后，销售方要求付款。此时，购买方从金融机构那里获得一个唯一的付款证明（相当于一张支票），这个电子形式的付款证明表示购买方账户欠金融机构钱，购买方在购买时把这个付款证明交给销售方，销售方再转交给金融机构。

电子支票方式的付款可以脱离现金和纸张进行。购买者通过计算机或 ATM 获得一个电子支票付款证明，而不是寄张支票或直接在柜台前付款。电子支票传输系统目前一般是专用互联网系统，国际金融机构通过自己的专用互联网、设备、软件，以及一套完整的用户识别、标准报文、数据验证等规范化协议完成数据传输，从而控制安全性。这种方式已逐步扩充到 IP 网络 Web 方式操作和在互联网上进行信息数据传输。

2.信用卡系统

信用卡支付是金融服务的常见方式，可在商场、饭店及其他场所中使用，可采用刷卡记账、POS 结账、ATM 提取现金等方式进行支付。经济交易活动中最简单的形式是让用户提前在该公司登记一个信用卡号码和口令，通过互联网在该公司购物时，用户只需将口令传送到该公司，购物完成后，用户会收到一个确认的电子邮件询问购买是否有效。若用户对电子邮件回答有效时，公司就从用户的信用卡账户上减去这笔交易的费用。现在更安全的方式是在互联网环境下通过 SET 协议进行互联网支付，具体方式是用户网上发送信用卡号和密码，加密发送到银行进行支付，如图 7-2 所示。当然支付过程中要进行用户、商家及付款要求的合法性验证。

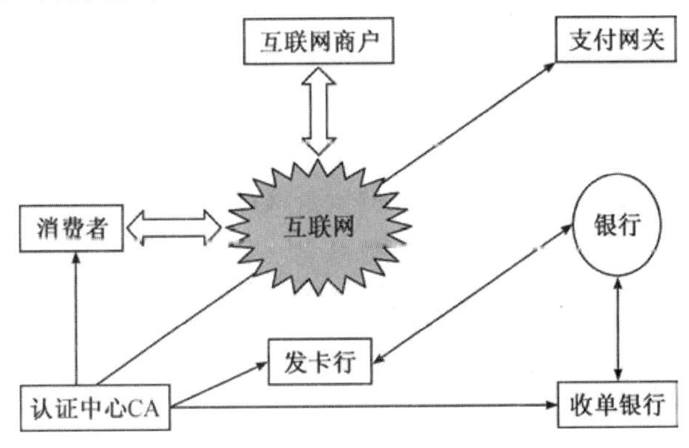

图 7-2　基于 SET 协议的信用卡支付流程图

3.数字化现金

数字化现金是以电子化数字形式存在的货币，也叫电子货币。数字化现金在给人们带来好处的同时也会带来问题，数字现金的主要的好处就是它可以提高效率，方便用户使用。数字现金具有灵活性和不可跟踪性，它会给人们带来发行、管理和安全验证等重要问题。技术上各个商家、银行都可以发行数字化现金，如果不加以控制，由此可能带来相当严重的经济金融问题。数字现金的安全使用也是一个重要的问题，包括限于合法人使用、避免重复使用等。对于无国家界限的电子商务应用来说,数字现金还存在税收和法律、外汇汇率的不稳定性,货币供应的干扰和金融危机可能性等潜在问题。

数字化现金的付款行为,就是从买方的数字化现金中扣除并传输到卖方。实际的数字化现金的传输过程通常经过公钥或私钥加密系统,以保证只有真正的卖方才可以使用这笔现金。

(三)互联网支付的特点

1.互联网支付应用的特点

互联网支付主要在开放的公共互联网系统中,通过看不见但先进准确的数字流完成相关支付信息传输,即采用数字化的方式完成款项支付结算。这种以一个开放的互联网为主要平台的互联网支付结算方式一经产生,就呈现出传统支付结算方式所无法比拟的诸多优势,具体表现为以下 5 个方面。

①信息流代替现金流。网上支付完全是通过信息流的传输代替现金的交换,其各种支付方式都是通过数字化方式、自动完成交易款项支付的。

②基于互联网的开放平台。网上支付的信息传递是基于互联网实现的,这是一个完全开放的公共通信平台,因此对互联网可靠性的依赖程度较高。

③较高的安全性和一致性。互联网支付可保护交易双方不被非法支付和抵赖,也可避免被冒名顶替,而且支付的全过程使用的都是数字货币,这也有效地防止了假币的产生。

④互联网支付的技术支持。由于互联网支付工具和支付过程具有无形化、电子化的特点,因此对互联网支付工具的安全管理不能依靠普通的防伪技术,而是通过用户密码、软硬件加密和解密系统及防火墙等互联网安全设备的安全保护功能实现。

⑤快捷高效的支付方式。与传统的支付形式比较,互联网支付具有方便、快捷、高效的特点。客户只需要在互联网的端口计算机或手机上轻点鼠标就可以足不出户完成全部支付过程。

2.互联网支付系统的技术特点

①可接受性(Acceptability)。为了获得成功,付款基础设施必须被广泛接受。

②匿名性(Anonymity)。如果顾客想要匿名,他们的身份可以受到保护。

③可兑换性(Convertibility)。数字货币应能够兑换成其他类型的货币。

④效率(Efficiency)。每笔交易的费用应该接近于零。

⑤灵活性(Flexibility)。应支持几种付款方式。

⑥集成性(Integration)。为支持现有的软件,应创建能与软件集成的接口。

⑦可靠性(Reliability)。付款系统必须十分实用,可以避免孤立的断裂点(Point of Failure)。

⑧可伸缩性(Scalability)。允许系统加入新的顾客和贸易商,而不会使付款基础设施崩溃。

⑨安全性(Security)。允许在开放式互联网上进行金融交易,如 Internet 互联网。

⑩适用性(Usability)。付款应与现实生活中一样容易。

为了支持上述要求和三大付款系统(电子资金传输系统、信用卡系统、数字化现金系统)，人们需要为在互联网上付款开发一个共同的框架。

(四)互联网支付体系的基本功能

虽然互联网支付体系的基本构成和方式在不同的环境不尽相同，但安全、有效、方便、快捷是所有互联网支付方式或工具追求的共同目标。对于一个实用的互联网支付与结算系统而言，它至少应该具有以下 7 种基本功能。

1.数字签名和数字证书。能够使用数字签名和数字证书等实现对互联网商务各方的认证，以防止支付欺诈。

2.加密技术。能够使用较为尖端的加密技术，对相关支付信息流进行加密，防止未经授权的第三者获取信息的真正含义。

3.数字指纹。能够使用数字摘要(即数字指纹)算法确认支付电子信息的真伪性，保护数据不被未授权者建立、嵌入、删除、篡改、重放等，使数据完整无缺地到达接收者一方。可以使用数据杂凑技术(hash 技术)。

4.不可否认性。当网上交易双方出现纠纷，特别是有关支付结算的纠纷时，系统能够保证对相关行为或业务的不可否认性。

5.多边支付。能够处理网上贸易业务的多边支付问题，这种多边支付的关系能够借助系统提供的诸如通过双重数字签名等技术来实现。多边支付协议应满足以下两个要求。

①商家只能读取订单信息，如物品的类型和销售价。当接收行对支付认证后，商家就不必读取客户信用卡的信息了。

②接收行只需知道支付信息，无须知道客户所购何物，在客户购买大额物品(如汽车、房子等)时可能例外。

6.方便易用、手续便捷。整个互联网支付结算过程对网上贸易各方，特别对客户来讲，应该是方便易用的，手续与过程不能太烦琐，大多数支付过程对客户与商家来讲应是透明的。

7.快捷的支付结算速度。能够保证互联网支付结算的速度，即应该让商家与客户感到便捷，这样才能体现电子商务的效率，发挥互联网支付结算的优点。

(五)互联网支付的简单流程

由于互联网支付的对象不同，在线支付一般可分为 B2B、B2C 和 C2C 三种。B2B 互联网支付业务，是指企业(卖方)与企业(买方)在互联网上开展电子商务活动的过程中，银行为其提供互联网资金结算服务的一种业务。B2C 在线支付业务是指企业(卖方)与个人(买方)通过互联网上的电子商务网站进行交易时，银行为其提供网上资金结算服务的一种业务。C2C 是指消费者个人与个人之间的小额资金支付，比如腾讯的微信红包。

个人网上银行的 B2C 在线支付系统，是商业银行专门为拥有该行信用卡、贷记卡或“理财金账户”开通网上支付功能的网上银行个人客户进行网上购物所开发的支付平台。

以工商银行网上支付为例，客户在工商银行特约网站选定货物后，根据网站提示或链接去虚拟收银台付款。单击中国工商银行在线支付图标，客户将被带到工商银行地区分行网站网上支付页面，订单信息加密传递到该网站且不可更改。客户只需根据画面提示，输入自己的工商银行网上银行卡号及支付密码，确认提交即可。系统会提示网上支付是否成功，如果失败则提示失败原因。由于互联网网速、银行验证等原因，如果支付后不能及时显示结果，请耐心等待。

如果长时间未有响应，可以返回工行支付平台界面重复提交申请。如果系统提示“已提交申请，请勿重复提交”，则说明该笔支付正在处理中。

三、互联网支付类型

在经济活动中，银行卡的使用比较成熟，在电子商务 B2B、B2C 的交易中，银行卡是目前应用最为广泛的电子支付方式。所以，研究银行卡的支付方式具有一定的代表性。以下的支付类型是以银行卡为例来说明电子支付的模式。

电子商务中常见的支付模式有以下 4 种类型：无安全措施的支付、通过第三方代理人的支付、简单加密银行卡支付、安全电子交易(SET)信用卡支付。这几种支付方式的出现也是随着电子商务、互联网技术和加密技术的发展而发展的。

1.无安全措施的支付类型

买方在网上向卖方订货，而银行卡信息通过电话、传真等非互联网渠道传送，或者在互联网上传送，但无任何安全措施。卖方与银行之间使用各自现有的专用互联网授权来检查银行卡的真伪，无安全措施的支付类型如图 7-3 所示。

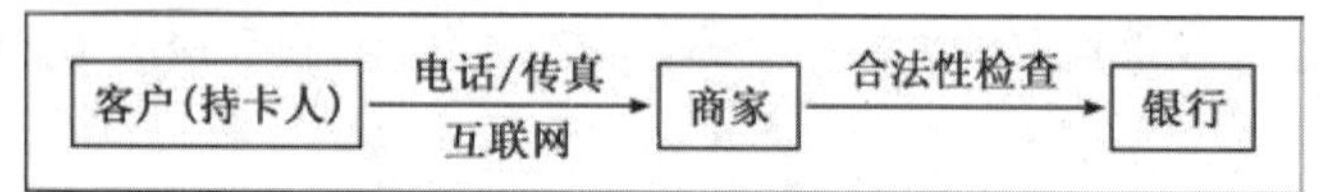

图 7-3　无安全措施的支付类型图

无安全措施的支付特点如下。

①卖方没有得到买方的签名，卖方将承担一定的风险。

②银行卡信息在线传送，买方将承担银行卡信息在传输过程中被盗的风险。

③商家完全掌握用户的银行卡信息。

这种类型也有明显的弱点，如商家得到用户的银行卡信息后，有些商家为了商业利益把信息透露给第三方，给别有用心的人以可乘之机；信用卡信息的传递没有安全保障，这样就很容易被人截获或篡改，所以这种类型是很不安全的。

在电子商务发展的初期，无安全措施的支付模式用得比较多。现在，不提倡再采用这种方式。

2.通过第三方代理人的支付类型

(1)第三方代理人支付方式的流程

第三方代理人支付方式的流程如图 7-4 所示。

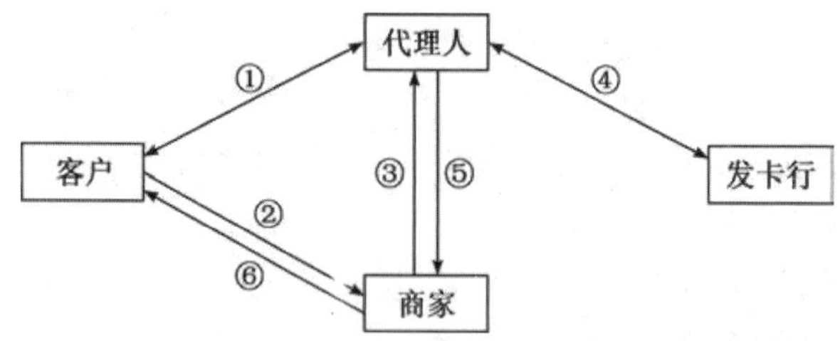

图 7-4　第三方代理人支付方式的流程图

①客户在代理人处开设账户，取得信用卡账户代号。

②客户上网进入商家的网站浏览选购商品，把信用卡账户代号传给商家。

③商家把客户信用卡账户代号传给第三方代理人，要求核实账户信息。

④第三方代理人与发卡银行联系，完成支付过程。

⑤第三方代理人把验证的结果、完成支付的信息反馈给商家。

⑥商家确认客户订货。

(2)第三方代理人支付方式的特点

①支付是通过双方都信任的第三方代理人完成的。

②信用卡信息不在开放的互联网上传送，客户没有信用卡信息被盗窃的风险。

③商家信任第三方代理人，风险小。

④客户、商家双方必须预先与第三方代理人签订某种协议。

这种方式的关键在于第三方，交易双方都对它有较高的信任度，第三方既承担了交易的主要风险，也必须确保保密等功的实现。

这种支付模型由美国 First Virtual Corp(FVC)提出，1994 年 10 月开始使用，它首先在互联网上实现了使用银行卡的安全支付，在当时是一个创举。它的缺点是支付的效率低，因为必须事先注册，业务过程中使用电子邮件反复传送信息以及对顾客意愿的确认，不能满足“实时购物”的需求，故其在电子商务交易中的使用还有待改善。

3.简单加密信用卡支付

这是比较常用的一种支付模式。用户只需到银行开立一个银行账户，在支付时提供银行卡号码，但传输时要进行加密。采用的加密技术有 SHT-TP、SSL 等。这种加密的信息只有业务提供商或第三方付费处理系统能够识别。由于用户进行网上购物时只需提供银行卡号，这种付费方式带给用户很多方便。但是，一系列的加密、授权、认证及相关信息传送，使交易成本增加，所以这种方式不适用于小额交易。

(1)交易流程：简单加密银行卡支付流程如图 7-5 所示。

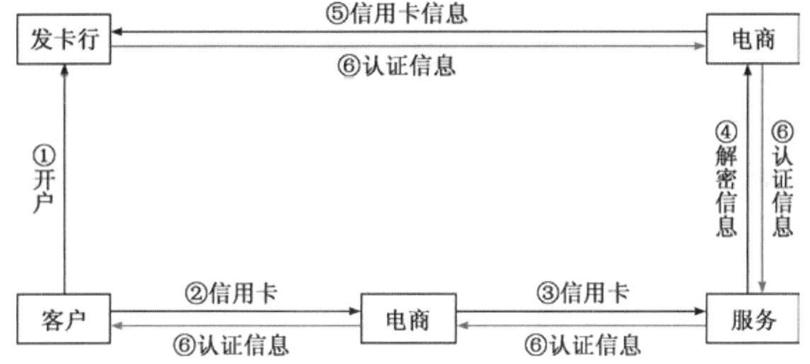

图 7-5　简单加密银行卡支付流程图

(2)支付特点

①加密的银行卡信息只有业务提供商或第三方机构能够识别。

②用户购物时只需一个银行卡号码，较简单。

③数字签名是用户、商家在线注册系统。

④使用对称和非对称加密技术，启用身份认证系统，以数字签名确认信息的真实性。

⑤需要服务提供商服务器和服务软件的支持。

这种模型的关键在于保证业务服务器和专用互联网的安全，可以使整个系统处于比较安全的状态。由于商家不知道用户信用卡的信息，杜绝了商家泄露用户隐私的可能性。

4.安全电子交易(SET)银行卡支付

银行卡是目前应用最为广泛的电子支付方式。银行卡可采用在互联网环境下，借助SET协议在互联网上直接支付，具体方式是用户网上发送经过加密的银行卡号和密码到银行进行支付。当然，支付过程中要进行用户、商家及付款要求的合法性验证，以及当事人身份验证。其工作流程与实际刷卡购物非常接近，只不过一切操作都是在互联网上完成的。

安全电子交易协议(SET)是为了保障互联网上信用卡交易的安全性而开发的。利用给出的整套安全电子交易规范，可以实现电子商务交易中的保密性、认证性、数据完整性、不可抵赖性等安全功能。因此它成为目前公认的信用卡网上交易的国际标准，是电子商务实现互联网支付的必然趋势。

四、银行间大额资金的互联网支付

互联网支付与结算按照支付的规模可以分为微支付、消费者级别支付和大额支付。大额支付，尤其是各大商业银行间的巨额资金的转账支付甚至跨国支付需要专业互联网和支付系统的支持。

(一)SWIFT

环球银行金融电信协会(Society for Worldwide Interbank Financial Telecommunication，SWIFT)是一个国际金融业合作组织。该组织为全球207个国家的8100多家金融机构提供安全、标准化的报文交换服务和接口软件。《华尔街日报》把SWIFT称为当前互联网时代最具影响力的通信机构之一。

1.SWIFT的服务范围

SWIFT的目标是，在所有金融市场为其成员提供低成本、高效率的通信服务，以满足成员金融机构及其终端客户的需求。包括我国在内的全球的外汇交易电文，基本上都是通过SWIFT传输的。需要指出的是，SWIFT仅为全球的金融机构提供通信服务，不直接参与资金的转移处理服务，也就是说，在互联网支付机制中起传递支付结算电文的作用，并不涉及支付电文收到后的处理细节。SWIFT提供的通信服务主要包括下述几个方面。

①提供全球性通信服务。189个国家和地区的6673个金融机构同SWIFT网络实现了连接。

②提供接口服务。使用户能以低成本，高效率地实现互联网存取。

③存储和转发电文服务。每年转发的电文达10亿条以上。

④业务文件传送服务。提供的银行间的文件传送IFT(Interbank File Transfer)服务，用于传送处理批量支付结算和重复交易的电文。

⑤电文路由(Message Routing)服务与具有冗余的通信能力。

需要特别指出的是，在SWIFT服务提供的240种以上的电文标准中，专门有支持大额资金支付结算的支付系统电文或转账电文。

SWIFT 提供的各类电文通信服务，全部采用标准化的处理程序和标准化的电文格式。这样，SWIFT 系统的通信服务可直接由计算机自动处理，中间不必经过转换和重新输入，实现了从端到端的自动处理，可以减少出错概率，提高交易处理效率和自动化水平，降低成本，减少风险。一笔通信服务通常 10 分钟内就可提交，传输一笔交易电文仅收费 0.36 美元。全球大多数国家的大多数银行已使用 SWIFT 系统。SWIFT 的使用，为银行的结算提供安全、可靠、快捷、标准化、自动化的通讯业务，从而大大提高了银行的结算速度。由 SWIFT 的格式具有标准化，目前信用证的格式主要都是用 SWIFT 电文。

2.SWIFT 的逻辑结构

SWIFT 是国际银行间非营利性的国际合作组织，由两个控制中心进行业务处理，分别位于美国和荷兰，同时在各会员国设有区域处理站。网络和系统管理由上述两个中心实施，银行本地线和检验由各地面处理站管理。

原则上每个国家有一个区域处理中心，少数较小国家可共用一个区域处理中心。因此，区域处理中心也称国家处理中心。控制中心通过全双工国际数据通信链路与区域处理中心连接，各成员行则通过国内数据通信链路同区域处理中心连接。SWIFT 传输如图 7-6 所示。

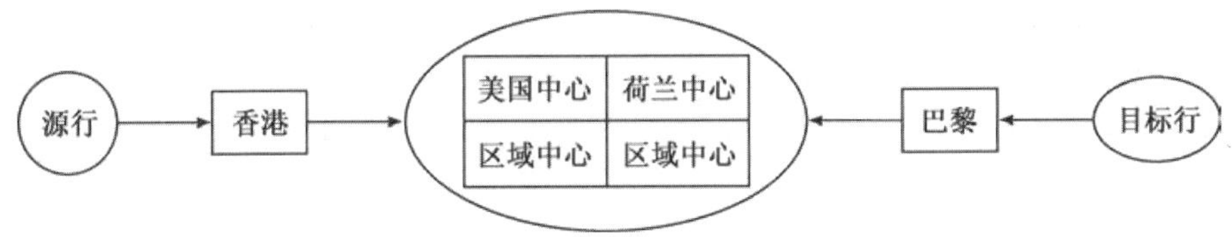

图 7-6　SWIFT 传输示意图

（二）CHIPS

纽约清算所为代替原有纸质支付清算方式，为企业间和银行间的美元支付提供清算和结算服务，于 1966 年研究建立“银行同业支付系统（Clearing House Interbank Payment System，CHIPS）”，1970 年正式创立 CHIPS。当时，采用联机作业方式，通过清算所的交换中心，同 9 家银行的 42 台终端相连。1982 年时，成员行共有位纽约地区的银行 100 家。到 20 世纪 90 年代初，发展为由 12 家核心货币银行组成，有 1 家金融机构加入的资金调拨系统。

1.CHIPS 简介

CHIPS 主要以美国纽约为资金结算地，具体完成资金调拨即支付结算过程。由于纽约是世界最大的金融中心，国际贸易的支付活动多在此地完成。因此，CHIPS 虽然运行在纽约，却成为世界性的资金调拨系统的中心。现在，世界上 90％以上的外汇交易，是通过 CHIPS 完成的。可以说，CHIPS 是国际贸易资金清算的桥梁，也是欧洲美元供应者进行交易的通道。该系统采用 UnisysA15 多处理机，有 23 台 CP2000 高性能通信处理机及 BNA 通信网，以处理电子资金转账和清算业务。

参加 CHIPS 联网支付结算业务的银行，除了利用该系统本身调拨资金外，还可接受往来银行的付款指示，通过 CHIPS 将资金拨付给指定银行。这种层层代理的支付清算体制,构成了庞大复杂的国际资金调拨清算网。因此,它的交易量非常巨大,而且在逐年增加。

CHIPS 采用层层代理的支付清算体制,构成庞大复杂的国际资金调拨清算网,它的体系结构如图 7-7 所示。

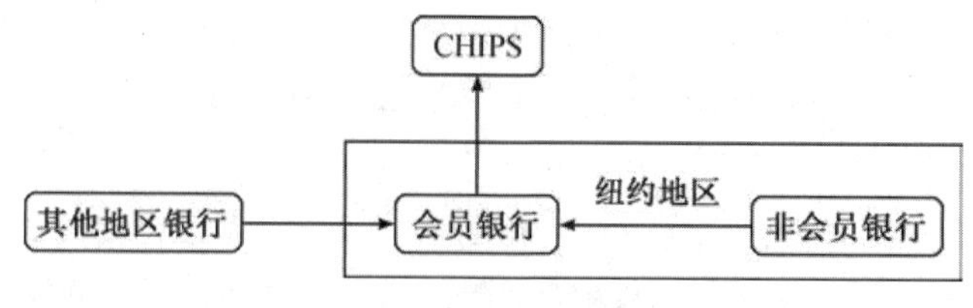

图 7-7 CHIPS 体系结构示意图

会员银行在纽约美联储有存款准备金,具备清算能力,拥有 CHIPS 系统的标识码。非会员银行的金融业务需要通过会员银行的协助才能清算和支付。其他地区银行是纽约地区外具有外汇经营能力的美国银行,外国银行是设于美国纽约的分支机构或代理行,当然外国银行也可以选择 CHIPS 中的会员银行作为其代理行。CHIPS 虽庞大和复杂,但能够高效方便地处理和运行,有许多独特的优势,见表 7-1。

表 7-1 CHIPS 的特点

序号	特点
1	非会员银行预先给出调拨指示,到生效之日拨款行下达“解付”指令后,CHIPS 开始实施
2	实时查询
3	自动识别标识码
4	双套系统互为备份,高速连接,不间断电源
5	保密模块、保密设备、标准的保密检测

2.逻辑构架

CHIPS 的运作框架是典型的“SWIFT & CHIPS”模式。两个不同国家和不同银行之间,进行一笔资金清算需要完成信息流与资金流的两个过程,其逻辑步骤如下。

①汇款银行先找到 CHIPS 的会员银行,使该会员银行成为其代理银行,会员银行则确认其 UID(用户身份证明)识别号码(若自己本身是会员银行,则不用找代理行)。

②汇款银行向其代理银行发送电子付款指示,要求代理银行于某日扣其来往账的指定款项,并将该款项拨付给收款银行的代理银行。

③汇款银行的代理行收到电文后,核对并处理电文,然后按照一定的标准格式,将所有数据经过 CHIPS 互联网传送到 CHIPS 的中心计算机存储起来。

④中心计算机接收到汇款银行的代理行的“解付”命令之后,将此款项通知通过 CHIPS 传送到收款银行的代理行中。

⑤收款银行的代理行根据收款银行的 UID 通知收款银行接受汇款,完成汇款。

CHIPS 利用互联网传输完成国际资金电子支付与结算,而一笔国际电子汇兑由于源行和目标行相距非常遥远,往往经过不同国家多个同业的转手才能完成。例如,中信银行的客户 A 要求自己开户行即中信银行给叙利亚的渣打银行的客户 B 支付一笔款项,若上述两行业务往来,则可以直接通过 CHIPS 划拨;若该两行以前未曾有过业务往来,则需要一个中间的第三方银行来协助处理。设两行均与德意志银行有所往来，但中信银行为CHIPS的非成员银行，渣打银行与德意志银行均是CHIPS的会员银行，则中信银行可以先将款项通过CHIPS汇兑给德意志银行，德意志银行在将汇款转入渣打银行的账户中，并通知渣打银行该款项的收益人为客户B。渣打银行接到通知以后，通过自身的银行系统通知客户B汇款已到账。也就是说，CHIPS机制可能涉及多个跨国银行。

(三)CNFN

中国金融骨干网(China National Financial Network，CNFN)是把中国人民银行、各商业银行和其他金融系统有机融合在一起的全国性和专业性金融互联网系统。

1.CNFN的网络结构

CNFN的目标是向金融系统用户提供专用的公用数据通信互联网，通过文件和报文传输向应用系统(如汇兑系统)提供服务。我国的金融机构通过该互联网可连接全国各领域成千上万企事业信息系统，为广大的客户提供全面的支付服务和金融信息服务，最终成为中国国家现代化支付系统(CNAPS)的可靠互联网支撑(物理结构上有点类似于SWIFT网络)。

为充分发挥金融通信网的投资效益，实现一网多用，在规划网络建设时，将通信子网与资源子系统分离，建设独立于应用的全国金融通信网络。整个CNFN网络分为3个层次的结点，分别是一级结点国家处理中心NPC，二级结点城市处理中心CPC，三级结点中国人民银行县支行处理结点CLB。由NPC与几百个CPC构成国家主干网，由CPC与几千个CLB构成城市区域网络。

在CNFN的三级结点中，NPC负责整个系统的控制、管理及应用处理，CPC和CLB主要完成信息采集、传输、转发及必要的应用处理。其互联网结构如图7-8所示。

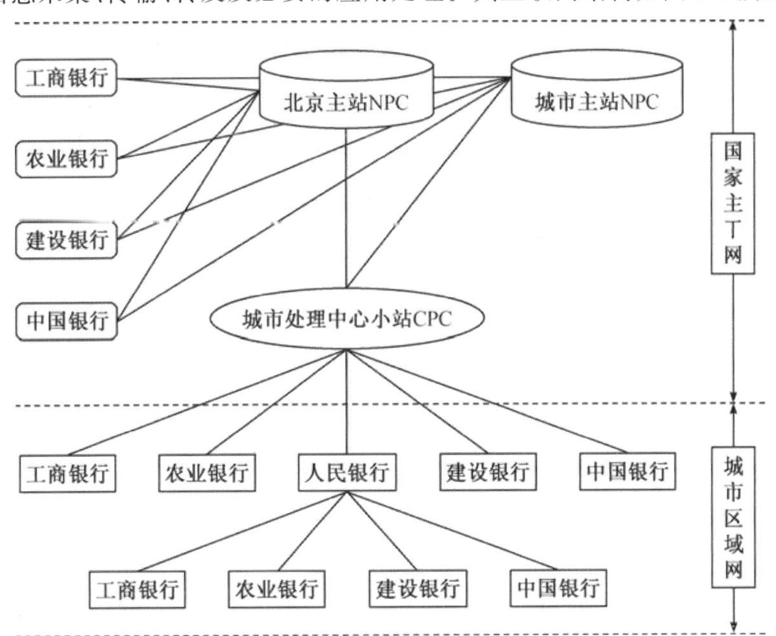

图7-8　CNFN网络结构示意图

该图中，虚线表示备用连接。在一般的情况下，主用 NPC 即北京主站控制管理。一旦发生灾难，备用 NPC(设在江苏无锡)主站就接管遭受破坏的主用 NPC 的所有业务，直到北京主站 NPC 完全恢复使用。两个 NPC 之间由高速卫星线路和高速地面线路相连。两个国家处理中心互为备份，有同样的结构和处理能力。

2.CNFN 物理通信线路

CNFN 物理通信线路包括卫星通信线路和地面通信线路两部分。目前支撑 CNFN 的中国金融卫星通信网与中国金融数据地面骨干通信网已基本建成，为 CNFN 的建设打下坚实基础。目前在我国已实现互联网到县，天地对接，现已建成数千个收发报行，覆盖了人民银行的所有一二级分行和部分县支行，并连接商业银行多个通汇网点，现其正在完善中。国家级主干网是以中国人民银行的卫星通信网为主体，以中国金融数据地面通信骨干网和邮电部门的公用数据通信网 DDN 为辅助信道。卫星网与地面网互为备份，相互补充。区域网根据当地通信状况可选用中国金融数据地面通信骨干网 DDN、X.25 或 PSTN；少数边远地区交通不便或有特殊需要的地区，也可采用卫星通信网构成区域网。各商业银亍总行要采用 DDN 线路与 NPC 连接。CPC 与当地商业银行的连接，可根据当地通信状况选用中国金融数据地面通信骨干网、DDN、X.25 或 PSTN。CLB 与当地商业银行的连接，可采用拨号线路、租用线路、无线通信等多种通信媒体。

总之，CNFN 是日通信息量和业务处理的物理通信平台，数据是 CNFN 中最重要的资源，各个子块功能的无缝融合使 CNFN 系统能够有机工作，为 CNAPS 的研发应用提供了底层保障。

(四)CNAPS

中国现代化支付系统(China National Advanced Payments Network，CNAPS)是在国家金融通信网(CNFN)上运行的我国国家级的现代化的支付系统，是集金融支付服务、支付资金清算、金融经营管理和货币政策职能为一体的综合性金融服务系统。

1.支付业务系统

CNAPS 报文信息格式基本上采用 SWIFT 报文格式标准，这样 CNAPS 的用户也可方便地借助 SWIFT 进行国际金融服务，如支付结算服务。CNAPS 是一个非常庞大的复杂金融系统工程。作为现代化的支付系统，为了发挥实施货币政策、改善宏观金融调控，防范支付风险、优化对商业银行的服务、满足社会各种支付清算要求、加强资金周转等功能，其业务系统包括如下几部分。

①大额实时支付系统 HVPS；

②小额批量电子支付系统 BEPS；

③银行卡授权系统 BCAS；

④金融管理信息系统 FMIS；

⑤国际支付系统 IPS。

CNAPS 实施者包括中国人民银行、各商业银行以及非银行金融机构的企业、政府机关、公共事业单位和个人。根据各自角色的不同，可分为业务发起人、发起行、发报行、接受行和受益人。

2.CNAPS 系统层次结构

CNAPS 系统是一个三层结构，分别由国家处理中心 NPC、城市处理中心 CPC 和前置机（前置机为各外围应用系统提供与连接的通道，如：商业银行前置机，TRCS 转换中心等）组成。NPC、CPC 和商业银行前置机内部的各服务器与控制台均通过一局域网相连，NPC 与 CPC 通过支付系统骨干网相连，CPC 与各商业银行前置机通过城域网相连。

在三级结点 NPC、CPC、CLB 上，都有各商业银行分支的参与，其中业务发起人为工商企业、政府机关和个人等；业务发起行为各个商业银行和其他金融机构的基层单位，如营业网点等，受客户委托办理业务，是支付业务系统的开始行。发报行是发起行所在的处理中心。业务发起人是需要办理业务的主动方，如要汇款的客户。受益人为业务办理的接受方，如收款人。接受行是受受益人的委托办理收汇业务的基层金融单位，是支付业务系统的结束行。

知识链接

全双工

全双工（Full Duplex）是通信传输的一个术语。通信允许数据在两个方向上同时传输，它在能力上相当于两个单工通信方式的结合。全双工指可以同时（瞬时）进行信号的双向传输（A→B 且 B→A）。指 A→B 的同时 B→A，是瞬时同步的。单工就是在只允许甲方向乙方传送信息，而乙方不能向甲方传送（就像汽车的单行道）。

SAP

SAP(Systems Applications and Products in Data Processing)是指数据处理系统应用程序和产品。有时也用 SAP 代指数据处理系统应用程序和产品供应商。

中国现代化支付系统的主要业务功能

为适应各类支付业务处理的需要，正在建设完善的现代化支付系统由大额实时支付子系统（High Value Payment System，HVPS）、小额批量支付子系统（Bulk Electronic Payment System，BEPS）、中央银行会计集中核算系统、全国支票影像交换系统、银行业金融机构行内支付系统、银行卡支付系统六大应用系统组成。

1.大额实时支付子系统实行逐笔实时处理，全额清算资金。建设大额支付系统的目的，就是为了给各银行和广大企业单位以及金融市场提供快速、高效、安全、可靠的支付清算服务，防范支付风险。同时，该系统对中央银行更加灵活、有效地实施货币政策具有重要作用。该系统处理同城和异地、商业银行跨行之间和行内的大额贷记及紧急的小额贷记支付业务，处理人民银行系统的贷记支付业务。

2.小额批量支付子系统在一定时间内对多笔支付业务进行轧差处理，净额清算资金。建设小额批量支付系统的目的，是为社会提供低成本、大业务量的支付清算服务，支撑各种支付业务的使用，满足社会各种经济活动的需要。该系统处理同城和异地实物凭证截留的商业银行跨行之间的定期借记和定期贷记支付业务，中央银行会计和国库部门办理的借记支付业务，以及每笔金额在规定起点以下的小额贷记支付业务。小额批量支付系统采取批量发送支付指令，轧差净额清算资金。

3.中央银行会计集中核算系统是以中国人民银行地市以上机构为基本核心单位，运用计算机网络和电子通信技术，遵循会计基本原理、准则和特定方法进行设计的，集中核算、反映和管理中国人民银行各类会计业务的电算化系统。该系统提供资金最终结算服务，是中国人民银行现代化支付系统的运行基础，是中国人民银行履行各项职能的核心支付系统。

4.全国支票影像交换系统是运用影像技术将实物支票截留，转换为支票影像信息，通过计算机网络将支票影像信息传递至出票人开户银行提示付款的业务处理系统。

5.银行业金融机构行内支付系统作为银行业金融机构综合业务处理系统的重要组成部分，是其内部资金往来与资金清算的渠道，是其拓展支付服务市场，提升市场竞争能力的重要实施，在支付系统中居于基础地位。

6.银行卡支付系统由银行卡跨行支付系统及发卡行内银行卡支付系统组成，专门处理银行卡跨行交易信息转接和交易清算业务，由中国银联建设和运营，具有借记卡和信用卡、密码方式和签名方式共享资源等特点。

第二节　互联网支付业务流程

互联网支付的产生和发展是和电子商务的发展分不开的。互联网支付的难点之一在于实现网络支付不仅是银行的事情，或是商家和顾客的事情，网上支付几乎要涉及电子商务活动的所有实体。网上支付的实现需要一个有互联网连接的所有实体所组成的复杂体系的支持。

一、互联网支付体系构成

互联网支付与结算的过程要涉及电子商务活动参与的主体（由客户、商家、银行和认证中心四个部分组成）。互联网支付与结算体系也相应地由电子商务活动参与主体、支付方式以及遵循的支付协议等几个部分组成，如图 7-9 所示。

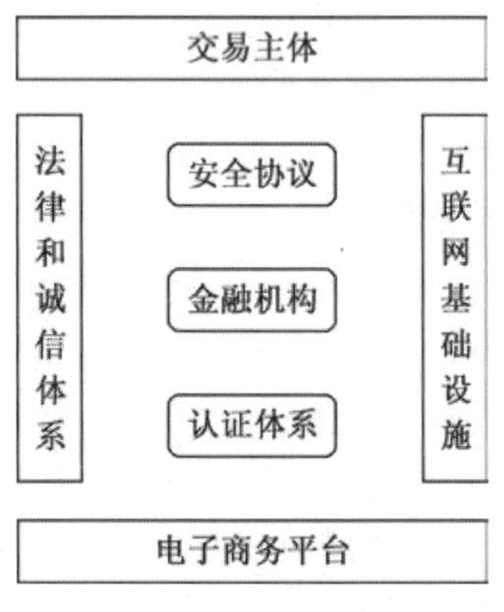

图 7-9　互联网支付体系构成图

因此互联网支付体系可以说是融购物流程、支付与结算工具、安全技术、认证体系、信用体系，以及现在的金融体系为一体的综合系统，如图 7-10 所示。概括地说，互联网支付体系的基础设施是金融电子化互联网，流通的支付工具是各类电子货币。支付功能的实现要通过在线商用电子化机制以及因特网中的交易信息来体现。网上支付的交易安全保证则通过网络安全认证机构的全过程认证以及互联网本身的防火墙、信息加密措施以及对恶意攻击和欺诈的实时跟踪检测防卫措施来实现。

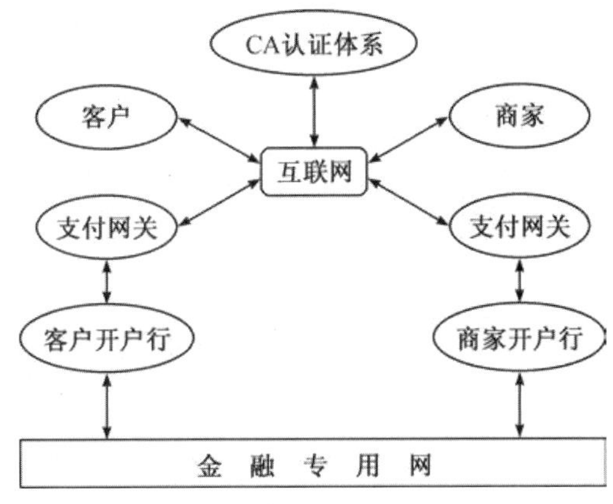

图 7-10　互联网支付与结算图

1.网上交易主体。互联网支付系统的主体首先应该包括买(消费者或用户)卖(商家或企业)双方。

2.安全协议。互联网支付系统应有安全电子交易协议或安全套接层协议等安全控制协议，这些涉及安全的协议构成了网上交易可靠的技术支撑环境。

3.金融机构。包括互联网金融服务机构(含第三方支付)、商家银行和用户银行。

4.认证体系。公开安全的第三方认证体系可以在商家和用户进行网上交易时为他们颁发电子证书，在交易行为发生时对数字证书和数字签名进行验证。

5.互联网基础设施。电子支付建立在互联网平台之上，包括因特网、企业内联网，要求运行可靠，接入速度快、安全等。

6.法律和诚信体系。属于互联网支付与结算的外部环境，是由国家及国际相关法律法规的支撑实现的，另外，还要依赖于完善的社会诚信体系。

7.电子商务平台。可靠的电子商务网站以及网上支付工具(电子货币，如数字现金、电子支票、信用卡、电子现金)等。

综上所述，电子商务互联网支付体系的基本构成即为电子商务活动参与各方与互联网支付工具、支付通信协议以及外部环境的结合体。

目前国际上网上支付系统主要有如下几种形式。

1.BTArray，英国电信(British Telecom)的微支付系统。

2.Cybank(阿里巴巴旗下的浙江网商银)支付系统，即使用 Cybank 账号的资金进行支付的系统。

3.Digital Silk Road，用于邮递等低成本业务的支付系统。

4.E-Gold，允许通过账号系统使用黄金进行支付的系统。

5.Inter Coin，一种先试用后购买的在线票据服务系统。

6.Market Net，安全客户、商家认证服务系统。

7.Net Market,在网上实行自动加密的商业交易系统。

二、电子支付系统的分类、标准与参与者

通过前面章节对互联网银行的一般了解后,有必要对互联网银行业务的支付流程进行一般性的了解,以便于更好地接受互联网银行服务。

(一)电子支付系统分类

电子支付系统可以分为三大类,大额支付系统、脱机小额支付系统和联机小额支付系统。各类系统的主要特点概述如下。

1.大额支付系统。大额支付系统是一个国家支付体系的核心应用系统。现在的趋势是,大额支付系统通常由中央银行运行,处理贷记转账。当然也有由私营机构运行的大额支付系统,这类系统对支付交易虽然可做实时处理,但要在日终进行净额资金清算。大额系统处理的支付业务量很少(1%～10%),但资金额超过90%,因此大额支付系统中的风险管理特别重要。

2.脱机小额支付系统(亦称批量电子支付系统)主要指ACH(自动清算所),处理预先授权的定期贷记(如发放工资)或定期借记(如公共设施缴费);支付数据以磁介质或数据通信方式提交清算所。

3.联机小额支付系统指POSEFT和ATM系统,其支付工具为银行卡(信用卡、借记卡或电子现金等)。

后两类小额支付系统,主要特点是金额小、业务量大,交易资金采用净额结算(POSEFT和ATM中需要对支付实时授信)。

(二)电子支付系统的标准

目前,电子支付涉及的标准主要有以下几种。

1.PKI标准。公共密钥体系(Public Key Infrastructure)。

2.SSL标准。安全套接层协议(Secure Sockets Layer)。

3.SET标准。安全电子交易标准(Secure Electronic Transactions)。

4.X5.95标准。账户数字签名工业标准(Account Authority Digital Signatures, AADS)提供了标准化信用卡处理和账户管理方法。

5.X.509标准。电子商务证书发放标准(ISO/IEC/ITUX.509,基于PKL,PKIX)。

6.X.500标准.电子出版目录查询标准(目录服务协议LDAP-X.500协议)。

(三)互联网支付系统的参与者

互联网支付系统的参与者主要由金融机构或银行、收款人或付款人、支付网关和金融专用网等组成。

1.金融机构或银行。就支付而言,即为收款人或付款人的开户银行。

2.收款人或付款人。收款人或付款人即为资金划出或接收的个人或团体。

3.支付网关。支付网关是商家授权并以此获取支付消息进行支付交易的平台。

4.金融专用网。金融专用网包括连接各专业银行及支付网关的各种金融专用网。

三、支付结算业务的流程

如果需要享用银行的互联网银行服务功能,个人或者企业首先要选择提供网上银行

服务的银行；然后向银行申请登记注册，获得进行网上银行（俗称"网银"）业务操作的凭证；最后，根据计算机的指示，逐步操作。

1.办理网银业务应具备的条件

①银行交易中心必须取得金融认证中心的权威认证。

②商家在交易中心设立网上商店，建立商户档案，将产品通过图文并茂的方式展示在互联网上。

③顾客（一般消费者或单位）最好持有银行账户或信用卡，符合该条件的可以通过互联网或到当地储蓄所、分理处注册成为会员用户，会员既可以以更加优惠的价格购买商品，又能只凭一个会员 PIN（识别码）支付货款。若不是银行客户的顾客在线购买，也可以通过数字现金、汇兑、同城交换、邮政汇款、货到付款等多种方式支付。

2.互联网银行和支付业务的一般流程

以中国工商银行个人网上银行操作为例来介绍一下具体的操作流程。工行为客户办理了网银开户之后，可以通过互联网直接登录到中国工商银行的网上银行页面，登录时会提示安全警报，即通过安全链接连接工商银行的网上银行。在个人网上银行的登录界面输入账号、密码、验证码后，工商银行安全认证系统即开始对客户身份进行认证，如能确认客户身份，客户便可以登录到工商银行互联网银行，从而可以进行交易。客户在提交支付（支付指令、B2B 支付和批量支付）时，系统会提示客户进行电子签名，以保证交易的唯一性和不可否认性；并可以根据支付指令的付款限额支持多级授权，以保证客户交易的安全性。另外，客户还可以通过查询指令来跟踪指令的审批和执行情况。

一般来说，客户在登录网银后，通过互联网银行业务操作系统可获得三个方面的服务功能：一是交易类业务服务功能，包括账务查询、支付服务等；二是个人信息服务，包括修改客户资料、修改密码、更新客户证书等；三是获得在线帮助；如图 7-11 所示。在完成各项服务后，可选择退出登录功能，退出互联网银行业务操作系统。

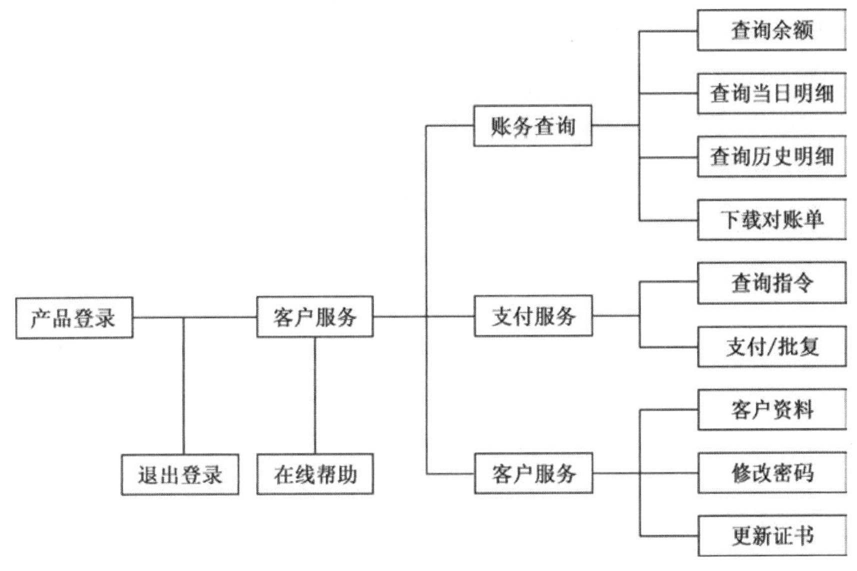

图 7-11 网银操作系统一般功能

上述流程是在线可视的，是由客户来完成的，对于网上银行业务操作系统来说，这只是整个流程的一个环节。从客户将交易指令输入电脑到电脑反馈有关信息，还有一个复杂的过程，这一过程可以简单地描述为图 7-12。

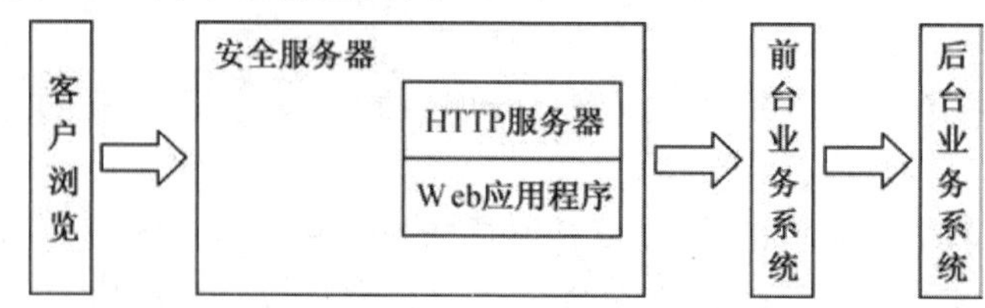

图 7-12　交易流程图

具体交易步骤如下。

①客户浏览器发出 HTTP 的交易请求，如邮寄出一份表单的数据。

②网络服务器上的交易信息经过安全通道发送到网上银行的网络服务器。

③网络服务器上的应用程序接受客户传来的 HTTP 交易信息。

④网络应用服务器处理交易信息，包括验证该客户在 CIDB 中规定的权限、交易数据的格式转换、数据运算等。

⑤网络应用服务器生成后台业务数据信息，提交业务主机(前置机)进行处理。

⑥处理结果返回到网络应用服务器。

⑦网络应用服务器根据返回的数据动态生成交易结果的 HTML 主页。

⑧交易结果的动态 HTML 主页返回到客户的浏览器。

四、电子支付与互联网

电子商务中互联网支付与结算采用的方式是否真能做到快捷、方便、安全、可靠，还取决于数据交换的网络、电子支付的互联网平台以及专业网络的先进性、技术性和合理性。

(一)数据交换的网络模式

1.电话交换数据网

在我国各地，诸如 POS、电话银行等大部分电子支付业务都是基于电话交换网络(PSTN)，用户入网比较方便灵活，相关技术比较成熟。但随着电子支付用户的大量增多和交易量的大幅度增加，基于模拟电话网的电子支付业务也暴露出了一些问题，如交易时间长、“重拨”现象明显、接通率低、可靠性较低、保密性较差、误码率高等。

2.分组交换数据网

我国已形成了覆盖全国的公用分组交换等数据网络设施，这为建设上乘的电子支付网络打下了物理基础。分组网本身非常适用于业务量小的实时数据传输，其虚拟电路的灵活设置，适用于多台终端同时与银行主机通信，并使扩容变得非常容易；带宽的统计复用消除了原来因中继线争用带来的通信不畅；协议的纠错功能保障了误码率比电话网低很多，使交易数据准确无误地被传递；组网模式可以与原有的电话网模式兼容，以便分别发挥各自的优势。电话网对散点终端入网较为适用，分组网对较为集中的大商场更能显示出其优势。

数据网在电子支付领域具有固有的安全性能，这不仅仅体现在数据网本身良好的互联网拓扑结构和网络管理能力上，VPN（虚拟专用网）、CUG 闭合用户群、防火墙等技术的广泛应用也为数据网上电子支付的应用提供有力的保障，可有效防止非法用户的侵入。借助于 VPN，银行可利用公用数据网的条件组成专用的虚拟支付网络，可由自己来管理 VPN 资源。VPN 具有专网安全可靠等特点。分组等网上的 CUG 业务是指若干个用户组成的通信群体，群体内的用户之间可互相通信，本群外的用户无法与内部用户相通信，该业务也可为电子支付的安全通信提供方便。

（二）电子支付的互联网平台

1.电子支付的平台——EDI 系统

EDI 实现了商业用户间标准格式文件（如订单、发票等）的通信和交换。在 EDI 中，交易信息根据国际标准协议格式化，并通过互联网对这些数据进行交换和自动处理，从而有机地将商业贸易过程的各个环节（包括海关、运输、银行、商检、税务等部门）连接起来，实现了包括电子支付在内的全部业务自动化，在 EDI 平台上进行电子支付具有很大的优越性。

EDI 系统具有一整套的成熟的安全技术体系，基于 X.400 和 X.500 系列协议，能够有效地防止信息的丢失、泄密、篡改、假冒、接收的抵赖、拒绝服务等。EDI 消息处理机制在 MHS 的基础上进一步丰富了消息安全服务，突出强调了报文的安全要素。

根据我国的国情，目前可以在 EDI 平台上开展电子征收业务（电子缴费、电子征税等），这种方式有着传统申报方式不可替代的优势。在 EDI 平台上开展电子征收的难点是开发银行和政府主管部门的 MIS（管理信息系统）数据库接口和应用接口。

2.电子支付的网络平台——互联网

在传统通信网和专用网络上开展电子支付业务，由于终端和网络本身的技术难以适应业务量的急剧上涨等一些因素，使用户面很难扩大，并使用户、商家和银行承受了昂贵的通信费用。寻求一种物美价廉的大众化平台成为当务之急，飞速发展的互联网就顺其自然地成为焦点。与此同时，与电子支付相关的技术、标准和实际应用系统不断涌现，在互联网开展电子支付已成为现代化支付系统的发展趋势。

（三）电子支付的专业互联网

1.环球金融电信协会网络

前面章节阐述了 SWIFT 的服务内容和互联网系统的技术结构，现将 SWIFT 系统作为电子支付专业网络的特点做一个简单的介绍。

①SWIFT 可连接全世界五大洲银行，可以方便客户与世界各地办事机构联系。SWIFT 的服务项目全天 24 小时都可利用，且不管其地理位置如何。

②由于 SWIFT 系统可以成为银行董事会和海外办事机构之间可靠的通信系统，从而使全球性的金库和保险管理系统得到了发展。

③标准化格式能够进行自动化通信处理，避免了各地区银行间语言及翻译问题。

④理论上、技术上和程序上的保密性，保障了互联网的安全，避免了外来的干扰。

⑤SWIFT 的实践证明，建立一个满足各成员国共同业务要求的系统，可以使成本降到最低水平，且安全性和可靠性保持最高。

⑥SWIFT 具有较强的检测、检索能力。

2.美国国家支付网络

美国联邦储备通信系统 Fed Wire(Federal Reserve Communication System)是美国的第一个支付网络。这个通信系统属于美国联邦储备体系(Federal Reserve System)所有,并由其管理。身为美国国家级的支付系统,它用于遍及全美 12 个储备区的 1 万多家成员银行之间的资金转账。它实时处理美国国内大额资金的划拨业务,并逐笔清算资金,每天平均处理的资金及传送证券的金额超过 1 万亿美元,每笔金额平均 30 万美元。Fed Wire 的功能齐全,它不仅提供资金调拨处理,还具有清算功能。

①资金转账(Funds Transfer)信息。即将储备账户余额从一个金融机构划拨到另一个金融机构的户头上。这些资金几乎全是大额资金。

②传输美国政府和联邦机构的各种证券交易信息。

③传输联邦储备体系的管理信息和调查研究信息。

④自动清算(ACH)业务。在美国,大量采用支票做支付工具,通过 ACH 系统,就可使支票支付处理实现电子化。

⑤批量数据传送(Bulk Data)。通过 Fed Wire 进行的资金转账过程,是通过联邦储备成员的联邦储备账户实现的。

知识链接

拓扑结构

计算机网络拓扑结构是指网络中各个站点相互连接的形式,在局域网中明确一点讲就是文件服务器、工作站和电缆等的连接形式。它是引用拓扑学中研究与大小、形状无关的点、线关系的方法,把网络中的计算机和通信设备抽象为一个点,把传输介质抽象为一条线,再由这些点和线组成几何图形。

闭合群用户 (CLOSED USER GROUP,CUG)

在通信技术中是指具有几个相同特性的用户组成一个组,组内成员拥有相同的呼叫特性,如:只允许组内成员间互相呼叫和接收组外用户呼入,但无法呼叫组外用户。闭合用户群业务允许一个用户加入多个闭合用户群。

EDI

EDI,全称为 Electronic Data Interchange,即电子数据交换。是由国际标准化组织(ISO)推出使用的国际标准,是指一种为商业或行政事务处理,按照一个公认的标准,形成结构化的事务处理或消息报文格式,从计算机到计算机的电子传输方法,也是计算机可识别的商业语言。

MHS

MHS(Message Handing System) 报文处理系统,是 OSI/RM 标准中应用层协议,是表示消息处理服务的缩写词。MHS 被广泛用于描述他们的邮件但通常处理服务实现,有多个邮件系统术语是这些实现之间的很少或不一致性。在这篇文章,MHS 指的是存储和转发电子邮件系统的操作 Technologies 和 Novell 的实现。

本章小结

本章介绍了互联网支付在线转账、付款和资金结算，网络支付工作环境、网络支付结算的兴起等互联网支付的形式、特点和一般过程。通过对网络支付模型的3种形式：电子资金传输、信用卡系统和数字化现金的描述，详细阐述了大额资金支付系统、互联网支付体系构成、电子支付系统的分类、标准与参与者和支付结算业务的流程。

若说互联网的发展催生了传统金融业的互联网化，电子商务的发展引发了互联网支付的强烈需求，那么，P2P、众筹、互联网货币等狭义的互联网金融模式也就成为必然。我们将在后几个章节给大家详细介绍。

思考与练习

一、单项选择题

1.网上支付是指付款方把支付指令发给（　　），然后由收款方把支付指令转发给银行。

A.收款方　　B.电子银行

C.网上银行支付系统　　D.加密卡储存

2.电子支付密码系统的主要模式是（　　）。

A.密码签名模式　　B.单一的支付密码器

C.使用IC卡的支付密码器　　D.以上全是

3.电子资金划拨中的程序是（　　）。

A.申请阶段　　B.付款阶段

C.认证阶段　　D.以上全是

4.网上支付系统涉及付款人、收款人和（　　），网上支付系统把银行的柜台延伸到客户端，因此，网上支付是传统支付系统的创新和发展。

A.SSL　　B.电子商务平台

C.商业银行　　D.客户

二、简述题

1.简述第三方代理人支付方式的原理和特点。

2.简述中国国家现代化支付互联网系统。

三、分析题

1.分析中国电子商务支付体系的结构及实现原则。

2.分析互联网支付系统的发展前景。

四、思考题

1.为什么说支付与结算是开展电子商务的瓶颈?

2.互联网支付的工具主要有哪些?

3.第三方支付网关与第三方支付平台有什么区别和联系?

五、实训题

请浏览淘宝网站,说说支付宝在其电子商务中的作用。

第八章　P2P互联网借贷

知识要求

通过对本章内容的学习，要求学生了解P2P互联网借贷的概念、类型和特点，熟悉P2P的运作模式以及借款人和投资者的操作内容；掌握P2P互联网借贷运作规律及其主要风险。

技能要求

通过本章的学习，要求学生能够熟练应用P2P互联网借贷的基础知识，能够熟练使用我国国内的知名P2P平台进行个人小额借贷在线操作。

传统金融的交易结构总体来说是集中式的。以存贷款业务为例，储户把钱存到银行，银行把钱贷给借款人。对于借款人来说，这是一种间接融资，因为他的钱借自银行，而不是直接借自储户。对于储户来说，他同样是通过银行间接把钱借给了借款人。银行在此过程中发挥资金融通的桥梁作用，但重要的是，它切断了储户与借款人之间的联系，导致储户不知道自己的钱借给了谁，借款人也不知道自己借的钱真正来自谁。在存贷款业务中，银行的作用相当于一个资金集散地，它集中受理储户的存款，支付存款利息；再集中办理借款人的贷款，收取贷款利息。因而这种交易结构是集中式的，储户和借款人通过银行这个中心机构连接起来，实现资金的流通。集中(或曰中心化)模式的形成有其历史原因，客观上也曾有利于资金的快速流通。但随着银行垄断地位的形成和监管门槛的存在，集中模式的弊端日益显现，银行的收益日益依赖政策保护带来的“政策利差”。“信息不对称”和“嫌贫爱富”也使得银行一直备受指责。

集中模式导致的“政策利差”和“信息利差”(银行借助信息不对称收取的高额息差)提高了资金融通的成本，阻碍了资本的优化配置，“嫌贫爱富”则使得大量个人和小微企业无法获得所需的金融服务。借助互联网带来的信息交流与资金流动(例如网上银行、第三方支付)的便利，新型的金融服务逐渐出现，这些服务直接连通资金的供方与需方，显现出典型的去中心化结构。

互联网借贷正成为小微企业和个人投融资的新渠道，是狭义互联网金融定义中的主要研究对象之一。互联网借贷行业的兴起，是互联网技术和现代移动通信技术发展的结果，也是解决个人和小微企业贷款难问题的有效渠道。互联网借贷在兴起和发展的过程中形成了不同的模式和运作形态，其中就有点对点(P2P)融资模式、基于大数据的小额贷款融资模式、大众筹资融资模式和电子金融机构门户融资模式等四种模式。在本章中我们将重点对 P2P 进行阐述。

第一节 互联网借贷概述

个人和小微企业融资难问题,一直制约着个人和小微企业的发展。近年,个人和小微企业负债比例持续增加,融资需求强烈但融资难度上升,融资表现出周期短、需求急、资金量相对较大的特征。然而,受制于个人和小微企业规模小、可抵押质押的固定资产比例低等内部因素,以及征信体系缺失造成的信息不对称、信贷配给与直接融资市场欠发达等外部因素的限制,个人和小微企业融资主要呈现融资渠道窄、融资门槛高、融资额度低等问题。互联网借贷为个人和小微企业融资难的发展困境带来了转机,与传统的商业银行间接融资、资本市场直接融资等融资模式相比,互联网借贷融资模式具有普惠性、便捷性、针对性等特点。其一,普惠性。互联网借贷与个人和小微企业的融资模式,使个人和小微企业传统融资模式得到完善与创新,拓宽了个人和小微企业融资渠道,增强了金融普惠性、创新性。其二,便捷性。个人和小微企业通过在网络化金融生态中更为便利地获取贸易伙伴、融资支持、财务咨询等标准化融资服务资源,互联网借贷服务个人和小微企业具有产品类型多、放款速度快、审批流程简、获贷成本低等便捷特性,降低了个人和小微企业融资门槛。其三,针对性。互联网借贷针对不同个人和小微企业的差异化需求进行融资产品创新,追踪客户满意度。依据细分客户,提供融资产品的客户端定制化部署,使个人和小微企业具有自主和个性选择权,选择适合自己融资需求和融资额度的融资产品。

一、P2P 互联网借贷概念

P2P 互联网借贷又叫 P2P 信贷(Peer to Peer,点对点),是互联网金融的一种表现形式,意思是个人对个人的互联网借贷。P2P 指个人与个人间的小额借贷交易,一般需要借助电子商务专业互联网平台帮助借贷双方确立借贷关系并完成相关交易手续。借款者可自行发布借款信息,包括金额、利息、还款方式和时间,自行决定借出金额,实现自助式借款。点对点融资模式即个人或个人和小微企业通过第三方互联网中介平台寻求有相应贷款能力并能满足其融资需求的一个或多个贷款方,以达到借贷双方资金匹配的融资模式,其特点在于交易成本降低与风险防控,互联网传播快速、涉及面广、用户聚集等特点可增强个人和小微企业与贷款方的信息透明度与对称性,个人和小微企业通过此模式进行融资可自主择优选择利己的贷款利率从而降低交易成本,而多个贷款方也可通过共同出借融资资金以降低所需承担的风险。

P2P 借贷平台主要为 P2P 借贷的双方提供信息、信息价值认定和其他促成交易完成的服务,但不作为借贷资金的债权债务方。具体服务形式包括但不限于:借贷信息公布、信用审核、法律手续、投资咨询、逾期贷款追偿以及其他增值服务等。有些 P2P 借贷平台事实上还提供了资金中间托管结算服务,但依然没有逾越"非债权债务方"的边界。

P2P 借贷并非只是一种技术手段,而是理念与方法的革新。与传统金融行业相比,目前 P2P 规模并不大，但发展速度惊人，究其原因，有如下几个方面：其一，细分市场的需求；其二，利润和成本空间的吸引；其三，准入门槛较低、无特殊监管；其四，互联网技术、数据挖掘技术和信用体系的必要支撑。而随着客户互联网使用习惯的成熟和 P2P 平台自身实力的加强，该行业将继续“爆炸式增长”。

二、P2P 互联网借贷的兴起

2006 年度诺贝尔和平奖得主、孟加拉国经济学家穆罕默德·尤努斯博士认为，现代经济理论在解释和解决贫困方面存在缺陷，为此，他于 1983 年创建了格莱珉银行（亦称孟加拉乡村银行），通过开展无抵押的小额信贷业务和一系列的金融创新机制，不仅创造了利润，而且还使成千上万的穷人尤其是妇女摆脱了贫困，使扶贫者与被扶贫者达到双赢。格莱珉银行已成为 100 多个国家的效仿对象和盈利兼顾公益的标杆。

创办以来，格莱珉银行（Grameen Bank）的小额贷款已经帮助了 630 万名借款人（间接影响到 3150 万人），其中超过一半脱贫。而且格莱珉银行自 1983 年创办以来，除了创办当年及 1991 年至 1992 年两个水灾特别严重的年头外，一直保持盈利，2005 年的盈利达 1521 万美元。同时，格莱珉银行不仅提供小额贷款，而且也鼓励小额存款，并通过格莱珉银行将这些存款发放给其他需要贷款的人。这一模式就是最初的 P2P 互联网借贷的雏形。P2P 金融主要分为两种模式，基于电子商务的互联网 P2P 金融和传统线下的 P2P 金融。本章主要阐述前者。

2005 年 11 月，美国 Prosper 将这一思想进一步提炼和创新，创办了 Prosper 互联网小额贷款平台，让资金富余者通过 Prosper 向需要借款的人提供贷款，并收取一定利息。从 2006 年 2 月上线到 2009 年 1 月 29 日，经由 Prosper 的借贷金额共计约合人民币 12.5 亿元，超过 3 个月的逾期还款率仅为 2.83%。2010 年 4 月 16 日，美国 Prosper 宣布已完成了 1470 万美元的第四轮融资。至此，Prosper 的总融资金额已达到 5770 万美元。

Prosper 在本土的主要竞争对手 Lending Club 也再融资 2450 万美元。至此，Lending Club 在前三轮融资共获注资总额已达 5270 万美元。除了 Prosper，2005 年 3 月在英国伦敦开始运营的一家名为 Zopa 的网站同样是目前最热门的 P2P 互联网金融平台之一。

这些互联网 P2P 金融平台的成功让 P2P 金融真正开始在世界范围内获得认可和发展。

中国 P2P 互联网借贷的发展背景是：正规金融一直未能有效解决中小企业融资问题和替代民间金融；而以互联网为代表的信息技术大幅降低了信息不对称和交易成本，使得个人对个人借贷这一人类最早的金融模式焕发出新的活力，并弥补了正规金融机构的不足。P2P 互联网借贷使投资人（放款人）和借款人都能受益。借款人可以获得比民间借贷更便利的信用融资渠道和更低借款成本，投资人可以获得比银行存款更高的回报。

在相当长一段时间内，中国个人和小微企业的融资需求始终无法从银行等间接融资渠道中得到满足，这也为国内 P2P 金融平台发展提供了空间；2010 年之后的几年时间内，中国 P2P 金融从无到有，并展现出强劲的发展后劲，甚至令国外机构直言要来“中国取经”。

P2P 金融在国内发展初具雏形,但并无明确的立法,国内小额信贷主要靠“中国小额信贷联盟”主持工作。随着互联网的发展,社会的进步,此种金融服务的正规性与合法性会逐步加强,在有效的监管下发挥互联网技术优势,实现普惠金融的理想。

三、P2P 互联网借贷的类型

互联网金融发展至今,由 P2P 的概念已经衍生出了很多模式。进入 2015 年后,我国互联网借贷平台增长速度持续放缓。报告数据显示,上半年共新增平台 810 家,月平均增长 135 家。截至 2015 年 6 月底,我国 P2P 网贷平台数量已达 2723 家,其中在运营平台 1987 家。平台的模式各有不同,归纳起来主要有以下三类:

1.担保机构担保交易模式,这也是最安全的 P2P 模式。

此类平台作为中介,平台不吸储,不放贷,只提供金融信息服务,由合作的小贷公司和担保机构提供双重担保。此类平台的交易模式多为“一对多”,即一笔借款需求由多个投资人投资。此种模式的优势是可以保证投资人的资金安全,由国内大型担保机构联合担保,如果遇到坏账,担保机构会在拖延还款的第二日把本金和利息及时打到投资人账户。

2.P2P 平台下的债权合同转让模式

可以称之为“多对多”模式,借款需求和投资都是打散组合的,甚至由最大债权人将资金出借给借款人,然后获取债权对其分割,通过债权转让形式将债权转移给其他投资人,获得借贷资金。

3.以交易参数为基点,结合 O2O,将线下商务的机会与互联网结合的综合交易模式。

这种小额贷款模式创建的 P2P 小额贷款业务,凭借其客户资源、电商交易数据及产品结构占得优势,其线下成立的小额贷款公司对其平台客户进行服务。线下商务的机会与互联网结合在了一起,让互联网成为线下交易的前台。

四、P2P 互联网借贷的特点

(一)与民间金融的比较

P2P 互联网借贷如果不为投资人提供担保(比如 Lending Club),从信用风险角度看,投资人和借款人之间如同有直接的债权债务关系,P2P 互联网借贷就可以视为个人之间的直接借贷。这种借贷形式非常古老,在现代社会也大量存在,一般归属于民间金融的范畴。其中,与 P2P 互联网借贷最接近的民间金融组织是标会。

P2P 互联网借贷和标会有三个共同点:第一,本质上都是个人之间借贷;第二,借贷完全基于信用,不依赖抵押品或担保;第三,利率是市场化的。在 P2P 互联网借贷中,利率由风险定价机制决定。在标会中,利率随行就市,包括对参与者的信用风险升水。

标会有非常精巧的契约形式和风险控制机制,特别是用长期博弈中形成的社会资本(social capital),包括非成文的道德和习俗约束、熟人之间相互信任以及社会惩罚(social sanctions)作为履约保障手段等,以缓解信息不对称,降低交易成本。但与 P2P 互联网借贷相比,标会有两个不足。

第一,标会本质上是基于社会互联网的人格化交易,标会参与者之间多是亲友关系,一群陌生人很难组织起标会,这就限制了标会的作用范围。而在 P2P 互联网借贷中,通过第三方机构(互联网借贷平台)提供的风险控制机制,陌生人之间也可以发生借贷,因此是非人格化交易,这样作用范围就很广。此外,标会中利率尽管包含信用风险升水,但基本上由经验规则决定,而标会竞标过程还可能引入一些非理性因素;P2P 互联网借贷的风险定价机制则要科学得多。

第二,包含标会在内的民间金融,都有内在不稳定性。民间金融因为要嵌在一定的社会关系中,一般表现为一系列相互分割的局部市场。这些局部市场有不同参与群体和风险控制机制,利率水平也不完全一样。因为相互之间联系不紧密,一个局部市场出现风险不会产生全局性影响。但有些时候,一些人利用民间金融市场的利率差异,通过在利率低的地方融资、在利率高的地方投资来套利。当套利行为比较普遍时,民间金融市场的各个局部市场就会被联系起来,相互之间出现风险传导渠道。在这种情况下,民间金融活动趋向活跃,民间信贷规模膨胀,一些原本有效的风险控制机制失效,民间金融的风险集聚。当风险集聚到一定程度并爆发后,会通过风险传导渠道产生全局性影响。此时,存量的民间借贷会出现大量坏账,而且伴随着社会互联网中信任关系的减弱,增量的民间借贷会急剧减少,民间金融市场会出现信贷紧缩。这种信贷紧缩会直接影响地方的实体经济,而实体经济的疲软反过来又使民间金融市场更难恢复。这个紧缩过程,只有到坏账被处理、民间金融参与者资产负债表被修复以及民间信任关系被重建后,才能结束。近几年,我国的温州、鄂尔多斯等实际上就出现了这种情况。

P2P 互联网借贷,因为是非人格化交易,对社会关系的依附性不强,而且因为投资人的风险足够分散,不会出现类似民间金融内在的不稳定性。但 P2P 互联网借贷是否会随着经济波动而出现一定信贷周期,因为其发展时间不长,目前还无法判断。

(二)与银行贷款的比较

P2P 互联网借贷接近直接融资。如果将票据视为借款人发行的一种债券(从风险角度,这是成立的),那么 P2P 互联网借贷实际上类似一个债券市场,投资人购买借款人发行的债券,直接承担借款人的信用风险。而且因为不存在期限转换,P2P 互联网借贷中也没有流动性风险。P2P 平台本身既不承担信用风险,也不承担流动性风险,其盈利不是来自对风险承担的补偿,而是来自向投资人和借款人提供的服务(包括促成借贷交易、风险定价、贷款清收和票据服务等),本质上是一种中介业务。而银行存贷款则代表了另一种资金融通方式——间接融资,具有期限转换、监督等功能,同时银行承担了信用风险和流动性风险。

具体而言,P2P 借贷具有以下特点:

第一,借贷双方的广泛性。P2P 借贷的借贷双方呈现的是散点网格状的多对多形式,且针对非特定主体,使其参与者极其分散和广泛。参与者的广泛性主要源于其准入门槛较低,参与方式灵活。借贷者只要有良好信用,即使缺乏担保抵押,也能够获得贷款;投资者即使拥有的资金量较小,对期限有严格要求,同样能够找到匹配的借款人。并且每一笔贷款中可以有多个投资者;每个投资者可以投资多笔贷款。这使得具体业务形式上更加分散,参与群体上也更加广泛。

第二,交易方式的灵活性和高效性。其主要内容包括借贷金额、利息、期限、还款方式、担保抵押方式和业务发生效率。在该平台上,借款者和投资者的需求都是多样化的,需要相互磨合和匹配。在这种磨合中,形成了多样化的产品特征(尤其是市场化的利率)和交易方式。此外,P2P借贷业务往往淡化烦琐的层层审批模式。在信用合格的情况下,手续简单直接,高效率满足借款者的资金需求。

第三,风险性与收益率双高。P2P借贷平台上的借款者普遍不被传统金融机构所接纳,其往往缺乏有效担保和抵押,对贷款产品的需求特征个性化,甚至可能是传统金融机构筛选后的"次级客户",故愿意承受更高的利率获得贷款。此外,P2P借贷平台和投资者也面临高成本的线下尽职调查的缺失或者不够细致的问题,仅靠互联网信息的汇总分析对客户进行信息真实性和还款能力的审核,仍然是一个巨大挑战和风险来源。

第四,互联网技术的运用。在P2P借贷中,其参与者极其广泛,借贷关系密集复杂。这种多对多的信息整合与审核,极大依赖于互联网技术。事实上,P2P借贷形式的产生,也得益于信息技术尤其是信息整合技术和数据挖掘技术的发展和运用。

知识链接

孟加拉乡村银行(Grameen Bank)

孟加拉乡村银行(亦称格莱珉银行)是一个发行微型贷款的机构。此组织及其创始人穆罕默德·尤努斯一起获得了2006年的诺贝尔和平奖。

孟加拉乡村银行最早起源于孟加拉国。1974年,穆罕默德·尤努斯在孟加拉创立小额贷款机构,1983年,正式成立孟加拉乡村银行——格莱珉银行。孟加拉乡村银行的模式是一种利用社会压力和连带责任而建立起来的组织形式,是当今世界规模最大、效益最好、运作最成功的小额贷款金融机构,在国际上被大多数发展中国家模仿或借鉴。2006年10月,尤努斯因其成功创办孟加拉乡村银行,荣获诺贝尔和平奖。它作为一种成熟的扶贫金融模式,主要特点为:瞄准最贫困的农户,并以贫困家庭中的妇女作为主要目标客户;提供小额短期贷款,按周期还款,整贷零还,这是模式的关键;无须抵押和担保人,以五人小组联保代替担保,相互监督,形成内部约束机制;按照一定比例的贷款额收取小组基金和强制储蓄作为风险基金;执行小组会议和中心会议制度,检查项目落实和资金使用情况,办理放、还、存款手续,同时还交流致富信息,传播科技知识,提高贷款人的经营和发展能力。它向贫穷的农村妇女提供担保面额较小的贷款(即微型贷款)。此系统是基于一个观点,即贫穷的人都有未开发的技术。银行同时也接受存款和其他服务,也进行发展导向的经营,包括纺织品、电信和能源公司。1983年,该银行得到了政府的认可。

2014年12月17日,京东与格莱珉中国合作推广农村小额贷款业务。京东集团宣布与格莱珉中国达成战略合作意向,借助京东渠道和供应链资源,格莱珉在农村微金融服务领域经验,开拓中国农村金融市场。

如今格莱珉银行在孟加拉国全国有2200个分店,职员约1.8万人。贫农及女性等可以无担保进行贷款,每年可以进行50次分期返还,返还有相关友人等5人的连带责任,返还率达到了98%。作为救济贫困的模式之一得到了国际上的好评,在非洲等发展中国家,更有扩大发展的趋势。

第二节 P2P 发展现状

P2P 借贷行业自 2005 年在英国诞生以来，在全球范围内都表现出快速发展态势。国际证券事务监察委员会组织(IOSCO)根据各国 P2P 借贷平台自行披露的数据，估计 2016 年全球 P2P 借贷行业的市场规模在 2000 亿美元左右。

互联网的出现，为 P2P 借贷走出熟人圈子、扩大借贷范围以及消除各种民间借贷压力带来了可能。2005 年 3 月，Zopa 网站开始在英国伦敦运营，标志着基于互联网的 P2P 借贷模式的诞生，它是互联网上首家 P2P 借贷平台。借款人通过该网站发布自己的借款需求，平台根据借款人资料对其进行信用评级，出借人(投资人)看到公开展示的借款信息后，可以根据借款人的信用等级、借款金额和借款时限以贷款利率竞标，利率低者胜出。借贷平台在此提供了信息展现、交易撮合和信用评估服务，但是并不参与双方的交易。借贷双方信息透明，资金直接在二者之间流通，平台的收费也公开、透明，因此这种借贷模式是去中心化的，平台仅用作透明中介。

Zopa 主要针对个人之间的小额借贷，借款人可借入 1000～15000 英镑，投资人可贷出 500～25000 英镑，贷款期限最长可达 60 个月，一般为 36 个月。投资人借给某个特定借款人的资金最低为 10 英镑，最高不限。出于分散风险的考虑，一笔贷款将覆盖多个出借人。贷款本息按月偿还，借款人提前还款不会收取任何违约金或罚息。截至 2013 年，Zopa 拥有近 5 万个活跃出借人和 8 万个借款人，已经促成超过 4.79 亿英镑的贷款，其中 2012 年为 1.26 亿英镑，2013 年为 1.9 亿英镑，年度增长率超过 50%，累计支付利息 2800 万英镑。

一、美国

2006 年 2 月，美国首家 P2P 借贷网站 Prosper 开始运营，随后(2007 年 5 月)Lending Club 成立。这两家网站成为当今美国 P2P 借贷行业的领头羊，其规模分别排名第 2 位和第 1 位。早期的 P2P 借贷网站对于借款人资格几乎没有限制，导致逆向选择和高违约率。同时，由于借贷周期过长(一般至少为 3 年)，资金的流动性比较差。

2008 年，美国证券交易委员会(SEC)要求所有 P2P 借贷公司必须根据 1933 年证券法案，把它们的服务注册为证券。注册完成后，SEC 准许 Prosper 和 Lending Club 向投资者提供贷款收益权证。这两个公司与 FOLIO Investing 公司合作创建了权证交易的二级市场以便为投资者提供流动性。Prosper 要求该二级市场的交易者必须在其一级市场平台上注册，而 Lending Club 对此不做强制性要求。

2009 年，美国的非营利性网站 Zidisha 成为首家无本地中介的跨国 P2P 借贷平台，它允许人们直接向发展中国家的企业借出小额资金。由于 Zidisha 避开了小微贷款中介(发展中国家的小微企业向国外 P2P 平台申请贷款时一般由本地中介代理，这些中介帮助企业沟通投资人、填写申请、归集还款，并为此收取高昂的中介费)，真正做到了投资者与借款人的直接沟通，其贷款利率可比传统的小微贷款公司低一半。

2008 年金融危机之后，因为银行收缩了流动性，拒绝增加贷款额度，更多的美国人开始转向 P2P 借贷平台。经过几年的运营，美国 P2P 借贷平台表现良好，对机构投资者也开始具有吸引力。2012 年 6 月，Lending Club 成为美国最大的 P2P 借贷平台，其借贷额和收入均高于 Prosper。截至 2013 年底，Lending Club 累计放出的贷款总额超过 30 亿美元，其中 2013 年即超过 20 亿；Prosper 的用户数接近 200 万，累计发放贷款超过 6 亿美元，2013 年为 3.59 亿美元。

P2P 借贷成为美国增长最快的投资行业，每年的增长率超过 100%，其贷款利率介于 5.6%～35.8%，违约率介于 1.5%～10%。那些被传统金融机构排斥在外的人们纷纷加入 P2P 借贷平台，成为借款人或投资人，甚至成为 P2P 借贷公司的董事会成员，意味着这一新型的金融模型正逐步迈入主流投资渠道。

二、英国

如前所述，英国的 Zopa 是世界上第一个 P2P 网贷平台。2010 年，Rate Setter 成为英国第一个设立风险储备金的 P2P 平台，设立风险准备金主要是防范借款人违约、保护投资者。Funding Circle 则是第一个设立风险储备金的 P2B（个人对企业）借贷平台，主要向小型企业提供融资服务，它也是目前英国第二大的网上借贷平台，注册用户超过 7 万人，发放的总贷款超过 2.3 亿英镑。

Market Invoice 经常被认为是英国的第一个 P2B 借贷平台，但其业务主要针对商业票据。它的操作原理类似银行的保理业务：将收款公司的应收账款的债权转让给银行，由银行以一定折扣提前支付这笔账款给收款方，到期后这笔账款会直接支付给银行，银行从中赚取折扣和佣金。Market Invoice 把这一业务搬到网上，通过 P2P 方式帮助小公司向投资者打折出售其未到期的应收款票据。于 2013 年开始提供 P2P 借贷服务的 Assetz Capital，曾放出英国 P2P 历史上的最大单笔贷款——150 万英镑，用于诺丁汉的一个学生宿舍房产开发项目。

2011 年，P2P 借贷平台 Quakle（成立于 2010 年）倒闭，它尝试使用类似 eBay 上的用户评价机制来衡量借款人的信用可靠性，但该模型未能鼓励借款人还款，导致该平台的违约率几乎接近 100%。2012 年 5 月，英国政府承诺通过非传统借贷渠道——包括 P2P 借贷——向小企业投资 1 亿英镑，目的是绕过那些不情愿提供贷款的主流银行。

英国的 P2P 借贷行业由 P2P 金融协会自我监管，该协会设定行业标准。正常来讲，P2P 借贷平台的投资者无法获得英国金融服务补偿方案（FSCS）的保护，该方案为每个银行的每个储户提供最高 8.5 万英镑的担保。但是 P2P 金融协会强制要求协会成员采取措施确保借贷服务，即使平台已经破产。英国政府宣布从 2014 年 4 月开始，P2P 借贷行业会受到金融市场行为监管局的监管。

三、中国

自 2006 年开始，P2P 借贷平台在中国陆续出现并呈快速发展趋势，平台数量从 2009 年的 9 家增长到 2012 年的 110 家。截至 2013 年底，至少有 238 家活跃的 P2P 借贷平台，整体数量在 700～800 家，成交额超过 1000 亿人民币。2015 年年底，我国 P2P 借贷平台达到了 3 595 家。爆炸式增长的 P2P 市场鱼龙混杂，许多非法平台混水摸鱼，国家有关机构出台多项政策加强了管控。到了 2018 年，还在正常运作的 P2P 平台剩下了 523 家，见图 8-1。

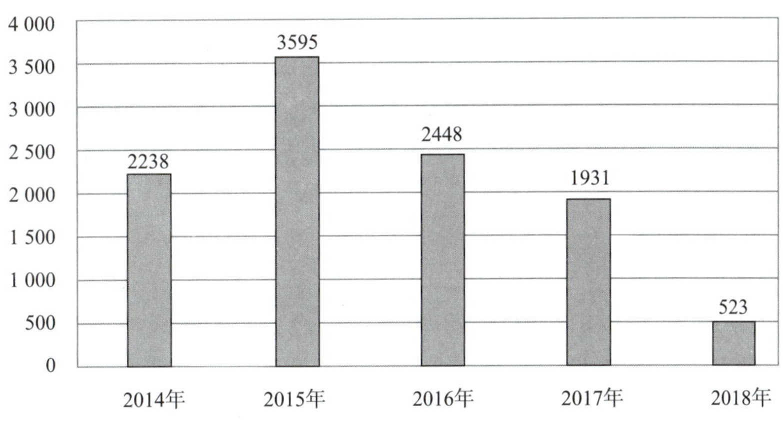

图 8-1　2014—2018 中国正常运营 P2P 平台数量

数据来源：Frost & Sullivan

(一)交易量

2013 年，20 家 P2P 借贷平台全年累计交易笔数为 50.66 万笔，交易额达 248.77 亿元。成交笔数在 10000 笔以上的平台有 12 家，成交额超过 10 亿元的平台有 7 家。温州贷以 84.3 亿的成交额比排在第二位的陆金所(40 亿)高出 1 倍有余，较其自身 2012 年的 21.8 亿元的成交额相比，增长了近 3 倍。

由于各平台借款标的构成差别较大，如温州贷 11.02 万笔借款标中，期限小于一个月的占到 97%以上，导致其成交笔数和成交额虚高，不能完全反应平台的运营情况。我们采用加权成交量这个指标，从另一个方面来反映平台的运营规模。虽然陆金所交易笔数排名第二，但 99%以上借款标的期限都超过 12 个月(36 个月的标甚至占到 70%)，所以其加权成交量位居第一，高达 931.4 亿元月。人人贷 3.28 万笔借款标中，期限在 12 个月以上的占到 94%的比例，其加权成交量也达到 422.8 亿元月。

(二)借款产品分类

依据谢平《互联网金融报告 2014》，中国 P2P 借贷平台因模式、地区及从业者背景等差异造成了产品名称的多样化。仅对该报告详细统计的 20 家平台的标类型就包括：给力标、普通标、友情标、本地标、推荐标、担保标、抵押标、净值标、秒标、信用标、个人质押标、企业质押标、本息保障借款标、机构担保标、推荐抵押标、债务重组标、推荐普通信用标、快借标、快借普通信用标等 20 多种。

为了便于统计分析，将所有借款标按其实际用途进行了如下分类：

基础借款标：主要是以信用为担保，通过相关资产证明，经一般流程的审核后获得一定的借款额度。这类借款产品额度一般金额较小，以工薪阶层经营消费性贷款为主。

高级借款标：相对于普通的借款标，此类标一般会办理抵押、担保手续、签署反担保协议，金额较大，以中小企业或者个体户生产性贷款为主。

非常规借款标：大部分并非用于实际生产或者消费性借贷。一般旨在活跃网站人气、站内资金周转、逾期重组、体验借贷流程等。

在2013年20家P2P平台248.77亿元的总成交额中，有28%是由净值标、秒还标等非常规借款标构成。部分P2P借贷平台的非常规借款标在成交额和成交量上，都占到较大的比重。温州贷、红岭创投、融信财富等平台的净值标都超过了自身成交额的50%，人人贷所有的借款标均为普通月标，陆金所全年成交额中有超过18%的债权转让标。

2013年，非常规借款标主要来自各平台的净值标，而秒标的比例相比上年大为下降。20家P2P借贷平台一共有净值标约24万笔，累计成交金额突破67亿元，约占20家平台总成交额的26.93%。

（三）不良贷款情况

1.逾期公布时间

大部分P2P借贷平台在借款标逾期30天之后会公布借款人的相关逾期信息，包括逾期金额、逾期时间、身份证号码、家庭地址、联系方式等。多平台借款人逾期现象在2012年比较严重，加上逾期借款人地域分散、负债情况复杂等因素，基本成为坏账，成功催收案例较少。

在经过2012年的逾期高潮后，各P2P平台加强了对风险控制的重视和应对措施。2013年逾期总金额超过1000万元的平台仅有365易贷一家，拍拍贷作为纯粹的P2P撮合平台以518人成为逾期人数最多的一家平台，但人均4300元的逾期金额相对其他P2P平台来说较小。

2.不良贷款率

目前P2P平台没有统一的逾期率计算方法，主要有两种不同的统计口径：①逾期率＝逾期金额/当年成功贷款量；②逾期率＝逾期金额/年末贷款余额。

（四）中国P2P稳健经营

2015年7月《关于促进互联网金融健康发展的指导意见》发布之后，中国的P2P市场有了“照妖镜”，使鱼龙混杂的P2P市场得以澄清，中国P2P市场开始走向稳健发展的方向。

2016年春节假期结束，随着资金宽松环境下市场利率持续下行，众多投资者发现银行理财产品收益也不断下滑，与此同时各大宝宝类等互联网金融产品七日化收益率也均出现了下滑。业内人士分析，2016年各类理财产品收益也将会有整体下降趋势。

然而不少网友发现，某些P2P理财公司收益稳健，比如深圳前海锐盈达有限公司旗下的“锐盈财富”平台平均年化收益还稳定在11%左右，虽然在网贷行业当中收益偏于保守稳健，但相比于以货币基金为实质的宝宝类理财产品，收益还是高出了近三倍。

守法经营是中国P2P市场稳健发展的根本。锐盈财富的收益之所以能从上线至今一直稳定在11%左右，最重要的原因就是锐盈财富自上线以来，便把合法合规作为平台经营的准绳。平台坚守不触碰四条监管红线：明确平台的中介性质，只做撮合投融资的信息中介，不做信用中介；平台自身不提供担保，而是引入优质的合作机构提供本息保障服务；资金由第三方机构托管，杜绝资金池；借款项目真实可靠，投资与借款关系一一对应。

勇担社会责任是中国P2P市场稳健发展的竞争力。面对日趋激烈的竞争，生存乃第一要义，太多的企业都只专注于自身发展，执着于自己创造了多大的经济价值，而忽视了自己理应承担的社会责任。当然，也有一些 P2P 平台，不乏仁义之风，肩负社会责任。比如，深圳前海锐盈达有限公司旗下的“锐盈财富”平台就是一个热心公益，敢为人先的例子。锐盈财富利用周年庆，将营销费用用于公益慈善，演绎大爱无疆。锐盈财富平台运营人坦言，平台的利润很薄，与竞争对手大肆打广告、做活动来扩大自身名气相比，显得低调很多，主要还是靠客户的口碑传播。其实，锐盈财富也可以不做慈善，拿这笔钱为自己多做宣传，但是它没有，公司要走长久发展之路，以稳为重，做广告或许可以短时间内为网站赢得更高关注度，但这些是锐盈财富志在必得的，只是时间早晚的问题，远没有做慈善，帮助贫困群体解燃眉之急来得更有意义。

理财投资是一种短期投资，是对物质的追求，取得金钱回报；社会公益，则是利国利民、更有价值和意义的一种长期投资，其回报是精神需求。从长远来看，公益为他和理财为己的本质其实是相同的，都是一种投资行为，但带来的却是物质和精神上的双重满足。所以，公益和 P2P 联姻，是共享双赢的合作，是利己利他的利好行为，不论是对投资人，还是热衷公益的人士，都将在爱心传递中实现个人和社会价值的最大化。

P2P 企业通过充分利用互联网金融平台优势，发挥互联网高效协作分享的特征，用互联网思维和精神运营公益活动，加速爱心传播，将公益项目线上线下结合，让公益走得更深、更远、更持续长久。互联网金融致力于普惠金融，通过 P2P 网贷平台和慈善公益组织的创新合作，可以让“大爱无疆，上善若水”的理念深入人心，让更多的人参与公益事业，共同弘扬人间大爱，传递社会正能量。

四、其他国家

德国互联网金融主要包括网络借贷（P2P）、众筹融资、第三方支付、网络保险公司及网络银行等，目前发展程度不一。20 世纪 80 年代，网络保险公司和网络银行就已在德国出现，而 P2P 则直至 2007 年才开始运营。

德国的 P2P 借贷市场主要由 Smava 与 Auxmoney 两个公司主导，它们均从 2007 年开始运营，主要是借助互联网平台，为个人和个人间借贷提供小额贷款中介服务。二者累计促成的贷款在 1 亿～2 亿欧元之间。

Society One 是澳大利亚第一个完全合规的 P2P 借贷平台。它成立于 2012 年 8 月，据 Society One 2013 年 8 月公布的数据，该平台共放出将近 150 笔贷款，累计贷款额为 200 万美元。Society One 以其创新性的应用手机技术加速贷款申请和转账而受到赞扬。

2010 年，印度首家 P2P 借贷平台 i-Lend.in 在海得拉巴成立。截至 2013 年底，i-Lend.in 的注册用户有 1200～1300 人，累计贷款需求约 4000 万卢比，但累计投资额仅为 800 万～900 万卢比，平均贷款利率接近 17.5%，投资者平均收益率在 16.6%左右。

五、校园贷

校园贷是指在校大学生向正规金融机构或者其他借贷平台借钱的行为。中国人民大学信用管理研究中心 2015 年发布的《全国大学生信用认知调研报告》显示，在弥补资金短缺时，有 8.77%的大学生会使用贷款获取资金，其中网络贷款几乎占一半。只要你是在校学生，网上提交资料、通过审核、支付一定手续费，就能轻松申请信用贷款。大学生金融服务成了近年来 P2P 金融发展最迅猛的产品类别之一。

校园贷严格来说可以分为四类：

(1)消费金融公司。如趣分期、任分期等，部分还提供较低额度的现金提现。

(2)P2P 贷款平台(网贷平台)。用于大学生助学和创业，如名校贷等。因国家监管要求，包括名校贷在内的大多数正规网贷平台均已暂停校园贷业务。

(3)线下私贷。民间放贷机构和放贷人这类主体放贷给学生，俗称高利贷。高利贷通常会进行虚假宣传、线下签约、做非法中介、收取超高费率，同时存在暴力催收等问题，受害者通常会遭受巨大财产损失甚至威胁自身安全。

(4)银行机构。银行面向大学生提供的校园产品，如招商银行的“大学生闪电贷”、中国建设银行的“金蜜蜂校园快贷”、青岛银行的“学 e 贷”等。

2016 年 4 月，教育部与银监会联合发布了《关于加强校园不良网络借贷风险防范和教育引导工作的通知》，明确要求各高校建立校园不良网络借贷日常监测机制和实时预警机制，同时，建立校园不良网络借贷应对处置机制。

知识链接

Zidisha

Zidisha 是享受美国 501c3 免税条款的非营利性组织，人们可以通过该组织向发展中国家的企业家发放小额贷款。它是第一个由借款人和贷款人直接对接的、跨国界的、没有当地信贷机构中介的点对点小额贷款服务。该组织以斯瓦希里语 zidisha 命名，意味着“成长”或“扩大”。

Zidisha 的创始人 Julia Kurnia 回忆道：“那是 2008 年的感恩节，24 岁的我被派到非洲尼日尔的第二年。给父母打过电话后，我去买了碗粟米粥做晚餐。吃的时候，一群小孩围着着，我还以为他们只是好奇我这个外国人。可当我吃完，放下碗准备离开时，他们中最大的那个冲了过来，扑在了碗上，将残留的那点粥添了个干净。其他小孩只能望着，饥饿地望着……”就是这个情景催促着她创立了 Zidisha。

创立的初衷是为非洲小企业主提供低利息贷款的 P2P 融资平台。借方可以在 Zidisha 上发起融资，第一次只能融 50 美元，融资上限随着融资次数上升。同时借方需要给出可以承受的贷款利息，其中 5%作为国际转账费。贷方可以选择低于贷款利率的任何利率借任何金额给他。融资页面可以查看借方的个人介绍、企业介绍，以及这次借贷的目的(比如要多买一头奶牛)，还可以查看借方之前的借贷和偿还的记录，并可以在这里直接和借方交流。

Kurnia 创立 Zidisha 最直接的原因是，非洲当地银行给小企业主的贷款利率高达 35%～70%，这是当地小企业根本无法承受的。Zidisha 可以排除掉银行这个资金中间人，把贷方的钱直接送到需要的人手里，从而减少利息。

事实上，从 2015 年 2 月开始，Zidisha 的借款人就不再支付利息，他们只要在 Zidisha 的储蓄基金一次性注入存款，为此后的每笔贷款支付 5%的服务费。储蓄基金用于弥补银行的贷款是否按时偿还，服务费用于 Zidisha 支付汇款费用。

Zidisha 对其平台上注册的借方采取会员制。借方需要先在网上填写基本信息，并提供当地有名望的人的担保(学校校长、教父等)。然后 Zidisha 会调查借方是否有偿还能力,是否有其他负债等信息。除此之外,每个借方在发起融资时,名称旁还会显示其按时还账占总还账的比例。目前通过 Zidisha 平台发放的贷款没有一次坏账。

第三节 P2P 的运营模式——以 Lending Club 为例

Lending Club 2007 年开始运营,办公室在旧金山,没有分支机构,所有业务都通过互联网和电话进行。截至 2013 年 10 月底,Lending Club 已经累计促成 27.7 亿美元借贷交易,产生了 2.5 亿美元的利息收入,是全球最大 P2P 互联网借贷平台,而且增长非常迅速。

一、Lending Club 运营框架

Lending Club 为符合美国法律和监管(特别是证券监管),形成了非常有特点的运营框架,核心参与者有四类:Lending Club、投资人、借款人和 Web Bank。其中,Web Bank 是一家在犹他州注册、受存款保险公司 FDIC 保护的商业银行。

尽管 P2P 的本意是个人对个人(peer to peer),但在 Lending Club 的运营框架中,从法律上讲,投资人和借款人之间不存在直接的债权债务关系(实际上,他们注册时使用账号名称,保持匿名,彼此不认识,也不允许获取对方的真实姓名和地址)。投资人购买的是 Lending Club 按美国证券法发行的票据。给借款人的贷款,先由 Web Bank 提供,再转让给 Lending Club。每一个系列的票据,均对应着一笔贷款,两者之间存在类似镜像的关系。如果不考虑 Lending Club 向投资人收取的服务费,借款人每个月对贷款偿付多少本息,Lending Club 就向持有对应票据的投资人支付多少。如果借款人对贷款违约,对应票据的持有人也不会收到 Lending Club 的支付(即 Lending Club 不为投资人提供担保),但这不构成 Lending Club 自身的违约,所以 Lending Club 不承担与借贷交易有关的信用风险。对 Web Bank 而言,因为向借款人放贷以及向 Lending Club 转让贷款几乎同时发生,也不承担与借贷交易有关的信用风险,在一定程度上类似托管银行的角色。贷款的信用风险,实际上完全由投资人承担。

因此,Lending Club 运营框架的核心是有镜像关系的贷款和票据。每对贷款和票据均有相同的本金、利息、期限、现金流特征,这类票据被称为收益权凭证(payment dependent notes),类似证券化中的转手证券(pass through securities)。通过贷款和票据的安排,尽管 Lending Club、Web Bank 和借贷双方之间存在复杂的契约关系,但从信用风险的角度看,投资人和借款人之间如同有直接的债权债务关系,而 Lending Club、Web Bank 则如同不介入借贷交易。所以,Lending Club 的运营中,涉及贷款的发放和转让以及票据的发行和交易,跨越了银行和证券两个领域。

Lending Club 从向投资人出售票据和安排 Web Bank 发放贷款的过程中,收取服务费用来盈利。投资人收到的每一笔支付,Lending Club 都会收取 1%的服务费。借款人要向 Lending Club 一次性缴纳贷款手续费(origination fee)。

二、借款方操作

拟借款的人经注册后在 Lending Club 网站上提交贷款申请。Lending Club 对借款人资质有一些限制，包括：

1.美国国籍或永久居民。

2.年龄在 18 周岁以上，有邮箱、美国的社会保障号以及在美国金融机构的账号。

3.信用资质方面，FICO（Fair Isaac Company 的个人信用评分系统）信用评分在 660 分以上，债务收入比小于 35%（其中按揭贷款不计入债务，下同），信用历史长度大于 3 年，过去 6 个月在 Lending Club 上贷款小于 6 次。

拟借款的人在申请贷款时要按 Lending Club 的要求提供能反映本人信用状况的信息，Lending Club 对贷款申请进行筛查，但不一定核实借款人提供信息的真实性。Lending Club 对贷款申请的筛查很严，截至 2012 年底，只有 11%的申请者获得了贷款，由此使得 Lending Club 中的借款人整体上属于美国的中上阶层。比如，截至 2013 年 10 月底，借款人的 FICO 信用评分平均是 703 分，债务收入比平均是 16.2%，信用历史长度平均是 15 年，年均收入 7.1 万美元（在美国人口中居于前 10%）。借款人要说明贷款的三个核心条款：金额、期限、用途。Lending Club 允许的贷款金额在 1000～35000 美元之间。贷款期限由借款人指定，有 3 年期和 5 年期两种。对金额在 1000～15975 美元的贷款，如借款人没有特别请求，Lending Club 默认的贷款期限是 3 年。贷款用途也由借款人说明，Lending Club 不会确认或监督贷款的真实用途。截至 2013 年 10 月底，Lending Club 平均贷款金额是 1.35 万美元，贷款用途以再融资和还信用卡为主，基本属于消费信贷范畴。

Lending Club 的风险定价是其核心技术之一，由信用评级和贷款利率定价两部分组成。

信用评级从高到低分成 A 到 G 共 7 个等级，每个等级从高到低又细分成 1 到 5 共 5 档（实际上共 35 个信用评级），分两步得到。第一步，Lending Club 根据借款人的 FICO 信用评分以及其他信用特征，得到一个模型次序（model rank），每个模型次序均对应着一个基准信用评级；第二步，根据贷款金额和期限，对基准信用评级进行调整，得到最终的信用评级。贷款金额越大或期限越长，从基准信用评级上下调的档次越多。

Lending Club 的贷款利率是市场化的，采用固定利率形式。总的来说，贷款利率与信用评级挂钩，等于基准利率与风险、波动率调整之和。其中，风险、波动率调整的目标是覆盖贷款的预期损失。评级越低，贷款利率越高。

借款人向 Lending Club 缴纳的贷款手续费在贷款金额的 1.1%～5.0%，直接从贷款本金中扣除。费率与信用评级、贷款期限有关，信用评级越低或贷款期限越长，费率越高。

Lending Club 具有从借款人手中按月取得还款的独家权力，通常以电子转账的方式，而且可以尝试追索任何已经逾期的贷款，也有权力决定是否或者何时将贷款转给第三方收款机构。

三、投资方操作

Lending Club 对投资人有一些适当性要求，比如要求投资人的收入和财富（用净值来衡量)达到一定门槛,在 Lending Club 上的投资不得超过财富的 10%,但无须经过信用审核。此外,Lending Club 还成立了一个投资顾问公司 LC Advisors。LC Advisors 类似基金管理人,募集外部资金投资于 Lending Club 发行的票据。

投资人可以在 Lending Club 网上手动挑选愿意购买的票据(因为票据比较多,Lending Club 提供了检索、筛选工具),也可以使用 Lending Club 提供的组合构建工具,对单个票据的最小投资额是 25 美元。比如,投资人指定有关风险收益参数后,Lending Club 会推荐一个票据组合。

对投资者而言,风险分散效果非常明显。比如,Lending Club 统计表明,如果投资人购买 100 种票据,遭受亏损的概率是 1%;购买 400 种票据,遭受亏损的概率是 0.20%;购买 800 种票据,基本不可能出现亏损。

需要说明的是,在投资者认购票据时,实际上相关票据并没有发行,对应的贷款也没有发放。当认购足额时,票据才会向投资者发行,Lending Club 才能收到认购款(历史统计表明,99%的票据被全额认购)。同时,Web Bank 会发放对应的贷款,然后将贷款转让给 Lending Club。Lending Club 向投资者发行的票据,不在任何证券交易所挂牌交易。但 Lending Club 建立了票据交易平台 FOLIO fn,用于投资人之间的票据转让,相当于为票据设立了一个二级市场,为投资人提供流动性。

美国 SEC 是 Lending Club 的主要监管者,原因是 SEC 将 Lending Club 向投资人发行的票据视为证券发行。SEC 监管的重点是 Lending Club 是否按要求披露信息,而不是检查或监控 Lending Club 的运作情况,也不是审核票据的特征。

Lending Club 采用了暂搁注册方式(shelf registration),通过发行说明书(Prospectus)向 SEC 登记注册发行证券的意向。发行说明书要详细披露 Lending Club 的运营机制和公司治理结构、票据的基本条款,并向投资人无保留地提示所有可能出现的风险。在具体发行时,Lending Club 要向 SEC 说明相关票据的信息(sales reports),包括对应贷款的条款以及借款人的贷款目的、工作状态和收入等匿名信息等。此外,SEC 还要求 Lending Club 每季、每年披露财务报告,即 10-K 和 8-K 表。Lending Club 披露的这些信息,都可以在 SEC 的 EDGAR 系统和 Lending Club 网站上查到。

四、P2P 风险与监管

(一)主要风险

1.法律风险

传统的 P2P 借贷模式是由借贷双方直接签订债权债务合同,P2P 平台只提供第三方服务且不承诺本金保障。P2P 平台承担的是信息公布、信用认定、法律手续和投资咨询的职能(有时候还包括资金托管结算中介、逾期贷款追偿等服务),收取服务费,不参与到借贷的实际交易中。

在中国,部分 P2P 平台存在非法集资的嫌疑。非法集资是集资诈骗和非法吸收公众存款的并称。集资诈骗是金融犯罪行为,带有主观意图的诈骗性质,暂不讨论。目前 P2P 平台主要面临的问题是,是否先吸收资金再用于放贷,其主要涉及的是非法吸收公众存款的问题。若是投资人与借款人实际上并没有直接接触,P2P 平台跨越中介的定位,先以平台名义从投资人处获得资金(即使只是存放在中间账户),再直接决定投资行为和进行资金支配,甚至挪作他用和非法占有,则有非法集资的嫌疑。

此外,为了满足投资者的资金安全性要求,中国很多P2P平台都加入了变相“担保性”条款或者采取了一些含糊其辞的本金保障宣传。若是双方直接签订借贷合同,但P2P平台承诺以自有资金为投资人提供本金(及利息)保障(以平台先行垫付或者购买坏账合同等形式),可认为是小贷担保模式。

小贷担保的模式涉嫌超范围经营特殊业务。法律上对一般超范围经营(不需要经营专项许可)保持容忍度,但是融资性担保行为属于需要许可的特殊目的经营活动,还需接受地方政府指定的相关部门的业务监管,而不仅仅是登记注册管理。虽然这样的平台一般自称为P2P借贷,按照一般商业企业注册,但业务范围中并不包含担保业务,杠杆比率超过担保公司法定要求(净资本10倍),也不接受金融监管,故其担保的经营行为涉嫌触碰法律边界。引入担保的商业逻辑是可以理解的,但涉嫌超范围经营也是事实。

2.信贷技术风险

信贷技术风险是源头风险。P2P网贷业务主要是针对小微客户的小额贷款服务,较大比例贷款业务是无抵押无担保和纯信用性的。小贷业务可以获得更高的收益,但是在不同贷款产品中,其相对风险是较高的;必须依靠合适的信贷技术,诸如交叉校检和社会化指标体系,来弥补财务数据和担保抵押的缺失。

事实上,即使是国外运营较为成熟的几个P2P网贷平台,其逾期率和坏账率仍达到3%以上,甚至更高。中国社会信用环境和客户金融行为习惯更加不成熟,单纯依靠互联网来实现信息对称性和信用认定模式的难度和风险较大。

尽管在实践中,P2P网贷平台建议客户普遍采用小额分散投资针对多个客户的风险控制方法,但在客户源头评估上仍然出现了上述两大难题:一是能否拥有合适的信贷技术,二是能否承受高成本的线下尽职调查。

根据与P2P网贷平台从业者的交流,坏账的比率极难达到1%以下,有的平台坏账率甚至达到5%以上;而公布数据的几个P2P网贷平台的坏账率都在2%左右。至于线下销售和尽职调查的费用(包括对应的人力成本),据业内人士估计,达到整体费用一半以上。

3.平台欺诈风险

部分P2P平台为了提高交易量,出现了所谓的秒标和净值标,这存在一定的欺诈风险。

秒标,通常是指满标后自动还款的借款需求,因期限短、回报率高吸引了大量投资者。其原本是P2P平台宣传营销的一种手段,但是大规模的秒标却使产品变异了。首先,秒标能虚增交易量和虚降坏账风险,造成平台虚假繁荣,误导了投资人。其次,秒标发标人(即P2P平台)在短期内吸收大量资金,在不冻结发标人资金的情况下,存在金融诈骗风险。此外,部分P2P平台允许投资者利用信用卡透支进行秒标套利,也增大了风险。秒标的资金不产生实际使用价值,应仅限于客户对操作流程的体验,应严格限制,绝不能进行大规模的推广。

净值标是指P2P平台的投资者以其债权为抵押标的,在平台上发布的借款需求(用于出借);而这一过程可以不停循环。投资者利用净值标手段进行频繁的借入借出,成为

P2P 市场的做市商和实际担保人。在循环借贷中，每次的抵押标的实际上都是“多次折扣”后的原始债权，每次交易都会增加杠杆率。另外，其过程涉及较多的投资人和借款者，有较长的信用链条。某一环节的资金流断裂可能引起整个信用链条崩溃。这种杠杆风险和信用链条风险值得警惕。

此外，中间账户也可能导致欺诈风险的产生。中间资金账户的开设是为了交易核实与过账。P2P 平台在银行和第三方支付平台开设中间资金账户，实现交易中的转账结算。转账结算业务理论上可以由第三方机构来做，但是由于其“钱少活多责任大”，第三方机构不承诺进行操作及监管，只是允许 P2P 平台及个人开户。

目前中间资金账户普遍处于监管真空状态，资金的支配权仍然在 P2P 平台手里。若是对时间差和合同条款没有严格控制，“卷款跑路，挪作他用”等中间账户资金沉淀引起的道德风险是存在的。近期的 P2P 平台跑路事实也证明了这一点。

此外，因为中间账户及其关联账户缺乏监管，也使 P2P 平台非法集资的可能性增大。机构可以先从投资人处获取资金再用于出借。因资金沉淀账户未受监管，也不能及时发现制止。资金池的形成使机构运作资金的“便利性”增强，固然更有利于 P2P 平台的交易完成，但是却使投资人对资金用途、资金转移没有确定把握，从而增大了公众投资人风险，P2P 平台本身也陷入了非法集资的怪圈。

(二)监管措施

1.行业自律

新兴行业的成熟和健康发展，极大依赖于行业的透明性、自律性和声誉。P2P 网贷行业的自律透明要求主要包括以下五个方面。

(1)必要财务数据的透明。行业部分从业者强调其自身平台安全性的同时，对核心数据尤其是流动性指标和坏账率指标讳莫如深。在不涉及商业机密，但与投资者资金安全相关的数据上，P2P 网贷平台及专业放贷人应该及时做出说明。

(2)运营关联性的合理切割。合理切割包括小贷担保模式中的网贷平台业务和担保关联业务的切割，以及与关联担保公司的切割；债权转让模式中的资产评级业务必须与专业放贷人及其关联机构进行风险隔离，保持充分的独立和透明，而非内部循环。这样的切割是为了建立防火墙机制，未必是股权上的彻底切断。

(3)投资者风险说明工作。小额贷款在信息不充分对称的情况下，原本就是高风险业务。行业部分从业者为了吸引更多的投资者，片面地夸大了其安全性是不合适的。P2P 网贷平台应该做好投资者风险说明工作，并努力挑选和培养具备风险识别和风险承担能力的合格投资者。

(4)独立意见机构的监督管理。

P2P 机构应该加强与独立意见机构的合作，包括：

①第三方支付机构。资金交易结算都通过第三方机构实现，不能使用平台自身账户进行托管结算，切断资金线和业务线的联系，平台也不能享有在三方账户中资金的支配权。

②独立审计机构。定期审计，尤其是对合规性、坏账率和流动性进行审计，保持信息公开透明。

③独立律师事务所。定期审计公司收入的状况，检查债权债务关系，抽查留底文件尤其是流转文件，核实相关数目、事项。

④独立资产评级机构。用其来避免“自评自卖”行为。

(5)行业自律组织与行业标准。

首先是业内建立信息共享平台，尤其是征信信息共享和黑名单公示机制，最好和行业平台达成共享的常态备案机制；其次，应当考虑对授信共享机制形成共识和初步行业标准；最后，成立必要的自律性组织，承担道义监督和警示责任。目前小额信贷联盟、互联网金融相关组织已经开始着手此类工作，要实现严格的行业标准和行业自律，还需长时间的多方努力。

2.政府监管

对于涉及公众利益的金融行为，仅有行业自律是不够的，必须有严格的他律。政府部门也应该研究讨论，确定 P2P 网贷平台机构性质，确定监管主体、监管内容和监管形式。从监管内容上看，以下方面应该严格审慎。

(1)资金流动性监管。通过监管资金流的来源、托管、结算、归属，详细分析信贷活动实际参与各方的作用，从而严格避免 P2P 网贷平台介入非法集资或者商业诈骗活动的可能性。对于中间的资金清算结算账户，尤其是专业放贷人与债权转让模式中的专业放贷人账户进行严格流动性监管。这样的措施可以降低非法集资、欺诈和洗钱等风险，也利于相关部门进行社会融资的监测和统计。由权威的第三方支付平台对资金进行托管、结算和监督程序极有必要，可以效仿证券行业的资金托管和清算办法。中国人民银行相关人士曾在文章中提出：对于用户因转账而产生的在途资金则存入委托监管的银行的无息监控账户中，由银行对互联网借贷平台的转账账户“专户专款专用”的情况进行监控，按时出具托管报告，向监管部门提交。政策层面上可考虑指定公共平台或者接受严格监管的平台来负责中间的流动性监管工作。此外，也可以尝试成立专业的认证机构对 P2P 网贷平台的资金安全进行认证。

(2)行业准入门槛。目前中国 P2P 网贷平台行业的鱼龙混杂现象主要是因为其准入门槛较低，注册资本不受限，业务开展不需要审批，从事类金融业务但是不按照金融机构的要求接受监管。据媒体报道，有业内人士曾表示对 P2P 网贷行业要有严格要求，包括资本金不能用于放贷，注册资本应全面覆盖坏账风险。表面上看这是矛盾的，但在这种审慎的原则下设置行业门槛是有益的。其逻辑在于：注册资本并不用于赔付，而是用于风险控制。平台风险较大的机构需要投入更大的成本来进行风险控制，这个成本需要与风险挂钩。同时，资本金要求也是让股东对平台风险进行背书。

(3)机构风险评级机制和控制措施。仅仅有资本金的要求远远不够。政府部门应该考虑对 P2P 网贷平台进行机构风险评级，对社会和投资者公布，发布风险警示。同时通过财税政策、资本金注册和补充要求、风险警示窗口指导和投资者保护政策引导进行风险控制。比如，要求其按照风险比率补充资本金用于风险控制。

(4)法律法规监管。

①刑法

《刑法》第 176 条(非法吸收公众存款罪)规定：非法吸收公众存款或者变相吸收公众

存款，扰乱金融秩序的，处三年以下有期徒刑或者拘役，并处或者单处二万元以上二十万元以下罚金；数额巨大或者有其他严重情节的，处三年以上十年以下有期徒刑，并处五万元以上五十万元以下罚金。单位犯前款罪的，对单位判处罚金，并对其直接负责的主管人员和其他直接责任人员，依照前款的规定处罚。

《刑法》第 192 条（集资诈骗罪）规定：以非法占有为目的，使用诈骗方法非法集资，数额较大的，处五年以下有期徒刑或者拘役，并处二万元以上二十万元以下罚金；数额巨大或者有其他严重情节的，处五年以上十年以下有期徒刑，并处五万元以上五十万元以下罚金；数额特别巨大或者有其他特别严重情节的，处十年以上有期徒刑或者无期徒刑，并处五万元以上五十万元以下罚金或者没收财产。

②监管法规

2010 年 6 月 4 日，中国人民银行发布《非金融机构支付服务管理办法》（〔2010〕第 2 号），该办法第 1 条规定该办法的制定目的是为促进支付服务市场健康发展，规范非金融机构支付服务行为，防范支付风险，保护当事人的合法权益。

2011 年 8 月 23 日，银监会发布《关于人人贷有关风险提示的通知》（银监办发〔2011〕254 号），该通知指出在当前银行信贷偏紧情况下，人人贷（P2P）信贷服务中介公司呈现快速发展态势，这类中介公司收集借款人、出借人信息，评估借款人的抵押物，如房产、汽车、设备等，然后进行配对，并收取服务费。有关媒体对这类中介公司的运作及影响做了大量报道，引起多方关注。对此，银监会组织开展了专门调研，发现大量潜在风险并予以提示。由此可见，该通知只是对人人贷的一个风险提示文件。

在 2013 年 11 月 25 日举行的九部委处置非法集资部际联席会议上，央行对 P2P 网络借贷行业非法集资行为进行了清晰的界定，主要包括三类情况：资金池模式；不合格借款人导致的非法集资风险以及庞氏骗局。2014 年 3 月 31 日，最高人民法院、最高人民检察院和公安部联合发布《关于办理非法集资刑事案件适用法律若干问题的意见》。

根据《中国人民银行法》等有关法律规定，中国人民银行制定了《个人信用信息基础数据库管理暂行办法》，经 2005 年 6 月 16 日第 11 次行长办公会议通过，自 2005 年 10 月 1 日起实施。该办法包括了总则、报送和整理、查询、异议处理、安全管理、罚则和附则，一共 7 章 45 条。详细阐述了如何向个人信用数据库查询个人信用报告，如果认为本人信用报告中的信用信息存在错误，如何处理等问题的解答。

《私募投资基金监督管理暂行办法》已经 2014 年 6 月 30 日中国证券监督管理委员会第 51 次主席办公会议审议通过，并于 2014 年 8 月 21 日（公布之日）起施行。该办法明确了私募基金的募捐规则，实施登记备案制，要求销售机构不得向投资者承诺本金不受损失或者承诺最低收益等内容。

2015 年 12 月 28 日，中国银监会发出了《网络借贷信息中介机构业务活动管理暂行办法（征求意见稿）》公开征求意见的通知。该办法确定网贷行业监管四大原则、网贷机构不能从事的 12 项禁止性行为，对打着网贷旗号从事非法集资等违法违规行为，要坚决实施市场退出，以 18 个月为过渡期。

针对非法校园贷现象，教育部联合银监会于 2016 年 4 月 15 日发布了《关于加强校园不良网络借贷风险防范和教育引导工作的通知》。

2016 年 8 月，银监会等四部委发布《网络借贷信息中介机构业务活动管理暂行办法》。2016 年 11 月，银监会办公厅等三部门发布《网络借贷信息中介机构备案登记管理指引》。2017 年 2 月至 12 月，银监会陆续发布了《网络借贷资金存管业务指引》《网络借贷信息中介机构业务活动信息披露指引》《关于做好 P2P 网络借贷风险专项整治整改验收工作的通知》等文件。意味着我国初步形成了网贷监管“1＋3”制度体系。

2019 年 1 月，互联网金融风险专项整治工作领导小组办公室、P2P 网贷风险专项整治工作领导小组办公室联合发布了《关于做好网贷机构分类处置和风险防范工作的意见》。2019 年 12 月，中国人民银行在官网发布了关于《中国人民银行关于规范代收业务的通知(征求意见稿)》公开征求意见的通知，规定代收机构不得通过代收业务为 P2P 网络借贷等机构办理支付业务，P2P 网贷代扣服务被叫停。

知识链接

P2P 互联网借贷机构 12 禁——银监会《网络借贷信息中介机构业务活动管理暂行办法(征求意见稿)》2015 年 12 月 28 日摘要

第十条［禁止行为］网络借贷信息中介机构不得从事或者接受委托从事下列活动：

(一) 利用本机构互联网平台为自身或具有关联关系的借款人融资；

(二)直接或间接接受、归集出借人的资金；

(三)向出借人提供担保或者承诺保本保息；

(四)向非实名制注册用户宣传或推介融资项目；

(五)发放贷款，法律法规另有规定的除外；

(六)将融资项目的期限进行拆分；

(七)发售银行理财、券商资管、基金、保险或信托产品；

(八)除法律法规和网络借贷有关监管规定允许外，与其他机构投资、代理销售、推介、经纪等业务进行任何形式的混合、捆绑、代理；

(九)故意虚构、夸大融资项目的真实性、收益前景，隐瞒融资项目的瑕疵及风险，以歧义性语言或其他欺骗性手段等进行虚假片面宣传或促销等，捏造、散布虚假信息或不完整信息损害他人商业信誉，误导出借人或借款人；

(十)向借款用途为投资股票市场的融资提供信息中介服务；

(十一)从事股权众筹、实物众筹等业务；

(十二)法律法规、网络借贷有关监管规定禁止的其他活动。

本章小结

本章介绍了 P2P 互联网借贷的概念、特点、类型和运作模式，并对其产生和发展的国内外现状做了详细的阐述，意在使学生们了解其特性，掌握其运作模式，包括从运营商、借款人和投资人三者的视角来了解和掌握其运作规律。本章还根据我国 P2P 的监管现状，分析了主要风险，描述了现有的监管措施。

思考与练习

一、单项选择题

1.互联网金融融资模式具有(   )等特点。

A.普惠性 B.便捷性 C.针对性 D.以上都是

2.P2P 互联网借贷(   )的互联网借贷方式,一般需要借助电子商务专业互联网平台帮助借贷双方确立借贷关系并完成相关交易手续。

A.个人对个人 B.个人对企业

C.企业对企业 D.企业对个人

3.P2P 借贷平台主要为 P2P 借贷的双方提供(   )。

A.信息 B.信息价值认定

C.其他促成交易完成的服务 D.以上全是

4.(   )是最初的 P2P 互联网借贷的雏形。

A.美国 Prosper B.格莱珉银行

C.英国 Zopa D.Lending Club

二、简述题

1.简述 P2P 兴起的主要原因。

2.简述 Lending Club 对借款人的主要限制。

3.简述 Lending Club 对借款人的信用评级内容。

三、分析题

1.分析中国 P2P 互联网借贷的主要风险。

2.分析中国 P2P 互联网借贷的行业自律透明性要求。

四、思考题

1.我国对 P2P 互联网借贷的监管,可以从几个方面入手?

2.目前,我国有关互联网金融监管机构对 P2P 采取了哪些监管措施?

五、实训题

考查当地的一家 P2P 平台企业,从平台架构、借款人和投资者三个视角描述其运作模式,并尝试在该平台操作个人小额借贷业务(模拟)。

第九章　互联网众筹融资

知识要求

通过对本章内容的学习，要求学生了解互联网众筹融资的产生、发展、现状和未来发展趋势，掌握互联网众筹融资的基本运作原理，充分认识众筹融资的风险所在。

技能要求

通过本章的学习，要求学生能够应用互联网众筹融资的基础知识，能够以投资者或消费者的身份在线操作众筹平台，并具备众筹融资项目创业创新的思维方式。

股权众筹融资主要是指通过互联网形式进行公开小额股权融资的活动。股权众筹融资必须通过股权众筹融资中介机构平台（互联网网站或其他类似的电子媒介）进行，民间简称"众筹"。众筹，翻译自国外"crowd funding"一词，即大众筹资或群众筹资，香港译作"群众集资"，台湾译作"群众募资"，是指用"团购＋预购"的形式，向网友募集项目资金的模式。众筹利用互联网和SNS传播的特性，让小企业、艺术家或个人对公众展示他们的创意，争取大家的关注和支持，进而获得所需要的资金援助。现代众筹指通过互联网方式发布筹款项目并募集资金。相对于传统的融资方式，众筹更为开放，能否获得资金也不再是由项目的商业价值作为唯一标准。只要是网友喜欢的项目，都可以通过众筹方式获得项目启动的第一笔资金，为更多小本经营或创作的人提供了无限的可能。

众筹平台就是一个专业的大众集资网站，创业者将他的想法和设计原型以视频、图片和文字的方式进行展示，假如投资人感觉这个想法很靠谱，就可以把钱投给创业者（交易方式类似淘宝）以换取相应的承诺，这有可能是获得创业公司的股份，也有可能是优先获得一台最新生产的特色电饭煲。这种商业模式下任何人都可以成为大众投资者，因为众筹平台的准入门槛很低。

对于创业者来说往往最缺乏的就是资金，对于投资人来说好项目可遇而不可求，而众筹平台的出现缓解了双方的尴尬局面，创业者不再需要费尽心机地满世界找风投，设计一份产品介绍放到众筹平台上就是完美的解决方案，只要产品做得有价值，自然会有人来投资。而投资人只需像逛淘宝一样看看网页就能找到不错的投资项目。重要的是通过众募平台创业者不仅可以得到项目的启动资金，此外还可以在量产前测试他们的产品是不是真的被大众接受，即使没有获得投资也不见得是坏事，创业者至少不用再为一款不被认可的产品浪费更多的时间和金钱。

第一节　众筹融资概论

一、众筹融资的兴起

世界上最早建立的众筹网站是 Artist Share，于 2001 年开始运营，被称为“众筹金融的先锋”，主要面向音乐界的艺术家及其粉丝。粉丝们可以通过该网站资助唱片生产过程，并获得仅在互联网上销售的专辑；艺术家则可以获得更加合意的合同条款。艺术家通过该网站采用“粉丝筹资”的方式资助自己的项目，粉丝们把钱直接投给艺术家后可以观看唱片的录制过程(粉丝还可以观看“特别收录”的内容)。

2005 年之后，众筹平台如雨后春笋般出现，例如：Sellaband(2006 年)、Slice The Pie(2007 年)、Indie GOGO(2008 年)、Spot. Us(2008 年)、Pledge Music(2009 年)和 Kickstarter(2009 年)，这其中，Artist Share 起到了强大的示范作用。或者说，Artist Share 作为首家互联网众筹平台，不仅深刻影响了美国音乐界，而且开启了互联网众筹时代。

众筹融资源于众包模式。众包的目的是有效利用一个新项目潜在参与者的知识、智慧、技能，构建一个庞大的资金池。互联网的迅速发展为众包提供了新的网络基础。许多专门为众包任务设计的在线平台已经用于孵化企业项目，形成众筹融资。众筹融资中，主要有两类使用者：一是生产者或项目管理者。他们介绍新项目给平台，如果能筹集、管理足够的资金，他们将按照募资计划执行项目生产；二是众筹出资者。尽管大多数众筹融资平台是“购买你想要的”(pay what you want)模式，但一般会给众筹出资者提供其他非物质的补偿，例如感谢的电子邮件、公司发行音乐的 CD、观看电影制片工厂、在电影中扮演一个小角色或者具有文化价值的纪念品等。众筹融资主要的回报是产品本身，但对于金额大的参与者还有其他奖励计划，例如更高的股权回报率。

本章讨论的众筹融资主要是互联网上的股权融资。对于生产者来讲，他们在发生成本之前就获得未来消费者的资金，得到白手起家开展生产的机会。同时，如果众筹资金反应冷淡，生产者在投产之前就会再慎重考虑自己的想法。这与投入资金、项目失败后才深刻反思相比，可以节省生产者的投资成本。众筹融资不仅是资金的来源，更是一个评价、判断产品设计及未来市场前景的平台。此外，大型出资者往往倾向于对生产者的想法施加各种约束，众筹融资平台则有效消除了这一问题。对于消费者来讲，他们在最终产品生产之前就可以和生产者接触，获得最新产品；也可以根据自身收入水平和对众筹项目价值的判断选择参与份额。

二、众筹融资的发展概况

据统计，全球众筹平台筹资规模 2014 年为 162 亿美元，2016 年预计全年超过 300 亿美元，众筹平台超过 1800 家。世界银行预测，到 2025 年，全球发展中国家的众筹投资将达到 960 亿美元，中国有望达到 460 亿～500 亿美元。

(一)总体概览:模式分化

最初的众筹平台,如 Artist Share、Indie GOGO 和 Kickstarter,主要面向创业者和艺术家,帮助其筹集研发、生产、制作或建设的资金。如果项目最终运作成功,投资者获得的是产品、服务等非金钱回报,这类众筹模式可称为商品众筹。在某种意义上,它接近于商品预售,项目发起人不承诺金钱回报,投资人也不以经济收益为目的。在商品众筹领域,众筹平台也出现了综合类和垂直(专业)类的分化。例如 Kickstarter 上的项目按其内容可以分为 13 个大类:音乐、影视、艺术、出版、戏剧、游戏、设计、视频、漫画、摄影、时尚、舞蹈和技术,是典型的综合类平台。Venture Heath、Watsi 等平台专门面向医疗领域;Pater on 专注于文艺类活动、文化产品;国内的淘梦网专注于(微)电影行业,它们都属于垂直类众筹平台。

随着众筹融资的发展,其投融资中介的含义被扩展,出现了 Crowd cube、ASSOB、Seedrs 等以资金回报为目的的众筹平台。项目发起人在平台上发布的,不再是具体的研发、生产项目,而是公司信息,希望通过转让公司部分股权的形式,获得一定的资金,支持公司业务的全面发展。投资人投入资金后,获得公司的股权和股权收益,这类众筹构成了股权众筹模式。

与商品众筹相比,股权众筹在法律程序、资金交割手续等方面复杂程度大大增加,因此也使得股权众筹平台提供的辅助性服务更多。股权众筹可以看成商品众筹模式的一个升级版本,它将众筹模式从商品生产领域引入金融领域,从资助个别商品生产上升到扶持企业整体发展,使资金有更大的发展空间。

目前众筹融资主要有商品预售筹资平台和商业投资平台,商品预售平台的筹资模式一般包括:固定模式——筹款期结束时,如果达到预定的筹款目标,筹款人获得所有资金;否则,不能获得任何资金;灵活模式——无论是否达到预定的筹款目标,筹款人都可以获得筹集的资金,如果筹款人认为所筹款项不足以支撑项目目标,他可以选择把资金退给投资者;悬赏模式——谁完成项目,就把筹集到的资金给谁。一个平台可能支持上述三种模式的组合,由筹款人发布项目时指定一种模式。商业投资平台的投资模式包括股权、债权、酬金、津贴、奖励等。

(二)美国

美国是众筹平台最活跃的国家,截至 2013 年 11 月,其平台数目为 344 家,占全球众筹平台数的一半左右,筹资额亦遥遥领先。美国的众筹平台涵盖了创意、商业、慈善、教育、人权等广泛的领域,几乎无所不包。其中影响力最大的众筹平台是 Kickstarter 和 Indie GOGO。

1.Kickstarter

(1)Kickstarter 的设立。Kickstarter 是目前全球最大的综合型众筹平台,总部位于美国纽约。自 2009 年 4 月正式上线以来,Kickstarter 屡创奇迹,在世界范围内掀起了一场“众筹风暴”,是商品众筹领域的标杆平台。成立之初,Kickstarter 只接受来自美国本土创业人员提交的项目,随后逐渐扩展至英国、加拿大、澳大利亚和新西兰。Kickstarter 对于支持者的来源地没有限制,全球各地的支持者都可以为自己喜欢的项目提供资金支持。唯一的限制在于,支持者只能以美元或者英镑支付。

(2)Kickstarter 的经营模式。在 Kickstarter 上创设项目,需说明筹资的最后期限和最低目标。如果目标在截止日期之前没有实现,则 Kickstarter 会有一个退还募集资金的保证契约。出资者的资金通过亚马逊支付给项目管理者。Kickstarter 对全世界各地的出资者以及对美国、英国的项目管理者开放。Kickstarter 允许项目发起人同时发起数个项目,也支持将一个项目分成数个子项目,按进展和阶段进行筹资。

(3)Kickstarter 的收费。Kickstarter 一般收取募集资金的 5%作为佣金。亚马逊一般收取另外 3%～5%的费用。Kickstarter 对通过平台促成的项目无所有权。此外,在 Kickstarter 上推出的项目都将被永久存档,公众可以查询。

(4)Kickstarter 的平台项目。Kickstarter 将平台发布的项目分为 13 大类和 36 小类。13 大类分别是:艺术、漫画、舞蹈、设计、时尚、影视、食物、音乐、游戏、摄影、出版、技术和喜剧。其中,影视与音乐是最大类别,占 Kickstarter 项目的 50%以上。

(5)Kickstarter 的准则。所有项目创建者遵循以下三个准则:

①创建者必须有创新项目;

②项目必须符合 Kickstarter 的 13 大类别;

③创建者不得从事 Kickstarter 禁止的行为。

Kickstarter 对硬件和产品设计项目还有例外要求,具体包括:(1)禁止使用照片式逼真的效果图和模拟演示产品;(2)限制对单个项目或对"一套想法"项目捐助的额度;(3)需要实物原型;(4)需要制造计划。Kickstarter 还强调了一个理念,即一个项目属于创设者和出资者的共同协作,所有类别的项目都要描述创作过程中所面临的风险与挑战。

截至 2013 年 12 月底,Kickstarter 上已经结束的项目有 123303 个,其中成功完成筹资的项目为 54366 个,平均每天 32 个;累计成功筹资总额约为 7.9 亿美元,平均每月筹资 1800 万美元。从成功筹款额的角度来看,游戏和影像类的份额最大,分别达到 22.2%和 19.4%,其次为设计、音乐和科技类。从成功项目个数来看,音乐类项目以 26.6%的比重居于首位,其次是影像和艺术类,分别占到 23.0%和 9.9%。这些项目共得到来自世界 1011.5 万人次的资金支持,其中 10～99 美元的支持人次占到 76.4%,100～999 美元的占到 16.1%。成功项目的筹款期限在 1～92 天不等,其中 16～45 天的项目个数占到 80%。单个项目的最高筹款额达到 10266845.74 美元,最高支持人数为 91585 人,最高评论数量为 24.96 万,平均每个项目有 199 人参与支持,有 71 条评论记录。上线以来,Kickstarter 收取的服务费总额约为 3974 万美元。

2.Indie GOGO

总部位于旧金山的 Indie GOGO 于 2008 年 1 月开始上线运营,起初主要针对电影类垂直项目,后来逐步发展为综合性众筹平台。2011 年 9 月,Indie GOGO 获得来自 Metamorphic Ventures,ff Venture Capital,MHS Capital 以及 Zynga 联合创始人 Steve Schoettler 的 150 万美元种子资金,2012 年 6 月完成 1500 万美元 A 轮融资,由 Insight Ventures,Khosla Ventures 等领投,其目标是成为大型的多元化投资平台。

Indie GOGO 是一个完全开放的平台,来自世界各地的人们都可以在这里展示自己的奇思妙想或对项目进行支持。项目发起人无须申请,即可开始筹资活动,还可以利用平台提供的免费工具和 24 小时客服获取更加便捷的服务。目前,Indie GOGO 上的项目包括电影、科技、艺术、戏剧、舞蹈、设计、游戏、音乐、影视等24个类别。项目的筹资方式比较灵活，分为固定型和灵活型两种，发起人可根据实际需求任选其一；筹资期限可以短到一天，也可以长达数年。项目结束后，对于固定筹资且未达到目标金额的，所筹资金将全部返还给支持者，平台不收取任何费用；对于其他情况，Indie GOGO会收取所筹资金的4%～9%作为服务费(通过美国国税局认证的非营利性机构可享受25%的优惠)。

截至2013年12月31日，Indie GOGO共完成来自191个国家和地区的51804个项目，涉及美元、欧元、英镑和加元四种类型的货币，除去1146个没有达到目标金额的固定筹资型项目，总共为发起人筹到2.35亿美元左右的有效资金。在所有项目中，灵活筹资型占到95%以上，筹款进度达到99%以上的项目占到1/3以上，平均每个项目有61人予以资金支持，24人参与评论。2013年3月以来，Indie GOGO的筹资规模攀上新高，每月的有效筹款金额保持在1000万美元以上，最高达到1700万美元，初步估计其上线以来的服务费收入超过1400万美元。

(三)英国

英国众筹平台的活跃度仅次于美国，截至2013年11月，英国众筹平台的数量为87家，位列全球第二。

英国众筹行业的立法比较健全，众筹平台的生存和发展环境都比美国同行要好，但是限于经济总量等原因，英国众筹行业的规模仍然显著低于美国。Seedrs在扩展欧洲业务时表示："我们暂时不会进军美国，因为美国的众筹行业正在经历一场战争，而且他们似乎不太放心股权众筹。"这里面当然是指关于JOBS法案无休止的争论和SEC迟迟不出台众筹的细则。

英国最大的股权众筹平台Crowd cube成立于2011年1月15日。Crowd cube遵循英国现行的证券管理框架，允许项目发起人利用"Online Portal"(在线门户网站，众筹平台在英国监管体系内的专门称谓，类似于美国JOBS法案中的Funding Portal)筹资。截至2014年2月16日，Crowd cube一共拥有58353名注册用户，总共上线95个项目，成功筹集到18025970英镑的资金，平均每个项目筹资的额度在19万英镑左右。

Seedrs是Jeff Lynn和Carols Silva在牛津大学Said Business School MBA课程中的项目，该公司从数个知名的天使投资人那里获得了大约130万英镑的早期投资，它是英国第一家获得FCA批准的股权众筹平台，自2013年5月以来总计为21个初创企业筹集了超过100万英镑的资金，这些初创企业大多涉及网络安全和制造业。Seedrs资金的分布比较平均，每家企业大致可筹集到约5万英镑的资金，其中最多的是一家名叫Mikes Fancy Cheese的企业，它成功筹集到8万英镑。

Seedrs早期业务局限在英国本土，2013年底时计划将业务扩展到欧洲大陆。为了满足进一步发展的需求，Seedrs为自己做了一个众筹项目，拟出让8.81%的股权筹资500000英镑，但是投资者的热情使得Seedrs决定把股权出让的比例提高至12.66%，共筹得750000英镑。

Crowd cube和Seedrs都是英国众筹协会的成员，英国也是最早拥有众筹行业协会的国家。英国众筹发展的法律环境相对宽松，加之政府的资金支持，中小企业得以迅速发展。投资者除了股权收益之外，还可以参与"种子企业投资计划(SEIS)"减税计划。根据该计划，投资者在众筹平台上的投资金额可以冲销投资者申报的应税收入总额，从而免交部分税款。前提条件是该初创企业的股份尚未在交易所发行，同时未得到任何风险基金信托(Venture Capital Trust)。

(四)中国

1.总体概况

与P2P借贷一样，众筹也是舶来品。美国众筹平台Kickstarter的巨大成功激起了国内创业者的热情，他们纷纷期待打造"中国的Kickstarter"。2011年6月，国内首家众筹平台"点名时间"上线运营，同年11月，首家股权众筹平台"天使汇"上线。据东方财经不完全统计，2013年底，国内众筹平台数量已有16家，截至2015年4月，全国众筹平台共计149家，其具体数量分布如图9-1所示。

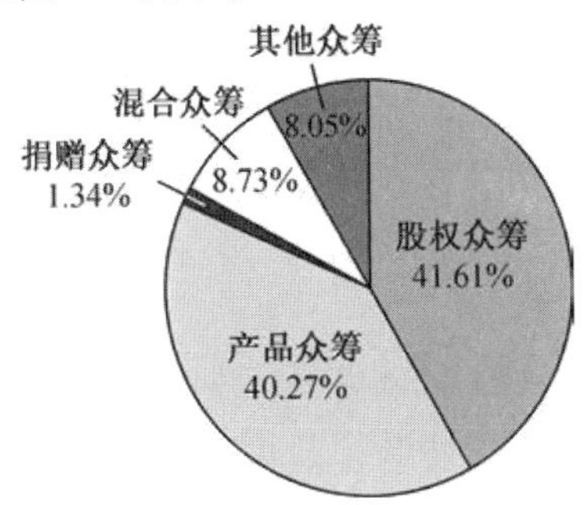

图9-1　各类众筹平台数量分布图

众筹行业在2015年成功募资首次超过百亿元，实现高速增长。股权众筹是其中募资额最大的类型，奖励类众筹也蓬勃发展。首张股权众筹牌照颁出、首例股权众筹案件宣判、首个股权众筹项目成功退出……刚刚过去的一年，众筹行业精彩不断。

相关数据显示，2015年是众筹行业高速发展的一年，全国众筹平台283家，相比2014年平台数量增长99.30%，是2013年正常运营平台数量的近10倍。2015年全年众筹行业共成功筹资114.24亿元，同比2014年众筹行业成功融资21.58亿元，增长超5倍。

2015年众筹行业亮点频现，2015年6月9日蚂蚁金服获得上海首张股权众筹营业执照；7月9日，首家股权众筹行业组织"中关村股权众筹联盟成立"。

2015年12月25日，国务院《关于进一步显著提高直接融资比重优化金融结构的实施意见》明确了2016年发展资本市场的五项重点工作，股权众筹融资试点作为其中一项重点工作，证监会副主席方星海表示，2016年将开启股权众筹融资试点工作。这为众筹行业开启了明确的信号灯。

《2019互联网众筹行业研究报告》指出，截至2018年12月底，在运营的众筹平台仅有147家。与2017年相比，新上线与在运营平台数量骤减，股权型在运营平台52家，居行业之首。与平台表现不同，2018年上半年，众筹成功项目与融资额总体呈增加趋势，物权型成功项目与融资额均超过行业半数，而股权型成功项目和融资额均负增长。项目日趋多样化，酒店、民宿、农业、影视等成众筹热点。

2.点名时间

点名时间是国内首家众筹平台。公司成立之初获得来自台湾的50万美元天使投资。

2013 年 6 月底，点名时间在成立两周年庆典上宣布与小米、视觉中国达成合作，这两家公司分别资助 100 万元，一起推动国内创意产业的发展；同时宣布实行免费制，平台不再收取佣金，支持者所有的支持资金最终都会到达创业者手中。

平台开创性地引入“预热机制”，即在正式筹资前不设期限地将项目在网上展示，在获得足够的关注度、潜在支持者的反馈后，对项目加以完善，再正式开始筹资。

截至 2013 年 12 月底，点名时间成功完成的项目有 341 个，筹资总额为 1021 万元，单个项目筹集到目标资金所需的平均时间为 23 天，平均每个成功项目的筹款金额约为 3 万元，单个项目的最高筹款额达到 158 万元。来自中国大陆 32 个省市、港澳台地区以及国外 64 个国家和地区共计 42025 位支持者对项目表示了各种支持，最高单次支持金额达 50 万元；平均每个项目有 165 人参与支持，平均每个月的活跃支持者有 1648 人。在取消服务费之前，点名时间共收取服务费约为 49.2 万元。

点名时间上的项目起初细分为科技、音乐、影视、设计、出版等 9 个类别，2013 年底改版后整合为创意设计、时尚科技和文艺生活三大类。其中，文艺生活类项目不论是从项目数量还是筹款金额上，都占到绝大比例(项目数量占比为 59%，筹款金额占比为 77%)。

3.追梦网

追梦网于 2011 年 7 月初开始上线测试，同年 9 月上海追梦网络科技有限公司成立，注册资本 60 万元。2011 年 9 月 20 日追梦网正式上线，项目主要分为科技、设计、影像、音乐、人文、出版等类型。

截至 2013 年 12 月 31 日，追梦网上结束的项目共有 293 个，其中成功的项目共有 141 个，占已结束项目总数的 48.1%，成功筹资总额 171.9 万元，单个项目成功筹集到目标资金所花的平均时间为 40 天。共有 9218 位支持者参与到 280 位独立用户发起的各类项目中，平均每个成功的项目有 69 个支持者，平均每个月的活跃支持者有 360 人。根据追梦网收费规则——每笔成功筹款收取 6%的服务费，可统计的服务费收入约为 10.3 万元。

追梦网上的各类项目数量相当，没有太大的差别。在上线的 293 个项目中，人文类项目最多，合计 65 个，占项目总数的 22.2%，其次是活动类和影像类。

不同类别项目的平均筹资金额差别较大，人文类项目远超其他类项目，影像类和活动类次之，后两者占到成功筹款总额的 66.9%。

4.淘梦网

淘梦网是国内首家垂直型众筹平台，隶属于北京淘梦网络科技有限责任公司，于 2012 年 3 月正式上线。淘梦网起初接受各种类型的项目，后来经过摸索和实践开始专注于电影类项目，目前已经发展成为国内最大的(微)电影众筹平台。

淘梦网上的电影按照内容细分为动画、公益、爱情、感人、创意、励志、动作、恐怖、悬疑、科幻等 16 种类型。与国内其他众筹平台类似，项目同样需要经过工作人员的审核才能上线展示，经过一段时间获得足够的关注度后才开始正式筹资。不同的是，很多项目都设有 0 元的回报档次，即支持者可以通过留言、提意见、场地援助等方式表示精神支持，对应的回报可能是签名、合影、群众演员等。

目前，淘梦网已与优酷、土豆、爱奇艺、PPS、腾讯视频等主流视频网站、国内电影大赛或电视节等资源方建立了广泛的合作关系，免费获得推广和发行服务，而合作方则可以获取利润分成。

截至2013年12月31日，淘梦网上共完成69个项目，其中成功28个，成功率约为40%，成功筹资总额约为76.3万元，单个项目成功筹集到目标资金所需的平均时间为25天。参与项目的支持者来自中国大陆32个省市、港澳台地区以及海外，共有752人，但实际出资的仅有285人。在所有已经结束的项目中，有三分之一以上来自北京；从类别上来看，学生类和公益类的项目最多，合计占到28%。此外，淘梦网利用自身积累的媒体资源免费为87部电影提供了367次推广服务。

从项目分布来看，学生类和公益类的项目数量分别为10个和9个，居于首位，其次是戏剧、感人、爱情和励志类。

5.天使汇

2011年11月1日，国内首家股权众筹平台天使汇上线运营。由于目前的项目操作未实行"标准化"，而是就每一个项目进行具体商谈，大部分的投资工作均在线下完成，所以无法根据官网来统计具体指标。

据媒体公开报道，截至2013年11月，天使汇上通过认证的投资人达700余人，登记的创业者有22000多个，登记项目7000多个，审核通过可进行信息披露的项目有900多个，完成融资的项目70多个，融资规模达2亿多元，逾八成项目的融资额在100万～500万元。这700多名天使投资人每年的投资潜力达65亿元，成为中国早期投资领域排名第一的互联网投融资平台。

自上线以来，天使汇上完成了不少明星项目。例如，在打车应用软件市场占据很大份额的嘀嘀打车完成的1500万元首轮融资；天使汇本身启动的自融项目，不到两天就筹资1000万元。

截止到2019年底，网络评论比较靠谱的众筹平台主要有：淘宝众筹(2013)、京东众筹(2014)、苏宁众筹(2015)、天使会(2011)、轻松众筹(2014)、爱创业众筹等，部分众筹平台已经退出市场。

(五)其他

荷兰：Gambitious，游戏类众筹平台。游戏开发者可以公开募资，以游戏本身或者游戏发行的利润分成作为回报。平台最大的特点在于构建了一个开发者和游戏玩家紧密联系的社区。支持者可以提前进行游戏试玩，并提出任何反馈意见，开发者可以借助该平台把游戏分发到Xbox、Steam、PlayStation和Nintendoe Shop等。

新加坡：ToGather.Asia，新加坡第一个众筹网站。旨在创造一个没有任何资金限制的投资环境，让创意成为现实，经营范围集中在新加坡及周边东南亚国家。

香港：ZAOZAO，香港本土时尚设计众筹网站，平台上所有的内容都是时装、手袋、配件设计师们的产品，时尚爱好者是他们主要的筹资对象。网站创始人还别出心裁地用三个汉字"早，找，做"来表达他们的运营理念。

拉丁美洲：Idea.me，拉丁美洲最大的众筹平台，覆盖巴西、智利、墨西哥、哥伦比亚、乌拉圭、阿根廷等国家。目前，网站从最初的250个用户、70个项目支持者发展到了25000名用户、5000名实际支持者的规模。这家阿根廷的网站还收购了巴西的竞争对手Movare，巩固了该平台在拉美市场的领先地位。

知识链接

SNS

SNS指Social Network Software,社交网络软件,是一个采用分布式技术,通俗地说是采用P2P(Peer to Peer)技术,构建的下一代基于个人的网络基础软件。SNS现在多用于泛指社交网络服务和社交网站,也指Social Network Service,如,Facebook、腾讯QQ、博客、微信、贴吧、微博等。

众筹与P2P

2007年我国最早的P2P网贷平台成立,2011年我国第一家众筹平台上线,虽然发展历程都不长,但相较于传统融资方式,P2P和众筹更加灵活、开放、快速,因此在国内大范围兴起,获得了众多中小微企业的青睐,甚至被称为互联网金融颠覆性创新"双雄"。两者看似相似,实则存在很大区别,大众需要加以区分。

P2P面向的是有资金需求的企业和个人,资金主要用于生产或消费,针对有一定经济能力的客户。众筹也有这方面的功能,不过也有个别企业为了加强用户交流和体验,以项目发起人的身份号召大众介入产品研发和推广,以期获得更好的市场反馈,为创意者、创业者提供了便利。两者比较,P2P更"专",众筹更"广",用户可根据自身需求选取合适的融资渠道。

P2P网贷平台审核借款人资质尤为看重其还款能力,深入了解其信用等级、经济状况的同时又注重保护对方隐私。而众筹项目发起人必须先将自己的创意达到可展示的程度,才能通过审核,这就涉及知识产权保护问题,导致不少好项目因担心自己的创意被抄袭,而不敢在众筹平台上募资,此为限制众筹发展的一个重要因素。

P2P投资者得到的回报是利息收益,直接表现为账户资金的增多。而投资众筹项目,得到的回报主要以产品为主,可能是一本书、一张唱片或者一张会员卡等等,如果是项目发起人自身所推出的产品,那么这将是一个扩大推广、促进销售的机会。至于哪种回报方式更合算,更受欢迎,直接与投资者的意愿挂钩,通俗地讲即"萝卜青菜,各有所爱"。

作为互联网金融的两个分支,P2P与众筹都为小额融资创造了便利条件,同时存在明显区别,使用时需要投资者和融资者根据自身实际需求加以选择。

第二节　众筹融资的运作原理

一、股权众筹融资设立条件

在股权众筹中,筹资人需要提交的资料更加复杂,通常包括一份完整的商业计划书和拟出让股份的数量、价格。商业计划书描述公司的基本经营状况、发展计划、预期收入和盈利等。为了证明计划书的真实性,筹资人通常需要提交企业营业许可文件、公司财务报表(财务报表的严格程度视不同的法律规定而定)等等。项目经过平台审核之后上线,其后的投资流程与商品众筹类似——若在规定期限内成功达到筹资目标,筹资人获得相应的融资;筹资不足时所筹资金原额退还给投资者。

筹资成功之后,众筹平台一般会指定合作的律师事务所或者投资公司来处理股权转移、合同签订和信息披露等工作。投资合同签订后,筹资人(即股权转让方)需要提前制订投资者转股退出或者公司增资稀释股份情况下的应对计划,建立信息沟通制度以定期向投资者汇报公司经营情况,并在公司盈利的时候进行分红。具体的公司设定、股权转让安排,因当地的法律法规而异。

二、众筹融资的运作原理

企业筹集资金一般分为接受捐赠、接受赞助、前端销售(预定或预售)、借贷、股权出售等环节。这些环节的复杂性差别很大。捐赠融资的复杂程度最低。赞助可能附有其他条件,复杂程度要略高于捐赠。众筹融资往往采取前端销售的方式。前端销售必须有创新产品的样本,而且要有相应的股权配置规则,以及未来的回报计划,因此复杂程度要高于捐赠和赞助。企业运行稳定且达到一定规模后,常用借款(包括银行贷款和发行债券)工具进行融资,此时复杂程度又要高于前端销售。复杂程度最高的就是传统的股票公开发行。

但众筹融资的实现也需要一定条件,众多的资金支持者,大量小额支付交易的管理必不可少。许多企业启动项目,要么经验不足,要么没有兴趣管理小额支付交易,往往将支付交易管理的任务委托给所谓的“中间人”——众筹融资平台。一开始,服务中介往往是网络公司或软件公司。这些中介拥有较大的活动范围和活动强度。随着参与者对平台需求的提高和众筹机制的发展,平台又增加了监督项目执行等方面的功能。一些众筹融资平台还向项目管理者提供融资建议,为参与者组建更为广泛的社交网络,帮助成员寻求共同出资者等。

这些平台迅速崛起是因为具有符合筹融资逻辑、解决融资信息和降低融资成本的关键功能。首先,作为资金需求的一方——创新项目的管理者(生产者)与众筹融资平台进行信息交流,听取平台的建议,按照平台规则发布较为详细的项目信息、发展计划、股权配置以及奖励回报等信息。其次,创新项目在众筹融资平台发布后,资金提供方在平台上输入出资条件、搜寻符合条件的创新项目,直接与项目管理者进行谈判;或者委托银行进行投资,银行可以投资既定的项目,也可以投资符合条件的非既定项目,类似于信托贷款。当然,这一过程的参与者更多的是小额投资者自主在平台上查找各自偏好的项目进行投资。最后,随着资金的划转,项目管理者启动生产,逐步向出资者派发收益。需要注意的是,众筹融资平台对项目管理者国籍有一定要求,但对出资者则无国籍限制。

(一) 降低资金成本

项目管理者的早期资金一般来源于个人储蓄、房屋净值贷款、个人信用卡、朋友和家人投资、天使投资和风险资本家。在某些情况下,众筹融资可能使项目管理者以更低成本获得资金,原因如下:

1.更好的匹配。项目管理者可以与对该项目投资意愿最强的出资者匹配。这些项目的出资者不再局限于某些特定地方(比如,与生产者在地理位置上接近),而是从全球范围内进行匹配。

2.捆绑。众筹融资过程中，在一定条件下出资者可提前获得相应的产品。捆绑出售股权的同时，项目管理者获得了相应的资助。

3.信息。一定程度上，众筹融资比传统融资提供的信息量要大。

（二）更多的需求信息

项目管理者根据出资者的反应和选择，判断产品的创新性和实用性，并进一步修正前期的想法和计划。项目管理者可以对市场需求进行分析和推测，提供符合市场需求的产品，提高产品成功的概率。

三、众筹融资的运营机制

（一）激励机制

众筹融资有三个主要参与者：项目管理者（生产者）、出资者和众筹融资平台。接下来依次讨论他们的激励机制。

1.项目管理者（生产者）

项目管理者（生产者）选择众筹融资平台筹集资金的原因主要有两个：一是资金成本较低，二是获得更多信息。

2.出资者

传统的融资方式有地理位置的限制，而互联网众筹融资则可以为不同地方的出资者提供投资机会。

3.众筹融资平台

众筹融资平台主要是为了盈利，一般收取交易成功项目所筹总资金的4%～5%作为交易费用。因此，平台的目标是最大限度地提高项目成功的数量和规模。这要求一个好的市场规则来吸引优质项目，减少欺诈行为，并进行高效匹配。众筹融资平台上交易成功的创新项目具有广告效应，可以引起媒体关注和报道，而这进一步扩大了现有的出资者范围，提高了项目交易成功的概率和盈利水平。

（二）市场设计

1.声誉信号

早期的创意项目或企业在传统市场上融资时，严重依赖面对面的尽职调查和个人关系。在众筹融资平台上，生产者尽可能多地披露他们的项目信息和回报计划，然后形成一个信号——信任。市场设计通过便利市场上出资者对生产者的评价，形成市场声誉。在众筹融资市场，声誉和信任尤为重要。Cabral（2012）认为声誉是解决网上交易欺诈风险的一种机制，“尽管有各种机制来处理欺诈，但信誉是企业的最佳选择之一”。互联网市场的设计者已经开发了许多通过声誉建立信任的机制。广义上讲，这些工具可以分为三种类型——质量信号、反馈系统以及值得信赖的中介机构。

（1）质量信号

Waldfogel和Chen（2006）阐述了在网上交易市场上质量信号的重要性。他们认为，产品信息越容易获得，品牌的重要性就越低。Lewis（2011）进一步检验信息获取的作用后得出，披露个人信息可以提高eBay上二手车的价格。即使产品信息不能令人信服地传达，但还有其他显示质量的方法。例如，Robert（2011）表明，担保人可以提供一种可靠的质量信号。Elfenbein、Fisman 和 McManus(2012)分析得出,慈善捐款似乎提供了一个较高的网上信号质量。在早期融资阶段,信息不对称程度较高,专利也可作为一种质量信号。同样地,出资者经常将生产者以往的成功经验作为信号质量,例如企业家、高级管理人员等创始团队和创始人是否具有博士学位。最后,教育水平与众筹融资成功呈正相关关系。

(2)反馈系统

许多网上交易市场为用户提供了一种有助于建立购买者和销售者声誉的"提交—反馈"机制,这些机制最基本的版本只是简单地报告销售信息。Tucker 和 Zhang(2011)论证得出,报告销售信息对融资选择具有重要影响,众筹融资给出了一个信号机制,通过众筹融资平台的网络交易记录可以判断有关项目管理者的行为特征,为出资者选择项目提供参考。例如,eBay 的买家评价卖家机制。如果卖家总体上提供了一种高品质的体验,那么买家的评价会很好。新买家看到网上较高的评价,将进一步增加对卖方的信任,并愿意付出较高的价格。一些文献资料表明,在 eBay 平台上的卖方(买方)评价对其他网络平台也非常重要。然而在众筹融资平台上,再好的生产者也不太可能在很短的时间内反复筹集资金。为解决这个问题,并从网上获得较高信誉,一个可能的解决方案是把生产者的较大项目划分成一系列较小的项目。

(3)值得信赖的中介机构

第三方中介机构提供的优质信号能够促进市场参与者之间的信任。例如,Jin 和 Kato(2007)论证了第三方质量证明在繁荣收藏品市场方面的重要性。信用评级等中介机构不是简单地说"高品质",而是应该能够提供一个可证明的、真实的质量水平,为购买者提供一个可信的质量信号。在众筹融资平台上,出资者也越来越多地使用 Facebook、Twitter 和 Linkedin 等大型社交网站有效规避道德风险。

2.基本规则

众筹融资平台为了最大化交易规模,不断根据用户行为修改它们的规则。例如,2013 年,Kickstarter 增拨人力资源和系统资源来监测欺诈风险。Kickstarter 管理层认为,这样做的益处是降低出资者风险、保护出资者利益,鼓励更多出资者参与众筹融资平台,但会提高众筹平台的监督成本。

3.群体尽职调查

相对于传统的出资者而言,众筹出资者大多是小额投资者,容易产生潜在"搭便车"问题。在众筹融资平台上,出资者数量多于传统融资市场,他们关注平台上融资项目披露信息的真实性、准确性,对项目的创新性及市场前景分别给出评价。这样,更多的人从不同的角度发现项目的缺陷,能降低出资风险。

但众筹融资也存在一些问题。一是具有从众行为,容易出现"羊群效应"。现有的多数研究表明,众筹融资平台上出资者把积累资本作为一个重要的质量信号。前期有亲戚朋友赞助的项目一般预期较好,随后有众筹出资者选择,也可以证明业内投资者对项目的评估和认可,这一融资次序可能反映出有关项目质量和公众预期等市场信息,出资者一般会选择前期具有一定资本积累的项目进行投资。二是项目管理者可能操纵前期资本积累信息以吸引出资者。在极端情况下,生产者在早期阶段注入较多的资本,利用信息关联吸引出资者，在筹集到一定规模的资金后撤回前期资本。

4.阈值机制

众筹融资平台通过阈值机制解决可能的“搭便车”问题。

比如，在上面谈到的群体尽职调查中，早期出资者通过资本积累为后来者产生有价值的信号，这样所有出资者都被激励去等着看别人怎么做。针对“搭便车”问题，几乎所有的众筹融资平台都采用某种形式的阈值机制(Provision Point Mechanism)。其机理是，生产者只有在一定时期内融资达到一定的门槛水平才能继续融资，否则要将前期筹集的资金全部退还给出资者。通过实施阈值机制，众筹融资平台有助于控制项目管理者无限期筹集资金的问题，降低出资者的投资风险。

(三)若干开放问题

众筹融资可能改善技术创新的速度和方向，提高技术转化为现实生产力的效率，可以改善社会整体福利、增加私人回报和产生正的外部效应。

1.社会福利

众筹融资带来的社会福利分为两种类型。首先，众筹融资平台会从交易中获取收益，生产者和出资者通过交易分别获得运作资金和股权，满足各自的利益需求。其次，众筹融资有正的外溢效应。众筹融资专注于萌芽阶段的企业，其中许多可能是创新产品，得到融资的创新项目投入生产、扩大规模，满足了更多的社会需求。最后，众筹融资推动了技术的革新和技术向现实生产力的转化。

但众筹融资也可能会产生社会损失。例如，新形式的欺诈活动，新的证券出售途径使经验不足或鲁莽的个人做出不审慎的投资决定。

2.技术创新

众筹融资可以影响技术创新的速度和方向。

第一，众筹融资平台上融资成功的项目，一般经过广大社会出资者检验，更具有创新性，更符合社会需求。没有实用价值或实用价值低的项目很难融资成功。众筹融资机制实质上是社会公众对创新项目的筛选。而与之相比，传统的政府扶持、银行贷款等难以直接有效地反映社会需求和创新方向。

第二，通过传统的融资渠道，一个生产创意或一个技术创新的商业方案很难得到运作资金，众筹融资可以使有价值的技术创新、生产创意尽快得到资金。

3.融资工具箱

众筹融资可能发展成“融资工具箱”。

在信息足够透明、交易成本足够低的情况下，一些企业(特别是资质比较好的企业)的融资可以不通过股票市场或债券市场，直接在众筹融资平台(甚至自己网站)上进行，各种筹资方式应有尽有。企业根据自己需要，动态发行股票、债券或混合型资本工具，供投资者选择。投资者可以实时获取自己组合的头寸、市值、分红、到期等信息，相互之间还能进行证券的转让和交易。

知识链接

我国互联网众筹融资平台运营难题

1.定位不清

同其他企业一样，股权众筹平台设立之初，也需要准确的定位。是做综合型平台，还是做垂直型平台，当然这与平台的发起者所掌握或能整合的资源有关，也不是一成不变的。很多平台设立时担心定位过窄会影响营收状况，其实这很不利于平台的长远发展，因为从做垂直型平台发展到做综合型平台的案例并不缺乏。

2.优质项目少

很多新设的股权众筹平台面临的主要问题就是优质项目少。首先是项目从哪里来？这个在实践中一方面是基于对平台本身的推广，另一方面则是平台和诸多孵化器、科技园区等的合作；其次是优质项目少的问题，这无形中对平台的业务管理团队提出了更高的素质要求，要求业务人员在众多的项目中能够慧眼识珠。

3.项目定价难

许多股权众筹平台在运营过程中都会遇到项目定价难的问题。大家都在这方面做了有益尝试，把众筹融资项目分为初始期和成长期，前者融资额在100万元人民币以下，后者的融资额在100万元人民币以上。对于初始期的项目估值，原则上由领投人直接判断；而对于成长期项目的估值，采用“荷兰式定价”法则，以项目发起人屡次接受的最低估值作为项目估值。当然，这不是唯一办法，未来还可以有更多的尝试。

4.信息披露不规范

对于众筹平台信息披露不规范的现象，目前还没有完善的法律体系予以规范，很多股权众筹平台在对投资者的信息披露上做得不到位，有相当一部分的信息披露工作完全是由领投人来完成的。从平台所扮演的角色看，其不负有融后管理职责，前期的信息披露则直接归结为对整个融资过程的实时透明化。未来这一块肯定会越来越严格，众筹平台发起人一定要重视和完善这部分。

5.推出机制与维权

众筹平台建立中途退出机制很重要，当下已有部分众筹平台尝试建立自己的股权交易系统，也有部分众筹平台尝试和“私募股权报价系统”对接。没有哪一种模式最好，只有更好，平台需要不断地探究投资人心理并科学合理地设计退出机制。同时，在那些众筹项目因各种原因最终失败时，平台协助投资人做好相应的资产处置和维权工作，对平台来说，也是至关重要的。

第三节　众筹融资的主要风险

众筹融资作为一种新的融资模式，在快速发展的过程中遇到了一些问题，主要是交易的合法性与消费者权益保护问题。商品众筹多以产品预售形式开展，遇到的法律问题较少，发展速度也比较快。股权众筹的问题比较复杂，在不同国家受到不同的监管待遇，在某些国家甚至被现行法律所禁止，不得不采用各种变通方法规避风险。

总体而言，包括英国在内的西欧国家对众筹行业的监管响应较快，监管措施比较灵活，股权众筹的发展状况较好。美国的股权众筹受到传统证券法律的制约，部分平台不得不以“遮遮掩掩”的方式运营。美国的JOBS法案有望改善这一局面，但在法案的具体落实上，美国证券委员会态度谨慎，数次引起争论。争论的焦点是效率与安全的平衡关系，核心在于信息披露制度及相关成本。

一、众筹机制不完善的风险

传统的商品预售遵循《合同法》《消费者保护法》等相关法律法规的要求，但在商品众筹模式下，消费者的预付款兼具预购、投资和资助性质，一旦出现违约，如何挽回损失，是个悬而未决的问题。在法律适用方面，创业者、消费者和平台的意见也不统一，因此当前商品众筹的消费者保护处于模糊状态。信息披露、消费者风险警示、履约监督、违约追偿等机制的缺失，放大了消费者的风险，也导致平台与创业者的道德风险。

在股权众筹方面，缺乏足够的信息获取、风险判别和风险定价能力，是股权众筹的最大风险。传统金融市场的风险防范和投资者保护程序被简化，所有环节均通过投融资双方的直接交流进行。投资者只能依赖自身的信息渠道和过往经验做出风险与收益判断。

众筹机制的不完善还体现于投后管理。创业投资是一种结合技术、管理与创业精神的特殊投资方式。投资人（消费者）的目标是追求特定条件（例如特定资金量、特定时间周期）下投资回报最大化，创业者追求的是自身效益最大化，两者并不完全一致，导致双方均可能存在道德风险，例如，投资人可能盲目追求回报而试图杀鸡取卵，创业者可能我行我素而罔顾投资方的利益。

当前，许多众筹平台正积极改善投后管理，例如某些平台会要求创业者在融资成功之后定期提交项目进展报告，包括具体的资金使用、日常产品开发、公司事务、人员变更等情况，部分平台还会定期举办线下交流活动。一些股权众筹平台还提供股票托管服务，帮助投资人处理相关的琐碎事务，定期通报公司状况等。此外，部分众筹平台还专门设立“领投人”制度，指定专人监督、通报公司运营，甚至直接参与董事会。

尽管有这些努力，但众筹模式中的决策权和信息通常不对称，实际上导致了消费者处于弱势地位。尤其是在资金投入之后，如何约束创业者按照事先的约定合理使用这些资金，并尽最大努力保证消费者的回报，需要相关的程序与制度安排，其核心是消费者、创业者与平台共同设计一套有效的创业资本契约，通过适当的约束与激励机制协调三者间的利益关系，有效防范创业者的道德风险。

众筹的发展亟须不断完善自身机制，增强消费者保护。此外，消费者也应该要有清醒的认识，理性对待众筹投资，加强风险管理与自我保护意识。

二、众筹项目的执行风险

项目延误乃至失败是众筹平台上最常出现的问题，由于众筹项目的产品大多具有很高的创新性和独特性，而项目发起人往往因为个人经验、技术基础、生产工艺、生产经验等客观因素制约导致工期延误，无法按期交货。这类问题由于受制于外部因素，对投资人造成的损失较轻，投资人也易于理解和接受。

较为严重的情况出现在项目发起人因为懒惰、不负责任等主观原因导致的延期交货或者滥竽充数——投资人拿到的产品与最初宣传或者展示的样品差距甚远。这种情况与网络购物非常相似。网购可以依靠担保支付、客户评价、运费保险、退货等来控制风险，而众筹模式往往附有发起人可以修改设计或产品内容以最终实物为准的条例，投资人处于相对弱势的地位，面对此种情况往往无可奈何。

从机制上讲，更为严重的情况是很难以量化的规则来判断一件产品究竟是出于主观故意的粗制滥造还是受限于客观条件而不得不做出的修正，所以众筹平台并无足够手段保证投资者的满意度。而众筹模式缺乏合适的退出机制，没有退款手段，甚至也不拥有天然的退货权利，某些产品连售后服务或者维修等都无法保证，这更加剧了投资人的损失风险。

三、众筹平台的道德风险

众筹平台的收入依赖于成功筹资的项目，因此可能存在降低项目上线门槛、允许更多项目进入平台进行募资的冲动。这种冲动在股权众筹中更易滋生，因为股权众筹的投资回报周期长，回报不确定性高。更严重的问题在于，众筹平台可能会疏于资料核实或尽职调查，误导投资人。如果这种情况发生，投资人很难对平台进行实质性的追偿，因为举证会非常困难，而要界定众筹平台是出于主观故意还是客观疏忽，则更加困难。

从众筹平台的业务性质上讲，它首先是信息中介。但是这一信息中介应掌握、核实、披露多少信息并无严格规定。在创业者与平台之间，平台与投资者之间，均存在信息不对称，信息不对称是众筹平台道德风险产生的温床。

目前对众筹平台的法律争论集中于平台地位的合法性问题，包括众筹平台的登记注册等事项；对众筹平台的经营限制主要是不能在平台上为自己的项目融资（即“自融”），但没有清晰界定众筹平台在一般项目上的责、权、利，因而并未消除众筹平台的道德风险。

事实上，众筹平台要维护两方面的平衡，其一是项目准入门槛和分成收益之间的平衡，其二是项目发起者和投资者之间的利益平衡。前者决定着众筹平台的短期收益，后者决定着平台的长期收益。目前并无既定规则限定众筹平台究竟应在多大程度上介入项目的标准制定和投融双方之间的协调；但从长远角度看，设立一些约束性指标很有必要，这些约束性指标可以避免平台的利己行为，并防止恶性竞争。

四、投资者维权难的风险

投资者权益保护是一个系统性的问题，在上述的机制风险、项目风险和道德风险部分都有所涉及。除此之外，众筹模式下投资者权益保护的棘手之处还在于损失的认定、举证、计算与追偿，这些造成了维权的成本十分高昂。

以商品众筹为例，项目失败是大概率事件，但项目失败本身并不是对投资者权益的侵害。真正损害投资者的行为来自两个方面，第一是项目发起人误导性宣传，项目风险提示不足；第二是项目发起人自我认识不足，过分乐观或过度承诺（over promised）。但二者之间的界限很难划分。

除此之外的欺诈行为主要表现为编造身份，虚构各种材料和证明文件，乃至伪造不存在的产品与设备等。例如 Kickstarter 平台的“Mythic：The Story of Gods and Men(《神话：神与人的故事》)”——一个在线游戏项目，所幸被及时发现是一个诈骗事件，才未导致投资者的直接经济损失。如果在项目筹资成功、“创业者”资金到手之后，人们才发现这是一起诈骗事件，届时如何进行追偿是一个值得深思的问题。事实上，众筹平台没有相应的保险、预先赔付机制，因此投资者是否能追回损失很难确定。

五、中国众筹融资特有的法律风险

国内众筹融资面临的法律风险主要表现为：非法集资和非法发行股票。前者主要针对商品众筹。若众筹平台在无明确投资项目的情况下，事先归集投资者资金，形成资金池，然后公开宣传、吸引项目上线，再对项目进行投资，则存在非法集资的嫌疑；若平台在投资人不知情的情况下将资金池中的资金转移或挪作他用，更有被判“集资诈骗罪”的可能。

为避免触碰非法集资的红线，中国的商品众筹平台大多采用“预售”形式对众筹程序进行规范。众筹项目上线后，项目发起人的支持请求与回报承诺构成要约，该要约向不特定对象发出，一旦支持者接受该要约并支付了资金，他将获得一份商品预购订单，届时项目发起人与支持者之间形成商品买卖合同关系。

在上述过程中，首先，资金从支持者向项目发起人的转移发生在项目上线之后，即先有特定的“预售”商品，才有“预购”行为，事前没有资金池，众筹平台就在一定程度上避开了非法集资的嫌疑。其次，平台以“订单”的形式明确了项目发起人与支持者之间的法律关系。“订单”作为合同，受《合同法》《产品质量法》《消费者权益保护法》等相关法律法规的保护、规范与约束，项目发起人和投资者之间的责权利明确。而目前需要亟须规范的，是众筹平台在项目发起人与支持者的交易关系中所需承担的职责与义务，包括信息的保护、审查职责与纠纷处理机制等。

中国商品众筹平台遇到的另外一个法律问题是沉淀资金的管理与规范。在项目支持期结束之前，支持者的“预购”资金大多沉淀在平台内部；按照某些平台的规定，项目成功筹资之后，支持者的“预购”资金也会按期发放给项目发起人，在此过程中同样存在沉淀资金。如何保证平台不挪用这些沉淀资金，或者规范平台对沉淀资金的使用，并确定资金的受益权，同样是一个需要在立法层面考虑的问题。

在股权众筹方面，中国大部分平台采用 O2O(线上＋线下)的模式来规避法律风险。平台首先展示项目的股权转让与融资金额信息，吸引感兴趣的投资者。在意向投资人与意向投资金额达到预期后，所有的活动转入线下，意向投资人严格按照《公司法》等法律法规进行股权投资操作。

根据上述流程，众筹平台主要承担线上信息披露的职责，在活动转入线下以后，平台则提供流程、法律等方面的一些辅助服务。股份的转让以增资扩股方式由投资人与项目发起企业直接协调、依法完成，理论上不涉及股票发行。由于股权的交割不在平台上进行，平台不是承销商，亦不直接介入股份转让过程，从一定程度上避免了非法发行股票的嫌疑。股权转让信息一旦在互联网上公布，即满足“信息公开”的要件，如何界定这种行为的法律性质，需要做进一步的探讨，以期在鼓励金融创新与保护投资者利益、维护金融市场秩序之间做出合理折中。

对于股权众筹，是否需要建立特定的合格投资者门槛，部分平台做了一定尝试，例如对投资者的身份进行审核、认证，限定普通投资者的投资金额等；再如通过领投人制度，由领投人作为企业董事会成员代行投资人职责；甚至领投人与所有跟投人签订有限合伙协议，以有限合伙企业的形式与企业签署投资协议等。这些措施的效果值得进一步观察和评估，而与此伴随的小股东利益保护问题，也不容忽视。

知识链接

中国首例股权众筹案件——人人投与诺米多

2015 年 1 月 21 号，诺米多（北京诺米多餐饮管理有限责任公司）和人人投（北京飞度网络科技有限公司）签署《委托融资服务协议》，诺米多委托人人投融资 88 万元，用于设立有限合伙企业开办"排骨诺米多健康快时尚餐厅"合伙店。协议签署后，诺米多按照约定向人人投合作单位易宝支付充值 17.6 万元，并优先完成项目选址、签署租赁协议和公示义务，再由人人投展开众筹，原计划于 2015 年 4 月 15 号正式开店营业。最终，有 86 位投资者认购了总额为 70.4 万元的股权融资，并在易宝支付中予以付款。

人人投按互联网众筹运营程序，在上线为诺米多众筹融资的同时，对诺米多项目投资过程中的真实性和合法性进行调查。调查发现 3 个疑点：(1)诺米多投资项目所租赁的房屋房东迟迟无法提供房屋产权证明，因此无法查明该房东是否是本房屋的实际产权人，存在产权归属风险。(2)项目方提供的房屋租赁协议的金宝街 6 号是平房，而金宝街 6 号实为三层楼房。(3)该房屋年租金为 73 万元，折合每天的租金是 13 元/平方米，人人投工作人员通过实地走访和网络调查发现，此地平均租金为每天 7 元/平方米。有信息披露不实风险。

为此，当诺米多进行装修、临近开业前五天要求人人投拨付融资款时，人人投选择了拒绝。之后，双方产生纠纷，诺米多公司起诉至法院，请求确认委托协议解除，要求飞度公司返还 17.6 万元及相应利息，并赔偿损失；人人投为此提出反诉。

2015 年 9 月 15 日，互联网金融业界颇为关心的首例众筹融资案——人人投与诺米多居间合同纠纷一案，在北京市海淀区人民法院公开宣判。一审判决，原告方人人投胜诉，被告方诺米多需支付给原告委托融资费用 2.5 万余元、违约金 1.5 万元。

法庭具体论证：(1)法律依据：我国《证券法》第 10 条。本案投资人均为经实名认证的会员，且人数未超 200 人，结合《关于促进互联网金融健康发展的指导意见》等规范性文件精神，从鼓励创新的角度，法院认为案件所涉众筹融资交易不属于"公开发行证券"，其交易未违反上述《证券法》第 10 条的规定。(2)目前尚未出台专门法规、规章，涉及的文件主要是《关于促进互联网金融健康发展的指导意见》、中国证券业协会发布的《场外证券业务备案管理办法》等，也均未对本案所涉及的行为予以禁止或给予否定性评价。(3)就飞度公司的主体资质，其在取得营业执照、电信与信息服务业务经营许可证等手续的前提下开展业务，目前也无法律法规上的障碍。

第四节　众筹融资的发展趋势

“站在风口，猪都能飞。”当互联网大佬抛出这句话的时候，一定不会想到，仅仅不到一年的时间，互联网金融在国内就取得了飞速的发展，余额宝、百付宝等各种金融产品开始争奇斗艳，以众筹网引领的国内众筹行业也得到了越来越多的人的认知。如果说互联网让金融不再是“高富帅”的专利，通过融入更多碎片化的资金和更加方便的理财环境，让更多普通人加入到理财大军，那拥有互联网金融和实现梦想双重元素的众筹模式无疑是互联网金融的“神奇小子”——不仅让更多的人有了实现梦想的机会，同时也有更多的人能够成为投资者，得到另外一种收获。

一、现有众筹的主要功能

(一)商品众筹调整生产流程，重新定义“预售”的概念

预售一般理解为客户在产品制造完成或进入流通渠道之前先付款(包括全额付款和部分付款)，等待一段时间之后才能获得商品。在过去数年间，消费品市场上兴起了一股“预售”热潮，大量产品以“预售”的形式提前发布，在产品正式发售之前就展开营销。

众筹模式的预售概念与此截然不同，相当于将“生产—销售—回笼资金—再生产”的传统模式转变成“募集资金—试制—生产—发货”模式。这一模式倒置了企业的资金流程，将销售放在生产之前，解决了中小创业者遇到的两个核心问题：产品的用户是谁和生产资金从何而来。因此，它给予许多创业者“白手兴家”的机会：创业团队可在无须借助传统投资的情况下，直接利用消费者的预付款进行产品的研制与生产。

在项目执行初期，由于是按需生产，顺带解决了库存问题。成功的众筹项目往往会出现产品供不应求的状况，以前在生产商、渠道商或者零售商之间货品积压、滞销的风险被这种定向供给模式消除。定向供给的优势还体现在生产与反馈环节的紧密结合、透明的交流渠道和消费者的明确反馈上，这都使得生产者可以及时修改、调整产品的设计与生产，同时需求信息可以迅速传递到各个生产环节，避免层层延误，最终的产品能最大限度满足消费者的需求。

(二)生产者与消费者的角色重新调整，消费者也是生产者

在商品众筹模式中，项目发起人是筹资人、生产者和销售者。项目支持者既是投资者也是消费者——投资于他们希望购买的商品，并经常亲自参与商品的设计。几乎所有的众筹平台都提供发起人与投资人的互动功能，投资人可就产品的设计理念、主要功能、产品生产进程等进行提问，甚至可以提出一些大胆的想法，如果想法得到大多数人的响应并且可行，发起人往往会对产品做出修改以尽量满足投资人的需求。这种利用互联网整合群体创意的方法，为新产品的孕育和研发提供了一种新模式。

(三)以小众带动大众，寻找长尾市场的规模效应

长尾市场的消费者比较分散，使用传统的大规模宣传营销方式来定位这些潜在的消费者，投入产出比非常低。众筹平台采用社交网络的强联系代替广告宣传的弱联系，有效

吸引了潜在消费者，并降低了产品营销成本。统计数据显示，少量支持者就可以撬动大批量的消费者参与购买，提供了间接发掘长尾市场的新方式。

众筹的预售机制明确了购买者规模和价格承受能力，为生产者决定是否启动生产清除了不确定性障碍，甚至使得过去由于工艺落后或者销售不佳而退市的产品重见天日。在供需关系的推动下，生产者有较高的定价能力。小众消费者的人数虽少，但所需要小众产品的范围却有可能很广，这种广泛的"小众"需求不仅为手工制品生产者带来了前所未有的生产动力，也可显著降低单个产品的生产成本，使买卖双方均可由此获益。

(四)商品众筹的包容性，使得众筹平台成为创新的热土

商品众筹网站宣传的口号多数基于"实现梦想"，而非产品本身。这种情感上的交流互动反映了众筹平台对创新和创业的包容。商品众筹的魅力不在于纯粹理性的商业投资，投资者对情感因素的考量经常超过对产品质量、功能、耐用度等客观因素，其投资行为多带有支持、捐助和共同试验的目的。尤其对于小额投资者来说，很多时候项目的成败并不重要，支持他人的梦想、参与梦想实现的过程才是更重要的。充足的资金、热情的支持和宽松的氛围让创业者拥有了广阔的施展空间，从而能够充分发挥自己的才能，实现真正有价值的创新。

总之，商品众筹平台具备非常宽松、包容的文化氛围。这种建立于新型、平等的点对点交易结构和信任基础之上的文化氛围，在传统社会中则难以普遍达成，但互联网渠道、思维与精神却在支撑这种氛围方面发挥了重要作用。

(五)商品众筹使人们更高层次的需求得到满足

众筹平台汇集了大量新奇的创业项目和文娱活动，多样的"商品"类型使得商品众筹平台表面上看起来类似于酷炫商品的在线预售市场。支持者通常基于情感需求，而非耐用性和功能性需求对该众筹项目做出资金支持。众筹平台与电商平台的最大区别在于：人们在电商平台上希望买到物美价廉的商品；在众筹平台上寻找的却是更高层次的需求满足感，支持者真正在寻找的是价值共鸣，产品(或)回报只是这一价值共鸣的附着物。

因此，销售只是众筹平台的一个次要环节，众筹平台存在的意义不在于销售产品，而在于鼓励创业和创新。从实现创意、孵化梦想到社会化创新试验，其中衍生出来的创新模式才是众筹的核心，而这远远超过了电商平台和概念所能承载的内容。

(六)股权众筹改变了企业融资方式

传统的股权融资经常遭遇两个方面的问题：信息不对称与融资渠道单一。前者使得投融资双方需要承担非常高的显性、隐性成本才能达成合作；后者使得中小企业难以找到投资方。

众筹平台的出现使得信息展现与传递不再是制约性问题，任何登录众筹平台的人都可以看到项目发起人的创意展示。通过信息展示与交流，好计划很容易获得志同道合者的欢迎，从而激活长尾市场投资者的投资意愿，并吸引对项目有兴趣的专业投资人参与。

此外，众筹平台改变了创业者融资渠道单一的局面。早期创业项目融资难是一个世界范围内广泛存在的难题。囿于有限的投资机构和专业投资人，资金供不应求，创业者只能扎堆争夺少数投资机构或个人的有限资金，不得不把大量时间花费在拜访投资方、推销商业计划上，导致融资成本高昂。

通过股权众筹平台，初创企业面向公众融资。资金供应者从少数专业投资人和投资机构转变为普通公众。在克服了地理、距离、信息传递等物理限制之后，每个普通人都可以基于情感支持或商业眼光，参与创业投资。众筹模式开创了人人皆可成为投资人的新模式，投资门槛远远低于传统投资模式，例如股权众筹网站 Funderable 甚至把允许的最低投资额降到了象征性的 1 美元。

因此，股权众筹不仅有利于融资人，也为普通人带来了接触初创企业和进行相关投资的机会。由于互联网的聚集效应，有吸引力的创业者可在短时间内获得大量投资者的小额投资——尽管单笔金额都很小，但是总额可能相当可观，这足以满足创业者的资金需求。在此过程中，创业者和投资人各取所需，以群体协作的方式，实现了社会化企业的构建。

股权众筹对传统融资方式的改变，折射出互联网金融发展的重要特点，那就是交易中介的扁平化，尽可能地将对中介的需要压缩到最小以逼近直接交易，但并非彻底地去中介化。其优点在于通过打造公共平台降低交易的中介成本，在此基础之上，再让价格机制发生作用(表现为企业的出让股价与筹资额)，从而使成本降低直至达到一个“完备合同”的标准。

二、众筹融资的未来发展

(一)众筹融资规模继续扩大，但平台数目可能减少

根据咨询公司 Massolution 发布的《2018 年众筹行业分析报告》，截至 2018 年年末，全球共有众筹平台 1544 家，比上年增长 29.10%。筹集资金达 344 亿美元，同比增长 112.35%。其中，借贷类众筹 251 亿美元、捐赠类众筹 28.5 亿美元、回报类众筹 26.8 亿美元、股权类 25.6 亿美元。

面对如此高速成长的市场，大量新的众筹网站已在酝酿之中。尤其在未来，美国证券交易委员会(SEC)可能进一步开放众筹市场，允许国外众筹机构进入美国开展业务(前提是这些机构愿意接受相关的监管)。在股权众筹发展的最大障碍——合法性问题得到解决后，此前持观望态度的大量投资者很可能会进入这一市场，进一步扩大众筹平台的数量。甚至部分传统金融机构，例如风险投资基金，也会直接参与到股权众筹的大潮之中。

由于商品众筹的模式较为容易复制，传统的商业巨头也开始做出一些尝试。淘宝已经推出了名为“淘星愿”的众筹子频道(http://hi.taobao.com/)，但目前尚未进行大力宣传，内容也不丰富。

(二)众筹链条分工更加细化，更多第三方参与众筹的生态链

众筹平台上相当比例的项目属于硬件创业，“创客”文化为众筹平台提供了大量的商业投资机会。资金只是生产启动的基础，而整个生产过程势必会直接、间接地影响到其他环节的参与者，例如设计商、制造商、物流公司、销售渠道等。单个产品从开始研发到最终送达消费者手中，需要经历多个环节。

随着众筹项目的增多和众筹平台的发展壮大，越来越多的第三方生产、服务机构将围绕众筹项目运作，形成众筹产业生态链。例如：专业的营销团队帮助众筹项目进行宣传、推广，以便帮助项目发起人获得足够的筹资金额；制造厂商、硬件孵化公司支持、指导众筹

硬件的生产；商业咨询公司帮助项目发起人进行众筹产品的包装和营销；大型工厂对成功的众筹产品进行第二轮的大规模生产；电商网站、销售平台支持第二轮的大规模销售；风险资金、行业资本对成功的众筹项目团队进行投资。

目前，一批围绕众筹团队服务的营销公司已经出现，他们的主要任务是帮助众筹平台上的团队宣传自身项目，获得更多的口碑和资金。例如 Agency 2.0 为创业者拍摄宣传视频，通过微博、博客和邮件等渠道进行推广，曾帮助 Kreyos 智能手表项目在 Indie GOGO 上筹款 150 万美元。Prefund 通过自家网站展示即将在 Kickstarter 等融资平台上线的项目，订阅者可在项目真正上线时收到通知；在 Prefund 上预先展示的项目，有 71％最终成功筹资。

（三）众筹平台也更加细化，可能涌现更多的垂直型众筹平台

众筹模式虽然面向普通百姓，但具有专业背景的投资人拥有能够筛选出更加具有投资价值项目的优势，从而获得更好的收益。特定行业人员的大量汇集促成了垂直型众筹网站的产生，其中发展较快的是医疗行业众筹网站。Kickstarter 不允许发起涉及医疗的项目，Venture Health、Med Start 等新上线的医疗众筹网站填补了这一块空白。

另一个发展较为迅速的垂直众筹是文化创意产业。国内的淘梦网专注于（微）电影众筹，通过帮助发起人募集启动资金、参与发行计划，达到最终成功发行的目的。类似的垂直平台，不但吸引了一些文化类项目，还迅速集结了一大批爱好者、专业制作者、合作者，甚至发行公司。可见，众筹已经开始形成较为完善的生产和销售链条。

垂直众筹的一个重要优势是投资者可以方便找到符合自己兴趣或专业知识的项目；创业者可以省略基础性的背景知识介绍，直接突出项目的创意和亮点，得到专业人士的反馈与建议。如果垂直型众筹网站能够突出专业性优势，找准定位，做到专而精，将拥有广阔的发展前景，成为连接大量生产（创作）者与消费者的有力纽带。

众筹平台专业性增强的另外一个表现是综合类平台也开始侧重于行业细分，并向某些固定行业倾斜，比较明显的是影视、音乐和科技类项目。国内综合性众筹平台的“偏科”趋势更加明显，筹资额度最高的项目基本上都是影音或者科技类产品。

（四）流程管理将成为众筹平台竞争力的关键

无论是商品众筹还是股权众筹，其风险不仅体现于投资标的（如项目和企业）的选择，更体现于投后管理，即如何确保项目正常运作或企业健康发展，即使是有价值、有前景、可行性强的项目和企业，也会在执行过程中遇到各种主客观问题，导致失败，并使投资人血本无归。

投后管理的关键在于及时、准确的信息披露、异常事件的提早处理、重大事件的集体协商以及项目、企业失败后的资产处置。要在不显著提高企业信息披露和外部管理成本的前提下实现上述目标，实质上意味着企业流程管理的完善化、标准化与透明化。在这方面，众筹平台责无旁贷。

更重要的是，流程管理的作用不仅在于信息披露与风险防范，更在于协同运作。以初创团队的精力和经验，在创业初期势必会遇到种种困难；此时，众筹平台可发挥其中介作用，借助流程管理系统，协助对相关环节进行处理，并通过采用经验交流、集体协商、分工协作、联合议价等方式打通产业链上下游，为初创团队提供切实帮助。

众筹平台介入初创团队的流程管理，意味着它将演变为创业联盟平台，兼具创业辅导、孵化器、流程管理商和资产处置中介的职责，提供支持创业的全方位服务，而不仅仅局限于投资端。角色转变和职能扩展将使得众筹平台与初创企业建立更加紧密的联系，共同开发出全链条的一揽子解决方案，这势必有助于众筹平台形成自己的核心竞争力，避免以单纯吸引筹资项目为目的的粗放式业务发展模式，实现初创团队、平台、支持者的三方共赢。一些垂直众筹平台已经开始类似的尝试，但是工作尚不系统。

透明、标准化的流程管理同样有利于解决小型企业和众筹平台的监管成本问题，以更低成本实现有效监管；同步提升效率与安全，达成二者之间更好的平衡；在鼓励创新的同时降低投资者风险，保护投资者的权益。

知识链接

我国出台的股权众筹监管规范

截至2016年1月，我国尚未出台专门的法律、行政法规、规章对股权众筹加以规范，但相关机构、组织出台了一些规范性或指导性文件。

2014年12月18日，中国证券业协会起草并下发了《私募股权众筹融资管理办法（征求意见稿）》，把股权众筹分为公募众筹和私募股权众筹，定义合格投资者的门槛及股权众筹平台的准入标准等。列出了九条股权众筹平台的禁止性行为，如不得进行股权代持，不得进行证券的转让业务等。该文件目前仍为征求意见稿。

2015年7月18日，央行等十部委发布《关于促进互联网金融健康发展的指导意见》，意见中指出股权众筹融资必须在中介机构平台进行，股权众筹融资方应为小微企业，应披露必要信息，投资者应具备风险承受能力，进行小额投资，股权众筹融资业务由证监会负责。该文件属于政策性指导意见。

2015年7月30日，中国证券业协会发布《场外证券业务备案管理办法》，明确股权众筹是场外业务，开展私募股权众筹并接受备案主体主要有证券公司、证券投资基金管理公司、期货公司、证券投资咨询机构、私募基金管理人等五类。该文件属于行业自律性规则。

2015年8月10日，中国证券业协会发布了《关于调整个别条款的通知》，将《场外证券业务管理办法》第2条第10项“私募股权众筹”修改为“互联网非公开股权融资”。

2015年8月7日，中国证监会下发《关于对通过互联网开展股权融资活动的机构进行专项检查的通知》，通知中明确定义股权众筹的概念，把市场上通过互联网形式开展的非公开股权融资和私募股权融资行为排除在股权众筹的范围之外。股权众筹被明确为，通过互联网形式进行公开小额股权融资的活动，把公开、小额、大众作为股权众筹的根本特征，规定“未经国务院证券监督管理机构的批准，任何单位或机构不得开展股权众筹融资活动”。该文件属于证券监督管理机构下发的工作文件。

另外，2015年4月20日全国人大常委会审议《证券法（修订草案）》第13条规定，通过证券经营机构或国务院证券监督管理部门认可的其他机构以互联网等众筹方式公开发行证券，发行人和投资者符合国务院证券监督管理部门规定的条件的，可以豁免注册或核准。

综上所述，根据我国目前监管思路，股权众筹分为两种，一是列为公募类型的股权众筹融资，二是互联网非公开股权融资。对于前者基本思路是实行牌照管理。

2015 年 12 月 25 日，中国证监会副主席方星海在国务院新闻办公室召开的新闻吹风会上，明确了 2016 年发展资本市场的五项重点工作。其中第四项工作是"开展股权众筹融资试点。但是这个过程是循序渐进的，不会形成一拥而上的局面"。证监会新闻发言人 8 月 7 日表示，未经国务院证券监督管理机构批准，任何单位和个人不得开展股权众筹融资活动。目前，一些市场机构开展的冠以"股权众筹"名义的活动，是通过互联网形式进行的非公开股权融资或私募股权投资基金募集行为，不属于《意见》规定的股权众筹融资范围。根据有关规定，未经国务院证券监督管理机构批准，任何单位和个人都不得向不特定对象发行证券、向特定对象发行证券累计不得超过 200 人，非公开发行证券不得采用广告、公开劝诱和变相公开方式。

2019 年 5 月 18 日，中国证券业协会出台了《私募股权众筹融资管理办法(试行)(征求意见稿)》。明确规定股权众筹应当采取非公开发行方式，并通过一系列自律管理要求以满足《证券法》第 10 条对非公开发行的相关规定：一是投资者必须为特定对象，即经股权众筹平台核实的符合《私募股权众筹融资管理办法(试行)(征求意见稿)》中规定条件的实名注册用户；二是投资者累计不得超过 200 人；三是股权众筹平台只能向实名注册用户推荐项目信息，股权众筹平台和融资者均不得进行公开宣传、推介或劝诱。

本章小结

本章以股权众筹为主对互联网众筹融资的概念、产生、发展和现状进行了阐述，并对其运作原理、主要风险和发展趋势做了详细的论述，其中列举了大量的案例加以说明和补充，使学生们在学习完本章知识之后，对互联网众筹融资能有比较全面的认识，并能掌握一定的众筹企业岗位实践操作技能。

思考与练习

一、单项选择题

1.世界上最早建立的众筹网站是(　　)。

A.Indie GOGO　　B.Kickstarter

C.Artist Share　　D.Venture Heath

2.互联网众筹融资的主要参与者有(　　)。

A.众筹平台　　B.生产者或项目管理者

C.众筹出资者　　D.以上全是

3.以下观点正确的是(　　)。

A.众筹平台拥有资金池

B.众筹平台只是项目方和投资方的中介

C.众筹平台可以挪用投资者资金

D.以上全错

4.(　　)是互联网众筹的垂直类平台。

A.Venture Heath　　B.Artist Share

C.Indie GOGO　　D.Kickstarter

二、简述题

1.简述 Kickstarter 众筹平台的主要项目内容。

2.简述股权众筹融资的运作模式。

3.举例说明中国互联网众筹融资的发展。

三、分析题

1.分析互联网众筹融资的主要风险。

2.试分析互联网众筹融资优缺点。

四、思考题

1.众筹平台利用自己的众筹网站为自己的优质项目融资是否合法,为什么?

2.股权众筹融资平台可以不调查和审核融资项目吗,为什么?

五、实训题

参观考查当地的一家众筹平台企业,从众筹平台、项目管理人和投资者三个视角分别描述其运作模式的优越性和局限性。

第十章　互联网货币

知识要求

通过对本章内容的学习，要求学生了解互联网货币的产生、发展、现状和未来发展趋势，掌握互联网货币的性质和基本特征，充分认识互联网货币与法定货币、电子货币的区别。

技能要求

通过本章的学习，要求学生能够熟练应用互联网货币的基础知识，以互联网消费者的身份在线操作和使用互联网货币，并对互联网货币未来的发展趋势有大体认识。

计算机通信技术的应用以及作为新兴媒体的互联网的发展，是网络营销产生的技术基础。互联网引致了一个新的市场的出现，这个市场就是基于网络空间的虚拟市场——电子商务。电子商务正在以人们难以想象的速度向社会经济生活的各个方面渗透。一方面，金融企业采用互联网技术以及现代通信、计算机和网络等信息技术手段，提高传统金融服务业务的工作效率，降低经营成本，实现金融业务处理自动化、金融企业管理信息化和决策科学化，为客户提供更快捷、更方便的服务，进而提升金融企业的市场竞争优势，实现金融互联网化；另一方面，为使互联网在线交易（包括产品和服务交易）的支付、结算、流通、储存更加便捷安全，互联网企业（包括电商）利用日益完善的互联网技术和现代移动通信技术，创造出各种互联网货币，在各自的平台内使用，出现了互联网金融化的局面。于是，传统金融业在法定货币基础上形成的电子货币形态（如消费卡、信用卡等）得到进一步的扩展，出现了如Q币、游戏币、比特币之类的新的电子货币形态，互联网货币初步形成。

第一节　互联网货币概论

一、互联网货币的概念

当前，学术界对于虚拟的游戏币、电子货币、网络货币这些不同对象尚未有一个清晰的定义来区分其不同，甚至在名称上也往往混淆使用，使得很多文章的分析意图和结果也不甚明了。因此，为互联网货币的概念做出明确界定是十分必要的。

广义上的互联网货币是指产生于网络虚拟环境，可以在虚拟世界中流通，并作为虚拟世界中商品交易的一般等价物的货币。

在现阶段，互联网货币处于发展初期，致使学术界的讨论和分析无法从整体上进行把握。以目前国内影响最大、争议最激烈的由腾讯公司发行的Q币为例，大部分学者都认为Q币不能像人民币或者信用货币那样得到整个社会的普遍认同，是单向流通，因而不属于互联网货币。但是，这些观点对互联网货币的评价都有一个前提，即以一种成熟的互联网货币的标准，甚至是现实中信用货币的标准来衡量。因此，在讨论互联网货币的相关问题时，将互联网货币分为现阶段互联网货币和高级互联网货币两类，有利于客观地分析互联网货币的发展和未来方向。

现阶段互联网货币是指由非金融机构发行，借助于互联网络在发行者与持有者或发行者和少数几个商家与持有者之间流通，能购买现实商品、虚拟财产或信息产品和服务的充当等价物的近似货币。

货币的本质是在交换过程中使用它们的人之间达成的一种默认的信用关系。不同形态的货币信用来源不同，不管是来源于对物品自然属性的信任，还是来源于对强权、中间人的信任，信用关系始终贯穿货币发展的始终。因此，现阶段互联网货币想要生存发展下去，必须有一个值得信赖的、稳定的机构作为后盾。如果不能够获得强权信用保证的支持，作为货币的一种新的形式，互联网货币是不太可能继续发展并获得成功的。

随着经济全球化以及计算机技术的进一步发展，可以预见，目前的基于网络的互联网货币只是未来互联网货币的一种特殊的初级形态。当网络经济发展到一定阶段，随着互联网货币用户数量规模的进一步增大，经济活动互联互通的需求必然要求有一个统一的、由权威机构认可的互联网货币的出现。但是，当网络互联网货币走向统一发行时，成为新的信用货币而产生通用性，这样会冲击货币流通。因此，互联网货币的背后必然也需要一种源自强权的信用关系，进而演进到高级互联网货币发展阶段。

理想中互联网货币发展到高级阶段的表现形式为高级互联网货币，是指由中央银行或者特定金融机构发行，在虚拟世界中流通的法定货币。从定义中可以看出，互联网货币并不一定需要以法定货币单位作为计量单位，它的界定需要从两个角度看：首先，互联网货币是一种货币，具有货币的基本性质；其次，互联网货币具有虚拟性质，依托于互联网络而存在。货币是固定地充当一般等价物的特殊商品，在发达的商品经济或市场经济中，货币具有价值尺度、流通手段、贮藏手段、支付手段、世界货币等五种职能。互联网货币具有价值尺度和流通手段这两个最基本的职能，但是由于其本身不具有任何价值，因此缺乏作为贮藏手段和世界货币的基础。但是，由于互联网络本身的无国界性，互联网货币与生俱来就具有世界性的特点，其在全球范围内的流动要比现实货币容易得多(成本也会小得多)。随着互联网货币和现实货币联系的密切以及某种互联网货币在世界范围内可接受性的提高，互联网货币发挥作用的范围将远远超过一国的范围。

二、互联网货币的特征

在进行互联网货币概念的界定时，根据发行机构的不同将互联网货币分为两类。当前阶段，互联网货币还不完全具备货币的信用特征和状态。在全世界范围内，互联网货币尚处在现行发展阶段，由作为非金融机构的商家发行。因此，基于当前不同形式的现阶段互联网货币，分析一下互联网货币所具有的特征和属性。

（一）虚拟性

首先，互联网货币实际上是一种数字化的信息，没有特定物质形态，表现为虚拟存在。其次，互联网货币存在于网络虚拟空间，用来作为信息商品的交易媒介及作为虚拟财富的储存手段。现阶段互联网货币虽然不能直接购买现实世界中的商品，但是作为一种近似货币，与法定货币产生直接联系，在事实上已经成为法定货币的逻辑对应物，即法币的虚拟物。

（二）近似货币性

正如在定义部分分析的那样，作为一种货币，互联网货币必然具有货币的部分或全部特征。对于现阶段互联网货币而言，由于其流通范围相对狭小，尚不能固定充当所有商品的一般等价物，但在其流通范围内，已经具备了货币的价值尺度和流通手段的职能，因此现阶段互联网货币接近货币，属于近似货币价值形式。高级互联网货币具有货币的属性，可以作为一般等价物，具有普遍的接受性。

（三）应用有限性

目前，互联网货币发展还处于起步阶段，大都由非金融机构发行，通常只能购买发行者提供的现实商品、信息产品或服务。通过发行者与其他公司协商，也可以购买其他公司提供的现实商品、信息产品或服务。在未来的发展过程中，即使出现了由金融机构发行的统一的互联网货币，其支付对象和购买客体也仅限于开展网上销售和接受网上支付的公司提供的商品和服务，而不能购买未开展网上销售业务的公司的商品和网上销售公司未上网销售的商品。因此，互联网货币的支付对象和购买客体都具有有限性。

（四）可分性

由于互联网货币只是数字化的信息，不需要如现实货币那样分主币和辅币分配发行，所以理论上，互联网货币具有无限可分性。

（五）需规制、调控性

作为市场经济主体的商家并非银行金融机构，其发行现阶段互联网货币的行为是一种市场行为，目的是通过提供便捷的支付手段，满足用户微额支付需求，获取商机和竞争优势。这种市场行为必然导致发行者间的竞争，因此，需要规制主体依法进行规制。虽然互联网货币仅在有限范围内流通，但其作为法币的虚拟物，同样可能影响货币供应量，因此需要中央银行进行调控。

三、互联网货币的性质

互联网货币是特定社会、经济、科技条件下的产物，它是一种符合货币形态历史发展规律的货币。货币随着交换的产生而产生，随着交换的发展而发展。当社会经济发展到商品经济时代，货币本身的内在矛盾促使货币最终摆脱任何一种使用价值，成为一种符合，可以寄身于纸币、信用卡、支票甚至某种电子设备支持的一套支付和存储程序中。在货币演变的过程中，货币始终沿着从具体到抽象、从实体到观念不断地走向社会化、虚拟化的路径演绎和发展。卡尔·门格尔(Carl Menger)认为，货币产生和演化的本质规律是交易成本递减。货币形态从实物货币到金属货币，再发展到信用货币、电子货币，都是为了满足货币生产、运输、存储的低成本需求。互联网货币的产生和发展符合货币交易成本递减规律，同时也满足了货币演化所需的其他基本要求，包括广泛接受性、可互换性、可分性和抗伪造性。互联网货币在网络上的流通，极大地扩展了市场交易的时间和空间，创造了更多的交易机会，为经济的发展起到了推波助澜的作用，加快了全球市场化，加强了全球经济的联系。因此，互联网货币目前虽然还不完全具备货币的信用特征和职能特征，但是仍然可以被认为是一种遵循了货币发展的规律、处在发展初期的新型货币形态。

知识链接

一、国内主要的互联网货币交易平台

云币网 https://yunbi.com/，支持比特币交易

火币网 https://www.huobi.com ，，支持比特币交易

元宝网 http://www.yuanbaohui.com/index，支持多种虚拟币交易

虚拟币之家 http://www.xunibihome.com/ ，只提供互联网货币资讯

二、国际主要的互联网货币交易平台

Mtgox.com	支持 BTC 交易
cryptsy.com	支持多种虚拟币交易（网站成立时间长，目前交易品种最多）
Vircurex.com	支持多种虚拟币交易
BTC-e.com	支持多种虚拟币交易，以 LTC 币为主导
crypto-trade.com	支持多种虚拟币交易
coins-e.com	支持多种虚拟币交易
PhenixEx.com	支持多种虚拟币交易
mcxnow.com	支持多种虚拟币交易
coinex.pw	支持多种虚拟币交易
CoinedUp.com	支持多种虚拟币交易
therocktrading.com	支持多种虚拟币及 XRP 交易
bitstamp.net	支持 BTC 交易
tradehill.com	支持 BTC 交易

第二节 互联网货币与现实货币的区别与联系

一、互联网货币与现实货币的区别

1.存在形态上不同。存在形态的差异使得互联网货币和现实货币在具体使用时也有所不同：现实货币是有形的，可以携带，不需要其他辅助设备就可以完成资金交割；互联网货币由于是无形的，无法随身携带，只有在有网络接入设备的地方可以使用互联网货币进行支付活动。

2.使用领域不同。现实货币主要在现实世界中使用，互联网货币则主要作为虚拟世界中商品的交易媒介。尽管二者在一定程度上都可以在另外一个领域内使用与流通，但各自主要的服务范围是不同的。二者服务的领域不同，但可以通过货币的兑换关系连接在一起。

3.发行者数量不同。现实货币作为法定货币，通常由一国的中央银行或货币当局垄断发行，任何社会团体和公司均无权发行货币。但目前互联网货币的发行由于缺少法律、法规约束，社会团体和公司均可发行。

4.购买力不同。现实货币具有法定购买力，在其管辖领域内，任何人不得拒收；现阶段互联网货币只能在发行者范围内或有限的几个公司之间具有购买力，被拒收也不属于违法，其购买力弱于现实的法定货币。

5.管理方式不同。现实货币的发行属于政府行为，不需要市场规制部门的管理；现阶段互联网货币的发行属于商业行为，发行者通常以盈利为目的，可能出现不正常竞争，因此需要市场规制部门进行市场规制。

6.法律效力不同。现实货币由国家法律规定任何人或组织不能拒绝接受，具有法定地位；而现阶段互联网货币的法律效力没有明确，不具有法定地位。

二、互联网货币与现实货币的联系

(一)均属于宏观调控范围

对于现实法定货币，中央银行通过调节货币供应量可以实施货币政策。互联网货币通过和法定货币绑定，也会对基础货币、货币供应量产生影响。因此，互联网货币和现实货币均包含于中央银行实施宏观调控的范围。

(二)均有必要上交准备金

对于现有的法定货币，存款准备金是为了保护存款人利益和实施货币政策的需要而要求商业银行上交的。对于互联网货币，由于其绑定了法定货币，消费者支付货币购买的互联网货币，体现的是互联网货币发行者对拥有者的负债。因此，虽然当前法律、法规尚未明确规定，但是对于互联网货币的发行者，按互联网货币发行量比例上交准备金，对于保护互联网货币持有者的合法利益是十分必要的。

(三) 现实货币的价值决定互联网货币的价值

在现阶段，消费者必须支付法定货币来持有互联网货币。也就是说，互联网货币的支付能力是以法定货币为后盾的。现实货币的价值决定了互联网货币的价值，当法币升值(贬值)时，互联网货币将随之升值(贬值)，但反之则不然。

知识链接

从货币职能看互联网货币的本质

根据古典政治经济学，货币指的是充当一般等价物的特殊商品，应该具备五大职能：价值尺度、流通手段、支付手段、贮藏手段和世界货币的职能，而虚拟货币显然并不完全满足这些条件，只是在一定范围内行使着货币的部分职能。从本质看，虚拟货币在虚拟世界这一特定领域内充当一般等价物，在现实世界不能流通。在现实中，虚拟货币只是企业发行的所谓的“货币商品”，是一种功能和属性相对特殊的商品。

价值尺度。从表面上看，虚拟货币总是以一定的比例兑换顾客需要的商品，但实际上，这种兑换关系不是商品价值的表现形式，而是商家的定价策略的一种变形，是商家分别对商品和虚拟货币二次定价的一次体现。也就是说，通过“商品价值—人民币”“虚拟货币—人民币”这样的两个等价关系，使商品价值与虚拟货币在量上相挂钩。商品中包含的无差别的人类劳动并不直接决定虚拟货币的兑换量，执行价值尺度职能的仍然是人民币，而不是虚拟货币。

流通手段。在网络世界里，人们可以用虚拟货币直接购买网络运营商所提供的商品和服务。但是只有网络运营商能够充当销售者的角色，人们只能在虚拟世界里用虚拟货币购买商品或服务，而没有合法渠道将商品售出换回虚拟货币。由此可见，目前虚拟货币只支持单向流通，“商品—虚拟货币—商品”的流通机制尚不完善。

支付手段。虚拟货币也具备部分支付手段的功能，但是由于其使用范围的限制，虚拟货币无法购买非发行公司提供的商品服务。

贮藏手段。虚拟货币不能作为财富的代表而储存起来，也就不具备贮藏手段这一功能。

世界货币。目前中国互联网上的虚拟货币中还没有一种具有国际影响力，即使是诸如比特币之类的互联网虚拟好货币，也都缺乏国际流通的法定效力。

第三节　互联网货币与电子货币的区别与联系

电子货币是最容易与现阶段互联网货币混淆的一个概念，电子货币和互联网货币在概念上是有部分重合的，但是目前将两者完全等同对待的观点却有待商榷。

目前关于电子货币的定义比较多，其中较为权威的是1998年巴塞尔委员会给出的定义：在零售支付机制中，通过销售终端、各类电子设备和公共网络（如Internet、移动电话等），以“储值”产品或预付机制进行支付的货币。常见的电子货币有等值IC卡、电话卡、电子支票、电子信用卡、电子钱包和互联网货币，其中互联网货币又包括网络现金、网络钱包和网络支票三种形式。

到目前为止，国内外学者对电子货币的概念仍然没有形成一个统一的认识，电子货币的定义都回避了对电子货币发行主体的认定，由此带来互联网货币与电子货币两个概念之间的重叠与冲突。

一、互联网货币与电子货币的区别

（一）产生背景不同

电子货币的出现是信息革命的产物，它的产生和流通使实体货币与观念货币发生分离，有效地降低了信息成本和交易费用；互联网货币的出现是新技术革命和网络经济发展的必然结果，它的生产和流通使真实货币演变为互联网货币，进一步减少了交易媒介的信息成本和交易费用，加快了货币虚拟化的趋势。

(二)成本不同

互联网货币发行成本很低,不存在如现实货币的铸造费用或印刷费用,也不存在如电子货币的卡基费用,只需要发行机构在其服务器上进行数据修改即可;互联网货币的交易成本很低,不会产生如现实货币的保管、携带、运输费用,也不会产生如电子货币的转账费用或手续费用,只需通过简单的网络传输即可。

(三)安全性不同

电子货币或者基于卡,或者基于安全软件,通常情况下持有者对其控制较为严格。互联网货币在支付过程中并不基于卡,发行时也未采用数字签名,这就给计算机"黑客"留下了可乘之机,其安全性不如电子货币。

(四)发行者不同

电子货币包括电子货币中的互联网货币,其发行者都是银行等金融机构或者公证的第三方非金融机构,使用者必须在银行或金融机构中拥有一个账户才可以使用。而互联网货币并不由银行等金融机构发行,可能由第三方机构发行,但更多的是商家自己发行,用户没有账户等身份验证的要求,可以通过多种渠道获得。

(五)性质不同

电子货币是货币价值的电子化,即使电子货币中的互联网货币也是基于账户(account-based)的。它们依附于实体货币,并非独立于现金货币或存款货币之外的一种新的货币形式,而是现实货币的一种新的存在形式。初级互联网货币本身就是一种全新的货币,其发行、流通与回笼与传统货币不同。

(六)运行基础部分不同

电子货币必须通过 POS、IC 读卡器等电子设备才能够实现支付功能,电子货币中的互联网货币以互联网为运行基础实现流通职能。互联网货币则需要通过互联网运行,通常只需浏览器的支持,无须其他软件和 POS 等终端的支持,支付环节和过程较简单。

二、互联网货币与电子货币的联系

1.从两者的定义分析,互联网货币可以被看作是电子货币的一种。首先,互联网货币需要通过网络才能实现支付过程。其次,互联网货币需要消费者首先支付法定货币才能获得,是持有者预付给发行者的一笔预付款,属于一种预付机制。因此,从定义的角度看,互联网货币是一种电子货币。

2.其他电子货币可以转换为现阶段互联网货币。理论上,只要现阶段互联网货币发行者接受电子货币支付,消费者就可以通过电子货币购买互联网货币,实现其他电子货币到互联网货币的转换。目前国内的互联网货币发行者并不提供互联网货币向其他电子货币的转换,但是通过互联网货币持有者之间的私下交易(可以通过非公证的第三方平台),可以完成互联网货币向其他电子货币的转换。

知识链接

电子货币本质的界定

电子货币的本质是货币,是法定货币在流通过程中的一种表现形式。电子货币有几种形态,如储值卡型电子货币、信用卡应用型电子货币、存款利用型电子货币、现金模拟型电子货币。电子货币的这些形态,都是为了实现法定货币的支付、流通、储存等基本功能的便利而进化来的。这正如各国法定货币本身的进化,从实物货币阶段(如贝壳)、贵金属货币阶段(如金银)、代用货币阶段(如纸币)到信用货币阶段(如支票),货币形态的不断演进都是为了更方便的流通。就目前的情形看,电子货币(包括互联网虚拟货币)只是法定货币的"影子",它还没有成为全面流通的、真正的一般等价物——货币。至于人类货币的将来,是否能进化到全球通用的互联网化的数字货币,还有待研究。

第四节　互联网货币的产生与发展

货币的发展史是一部货币形态和货币载体演变的发展史,从实物货币到金融货币,从纸币到电子货币,货币的形态在不断地变更,科学技术的进步对货币形态的演进也发挥着重要的支撑作用。在商品经济的发展过程中,科学技术、主导产业、货币形态三者之间存在着递进的互动关系,相互促进,共同演进。从整个社会经济发展的角度来分析,互联网货币是当前信息工业背景下信息科学技术发展的产物,它的产生和发展遵循了主导产业下科技与货币形态共同演进这一历史规律。

一、互联网货币的产生

互联网货币是社会经济和科学技术发展的产物,是在互联网经济条件下的支付需求,是互联网用户体验的需求,是电子商务交易双方完成快捷、安全交易的需求,也是低成本交易的目的使然。

(一)便捷的支付需求催生互联网货币

在互联网和电子商务日益发展的今天,电子支付愈来愈为人们所需求和依赖,并影响和改变着人们的消费习惯和生活方式,然而随着消费者日益多元化的需求,我国的电子支付系统逐渐呈现出一定的缺陷,在广大消费者额度小频次高的网络社会体验需求的便捷性和支付安全性考虑方面满足不了用户的需求。

目前,我国的大额电子支付系统基本上已能够满足大众的需求,为各企业间的资金流转提供了比较好的平台,但个人小额电子支付却一直未能得到足够的重视,而这却正是当前消费习惯和生活方式不断演变过程中一个迅速发展起来的个性化需求,当前人们的生活节奏不断加快,有一定的经济基础来满足其追求更高层次的精神需求,而相对的时间匮乏和互联网的不断发展,使得一些人将娱乐寓于网络世界中,通过较少的时间来在网络世界中体验在现实中需要更多的时间来体验的生活与娱乐,而相应的电子支付系统的非同步滞后性的发展在一定程度上束缚了人们的个性化需求得以满足。

在互联网经济和电子商务的背景下,互联网企业在谋取自身利益的驱动下,创造了一个新的适应于用户需求的支付渠道和消费方式，以更好地发展自己的互联网服务，那就是互联网货币。

互联网货币作为一种新的支付手段，与法定货币及其他作为支付手段的电子货币相比，在网络世界中具有无可取代的优越性。它可以快捷、方便、安全地满足虚拟世界的用户的个性化支付需求。互联网货币的优越性主要体现如下。

1.充值渠道多元化

互联网货币的充值渠道多元化，为消费者提供了多重选择的主动权，用户可以通过不同的渠道对其虚拟账户进行充值，比如，声讯电话充值，从代理商购买实体卡，通过电信或网通家庭宽带账号，以及通过腾讯其他增值业务中的赠送活动、网银充值等等。

2.便于网络支付

互联网货币账户具有预储值性质，用户不必每次消费都通过第三方系统，而只要一次充值，就可以从网络虚拟商品服务上多次消费，从而不仅节约了成本，也降低了网络非安全的概率。举例来说，是腾讯用户，对腾讯提供的增值服务应用比较频繁，我们假设该用户现在有以下需求购买腾讯会员资格，支付腾讯秀，为其喂养的宠物购买食物。如果不通过虚拟账户来支付而是直接通过现实的账户进行网络转账，那么三次不同的购买需求就需要用户分三次将自己的账户和企业的账户相联系进行转账，而如果通过虚拟账户来作为支付中介的情况下，用户可以一次性为其虚拟账户充入足够的值，而在每次有购买需求时，就可以直接通过自己在企业的虚拟账户支付。显而易见，首先，后者要比前者节约成本，因为前者每次交易的参与都涉及用户、企业以及支付中介银行和其他金融机构，而后者仅在初次对虚拟账户充值时涉及第三方，在以后的交易过程中仅涉及用户和企业，双方可以直接进行交易。其次，后者相比前者转账过程中的网络安全性得以提升，因为一旦用户一次性将虚拟账户充入一定的值后，以后的三次交易则完全无关于其现实的账户，不会影响现实账户的安全性。

（二）互联网用户体验的需求

当今的电子支付系统还存在一定的缺陷，不能满足广大消费者日益多元化的需求。目前我国的大额电子支付系统基本上已能够满足大众的需求，为各企业间的资金流转提供了很好的平台，然而个人小额电子支付却一直未能得到足够的重视，而这却正是当前生活方式下一个迅速发展起来的个性化需求。当前人们的生活节奏不断加快，有一定的经济基础来满足其追求更高层次的精神需求，但相对的时间匮乏和互联网的不断发展，使得一些人将购物、娱乐寓于网络世界中，通过较少的时间来在网络世界中体验在现实中需要更多的时间来体验的生活、娱乐与购物。

由于互联网服务往往具有“额度小”“发生频繁”等特点，互联网企业都在寻找一种能够使用户“一次支付，多次使用”的渠道。而互联网货币的支付模式正是在此需求下催生出来的。随后，更多的电子商务机构、网游运营商和门户网站竞相效仿，各自推出不同的虚拟货币，为用户提供一个消费商家自己所提供的商品或服务的一种便利的支付渠道。

（三）电子商务的驱动

互联网虚拟货币是在发展过程中顺应于用户小额支付需求而生的电子货币的一种新的形式，尽管其发行及应用不同于一般的电子货币，但仍具有一般电子货币的特征，从而也推动了其进一步的发展和应用。其电子商务特征主要有以下几点。

1.表现形式多种多样

在各大商务网站中,互联网货币的存在形式并不是单一的。综合起来,互联网货币的形式有几种虚拟等级,这是一般网站给予活跃会员的奖励,等级高的可以享受更高级的服务虚拟货币,有些网站是通过向积极会员发放虚拟货币的形式进行奖励,会员在享受收费服务时用虚拟货币进行支付。此外,还有积分、游戏装备、虚拟头衔等奖励形式。

2.发行机构不统一

一般情况下,一国的货币是由央行或特定机构垄断发行的,国家有专门的政府部门对货币发行机构进行监督和管理,具有很高的权威性。而当前互联网货币的发行机制与其不同,其发行机构几乎是清一色的电子商务机构或网络服务提供商,而且发行机构众多,其发行互联网货币的目的和原则是完全的市场行为,即自身经济利益的最大化。它们各自为政、各行其责,几乎不需要接受任何部门的监督和管理,不具备最基本的社会权威性。

3.高风险性

比较于法定货币,互联网货币具有一定的市场风险性。传统货币是以中央银行和国家信誉为担保的法定货币,而互联网货币则由于是不同机构自行开发设计的,其担保要依赖于各个发行者自身的信誉和资产。

4.互联网货币具有国际性

由于互联网货币可以按照客户指令在不同账户上转账划拨,互联网货币就能够随时成为各种存款的生息资产,这是纸币无法比拟的。一般来讲,互联网货币只要双方认同,可以使用多国货币交易,而法定货币一般都只能在一定地域流通。互联网货币可以跨越国界,具有世界性。

5.发行和流通的成本低廉

网络虚拟货币都是以数字化的形式存储和流通,故其发行成本较低。而且客户进行交易结算的成本也远远低于其他结算方式,如信用卡、现金等。网络虚拟货币相对与一般电子货币而一言,由于发行和流通都是基于同一个平台,因而使用成本更是低廉。

二、互联网货币的发展现状

(一)国内互联网货币的发展

随着互联网的不断发展,不少门户网站、网络虚拟产品和服务提供商为了提供更好的服务,很早就开始采用各自的互联网货币支付方案。网络虚拟产品和服务商提供的虚拟物品大多只能用相应的互联网货币来买,用人民币是无法直接购买的,这就类似于外币在中国必须先换成人民币才能使用。统计显示,国内虚拟装备和货币的交易占网上支付市场交易的比重超过10%,艾瑞(iResearch)监测数据显示,近年来第三方网上支付交易额规模快速增长,目前虚拟市场中存在的货币有:腾讯Q币、百度币、网易泡币、新浪U币、搜狐狐币、魔兽币、天堂币、盛大点券等,越来越多的网民开始使用互联网货币,互联网货币在网络增值服务中的作用得到了强化与扩展。

(二)国外互联网货币的发展分析

从全球市场范围来看,越来越多的互联网运营服务商和企业发行自己的虚拟货币,虚拟货币市场规模急剧扩大,例如,在社区 Entropia Universe,货币是 PED;在 Eve Online 社区,货币是 Isk;在 Warcraft,货币是 Gold;在韩国的 Cyworld 虚拟社区,货币是 Acorns; Second Life,货币是 Linden 币。和国内初级虚拟货币市场相同,也存在有众多第三方交易平台提供初级虚拟货币与法定货币的双向兑换,例如著名的 IGE、Gameused 和 Sparter 等交易平台。但是,与国内初级虚拟货币市场不同的是,一些网络产品和服务提供商通过提供浮动或固定的兑换比率,实现法定货币与虚拟货币的双向兑换。比如,Second Life 虚拟社区(以下简称 SL)发行的林登币。

(三)常见的互联网货币

1.比特币:比特币是一种建立在全球网络上的货币,它是一种没有央行参与发行的,数量一定的数字货币。比特币建立在全球的 P2P 网络上,全球无数的 P2P 节点全天候地在维护着比特币的网络。虚拟货币比特币(Bitcoin)的概念最初由中本聪(Satoshi Nakamoto)在 2009 年提出。比特币也用于指称。与大多数货币不同,比特币不依赖于特定的中央发行机构,使用遍布整个 P2P 网络节点的分布式数据库来记录货币的交易,并使用密码学的设计来确保货币流通各个环节的安全性。例如,比特币只能被它的真实拥有者使用,而且仅仅一次,支付完成之后原主人即失去对该份额比特币的所有权。

图 10-1 常见的互联网货币

2.腾讯 Q 币:Q 币是腾讯公司提供给用户一种用于购买其相关增值服务的支付媒介。它可以供使用即时网络聊天工具 QQ 的用户购买 QQ 秀的服装、场景、化妆品或购买 QQ 游戏道具等虚拟商品和服务。最初规定 Q 币只能用于腾讯公司所发行的相关增值服务,即在正常情况下,Q 币只能实现"人民币—Q 币—游戏币—增值服务"的单向流通。Q 币之所以会如此流行,是因为 Q 币通过银行、手机、固定电话,甚至在网吧、报亭就可以充值,这极大地方便了用户的消费。在互联网上 Q 币逐渐成为一种交换媒介,同时也成为连接网络市场和现实市场之间的纽带。Q 币的支付体系:腾讯公司在 2002 年 5 月推出 Q 币这种网络虚拟产品,官方价格为 1 元人民币兑换 1 个 Q 币,网民可通过银行卡、电话银行、实物 QQ 卡等多种形式购买 Q 币,然后将 Q 币存入对应的 QQ 账户。如今腾讯的各类服务:QQ 会员、网络硬盘、QQ 音乐、订阅杂志、QQ 游戏、QQ 宠物等都需要支付 Q 币,并且 Q 币与 Q 点、QQ 游戏币建立了等量交换关系,在腾讯的网络世界中,Q 币通行无阻。

3.百度币:百度币是由百度公司发行的一种可以在百度网站统一支付的虚拟货币。主要用途是为了方便个人用户在互联网上消费,在消费过程中,1 百度币价值 1 元人民币。主要使用方向为网上下载,购物,主要使用人群为常用百度且喜欢网上下载电影、歌曲、彩铃、游戏、文档的用户。采取的支付方式为直接充值,也支持百度币卡、神州行卡、网上银行、宽带账号、声讯电话、手机短信、第三方支付账号，共七大类充值方式。会员购买的百度币，自充值之日起有效期限为一年，在有效期内的消费依次扣减，到期后未消费的百度币数额自动失效。百度币充值之后，不予退款，需在有效期之前用完。

此外，客户量较多的虚拟货币还有盛大公司的点券，新浪推出的微币（用于微游戏、新浪读书等），侠义元宝（用于侠义道游戏），纹银（用于碧雪情天游戏），近几年流行起来的莱特币、无限币、夸克币、泽塔币、烧烤币、便士币（外网）、隐形金条、红币、质数币等。

三、互联网货币的对微观经济影响

（一）互联网货币的网络外部性

为了理解互联网货币对微观经济的影响，分析互联网货币的网络外部性是重要的前提条件。当消费者消费某类商品的效用或某类新技术的采用受到使用相似的或者兼容产品（技术）的人数的影响，则称具有网络外部性或采用外部性。这意味着市场的结果取决于消费者对网络用户规模的预期。典型的网络产品是无法孤立存在的，其价值的实现完全要依赖于相同或互补产品组成的网络规模。谢伊（2001）解释说，有着网络外部性的产品具有一些独特的、相关的特征，包括互补性、外部性、转换成本、锁定效应和规模经济效益。互补性的存在是因为当单独拥有网络产品时是无法得到消费者效用的（Katz and Shapiro，1994；Economides，1996）。

互联网货币的持有者必须通过能够接受互联网货币支付的支付系统才能够实现消费者效用，同时兼容性和操作的标准也是十分重要的。基于庞大的搜索引擎用户群的百度公司于 2006 年推出百度币时，试图在当时的条件下实现互联网货币在线流通，与通讯机构（例如中国电信）、各大商业银行的网络银行（例如招商银行、工商银行）、在线支付公司（例如银联、Pay Pal、支付宝）、其他互联网货币发行公司（例如盛大、网易）等 23 家公司签订了合作协议，实现百度币与其他互联网货币的相互兑换。其目的就不仅仅是为了推出百度公司的 B2C 业务，还有一种可能是为了统一虚拟币市场，从而能控制网络经济产业链的一环。随着企业规模的增长，资金的流动性会随之增加。在金融服务领域，由于货币流动性的影响，互联网货币的网络外部性呈现出一种特定的表现形式（Economides，1993，2001）。因为互联网货币持有者的效用取决于其他使用互联网货币的消费者数量，对联合用户预期的依赖就产生了多重均衡（一种均衡是所有消费者都使用互联网货币，另一种均衡是没有人使用互联网货币），都反映了消费者对市场中其他消费者决策的最佳反应。发行互联网货币的公司必须拥有庞大的用户群和极具吸引力的应用，才能带动这种互联网货币在整个互联网中的推广和应用。互联网货币的流通性越好，价值就越高。例如前文所述，腾讯公司的 Q 币基于庞大的 QQ 用户群，随着其流通范围和使用人群的扩大，吸引了更多的消费者，这正是受益于网络效应所产生的积极的市场反馈。而一些小型网络服务提供商，由于其用户基数达不到临界规模的要求，使用其互联网货币的消费者很少，所以他们发行的互联网货币就因为没有了生存空间而逐渐消失。

网络效应的作用会导致市场锁定在某种产品上，一种互联网货币的持有者如果想转换到另一家网络产品和服务提供商发行的互联网货币，需要重新学习另一套支付方式及其相关问题，不同商家发行的互联网货币又无法低成本地相互流通转移，这些转换成本进一步将用户锁定在某一种互联网货币，从而产生锁定效应。

最后，规模经济将意味着，虽然为了发行互联网货币和发展与之相适应的微额支付系统和运行的基础设施需要较高的沉没成本或固定成本，但是同时，复制和发行的互联网货币和支付系统的边际成本将会很低。这将会导致自然垄断（平均成本急剧下降），并产生市场力量（market forces）。对于那些利用自有资金来发行互联网货币的企业来说，能够获得市场力量来减少竞争是十分重要的。然而，上面所说的互联网货币运行的基础设施已经存在（即 Internet），这表明微观经济政策应该着重于发展有效的接入定价体制。

（二）互联网货币对电子商务的影响

互联网为消费者提供了大量的交流和沟通场所，同时也给企业提供了经营市场。客户在互联网上的相互沟通和对产品的评价，使得原有的产品中心化现在转变为以客户为核心。随着计算机人工智能技术、数据库技术的发展，企业可以便利地搜集顾客的信息，及时掌握消费者的脉搏。因此，越来越多的企业开始围绕独立个体需求开发技术、设计新的服务与商业模式，独立自主地参与到电子商务中，有效地促进了电子商务的发展。

当前互联网货币的繁荣主要是依靠网络游戏产业的发展来拉动的，这只是互联网货币在发展初期的现象，不会持续很久。成熟的互联网货币时代，网络经济的繁荣更应该是依靠电子商务的拉动来实现的。作为一种等价物，互联网货币不仅仅像前文分析过的只解决微额支付问题，更能够促进网络交换、吸引受众注意力，促进虚拟消费与在线消费等，还能够有效促进传统电子商务升级，对网络虚拟经济产生巨大的影响。

1.互联网货币是网络虚拟经济的基础

互联网货币就是虚拟经济的具体体现形式，互联网货币是构建与现实经济平行的网络虚拟经济的价值交换基础，是网络虚拟经济的核心。美国著名经济学家林顿·拉鲁什（Lyndon La Rouche）在一本描述未来虚拟经济的著作中有过论断，“全球每天的金融交易中，仅有 2%与实体经济有关。从 2050 年开始，基于网络的互联网货币将在某种程度上得到官方承认，成为能够流通的通行货币。”现实世界中每天数亿人次的网络消费，庞大的消费数量和互联网货币流通规模，让人深刻感受到了互联网货币的存在和巨大影响。

2.互联网货币促进传统电子商务升级

众所周知，传统电子商务的模式是亚马逊（Amazon）的 B2C 模式、阿里巴巴（Alibaba）的 B2B 模式和易趣（Ebay）的 C2C 模式。电子商务的兴起给网络经济带来深刻的影响，给无数中小企业带来了巨大的市场和商机。但是，在这种模式下，所有的交易或信息交流都是在第三方平台上进行的，虽然参与其中的中小企业利用信息技术能够进行大部分贸易活动，但是却无法独立拥有、自主管理自己的核心商务。随着企业的成长与发展，这种商务模式无法满足大量成长型、成熟型企业的需求。当电子商务发展到高级阶段时，一些大型企业需要深入开发和应用信息资源，从企业管理到整个外部商务流程基本实现电子化，提高信息应用能力。通过自己的商务活动平台直接参与互联网，自主管理一切核心商务活动和企业流程。

互联网货币是电子商务高级阶段的重要构成，企业可以利用互联网货币在个人化和自组织原则下，运用各种新型模式，构架起企业个性化的商务流程。同时，互联网货币不仅能实现传统电子商务中积累的个人交易记录、信用资料的价值转换，而且能够建立衡量网络内外价值的尺度，促进传统电子商务升级。

3.互联网货币能促进更加统一的网络市场经济

互联网货币是个人和网络经济活动的交易基础，它将建立起同时面向个人和企业的网络经济基础。互联网货币完全契合了目前互联网 web 2.0 的所有特征和要求：以用户为中心，而不是以商品为中心；强调社会性，积极鼓励用户参与互动；注重分享与体验。互联网货币能使网络经济走向更加全面、开放和系统的市场经济，促进更加统一的网络市场经济。

四、互联网货币的未来

互联网货币有可能产生完全在央行支付系统之外的互联网货币支付系统。未来可能是每个人或者是企业都有自己的法定互联网货币，可以互相兑换，社区的交易和支付非常方便。这都取决于货币的功能基础——支付。互联网货币与法定货币的兑换很灵活，而且有可能相互交易。互联网货币将广泛地参与实体经济活动，甚至促进基于互联网货币的金融产品和金融交易，比如针对互联网货币的股票、债券等金融投资。一旦有了与互联网货币相配套的金融产品，股票、债券都有可能实现互联网货币交易，完全与我们现实当中的法定货币标价的各种金融产品并列，这种情况是很有意思的，完全颠覆了我们现在的法定货币流通方式。

知识链接

全球主要的互联网货币

货币	符号	发行时间	作者	活跃	官网	市值	比特币基础	加密算法
比特币	BTC	2009	Satoshi Nakamoto	是	bitcoin/org	243 亿美元	是	SHA-256
莱特币	LTC	2011	Coblee	是	litecoin/org	36 亿美元	是	Scrypt
无限币	IFC	2012	Ifccion	是	Ifccoin/org	2000 万美元	是	Scrypt
夸克币	QRK	2012	Qrkcion	是	cgbcion/org	1000 万美元	是	Scrpt
泽塔币	ZET	2012	Zetcony	是	zet/org	1000 万美元	是	Scrypt Proof-of-Work /PoS

本章小结

鉴于当前的学生们对互联网货币已经耳熟能详，且大部分学生在中学时代已有接触过部分电子货币（购物卡、信用卡等）和网络货币（比特币、Q 币、游戏币等），本章先从互联网货币的现象入手，引出互联网货币的概念、性质、特征，并在此基础上进一步阐明互联网货币与现实货币(法定货币)和电子货币的区别与联系,最后再倒过来追究其产生原因、发展现状,并引导学生展望互联网货币的未来。实用性和可操作性的思维贯穿整个章节的始终,便于学生的理解和实践操作。

思考与练习

一、单项选择题

1.以下(　　)不是互联网货币。

A.比特币　　B.莱特币　　C.Q 币　　D.冥币

2.截止到 2016 年 2 月,国际上的热点互联网货币主要是基于(　　)。

A.比特币　　B.莱特币　　C.Q 币　　D.支付宝

3.互联网货币的特征是(　　)。

A.虚拟性　　B.近似货币性

C.应用有限性　　D.以上全是

4.互联网货币不具备现实货币的(　　)功能。

A.支付功能　　B.流通功能

C.储存功能　　D.国际货币功能

二、简述题

1.简述互联网货币与现实货币的区别。

2.简述互联网货币与电子货币的联系。

三、分析题

1.分析互联网货币产生的必要因素。

2.试分析互联网货币的优缺点。

四、思考题

1.为什么是传统金融业首先推出的电子货币,而不是互联网企业?

2.为什么说互联网技术和电子商务催生了互联网货币?

五、实训题

上网在线实践使用一种互联网货币(如 Q 币、游戏币等),并总结说明其优缺点。

第十一章　比特币

知识要求

通过对本章内容的学习，要求学生了解比特币的概念、特征和应用，掌握比特币发挥作用和运作的基本原理，并要求学生充分认识比特币交易的风险。

技能要求

通过本章的学习，要求学生能够有效登录比特币交易平台，会识别和下载相关挖矿软件，甚至懂得上网操作比特币的挖矿和交易。还要求学生学会运用我国现有的比特币相关法律法规，识别其合规合法性。

比特币作为电子货币队伍的成员之一，不论其技术属性还是金融属性，都在早期的电子货币基础上有质的超越，这是我们之所以给予独立开篇的主要原因。从技术属性看，比特币属于电子货币的一种，同属电子货币涵盖的范围之内，是一种特殊的电子货币；从货币的金融属性看，比特币是电子货币的改进，是更加便捷、安全的电子货币。人类商品交换是一般等价物的演进过程，是一个不断进化的过程。从商品货币（如贝壳、兽皮等）、金属货币（如铜、铁、白银、黄金等）到信用纸币，而信用纸币又从"与黄金挂钩的纸币"发展到"纯国家信用的纸币"。如今，货币的表现形态又进化到了电子货币（基于法定货币的便捷流通手段）。这种货币形态的发展趋势让人们不禁浮想联翩，喜悦与惊恐同在。

一种没有国籍、发明者匿名、更加安全、便捷的数字货币——比特币的出现，打破了人们对货币的传统理解界限，让人们看到了可能更加客观、安全、便捷、自由的一般等价物的未来。与此同时，人们也关注到，它对微观经济和宏观经济的影响并没有被充分预见，其风险更令主权政府担忧。

第一节　比特币概论

一、电子货币

电子货币是一种数字化的价值等量信息。它是代表价值的信息预存在集成电路芯片内的一种虚拟观念中的货币。电子货币与传统货币在发行、本质、形式、传递上都存在它自己的优势。从宏观角度上来讲电子货币的形式有电子支票、电子信用卡、电子数字现金、网络货币和比特币等。目前我国推广应用的电子货币有银行卡、电子支票和数字化现金等形式。

电子货币是计算机介入货币流通领域后产生的，是信息网络技术发展和现代市场经济发展要求资金快速流通的产物。电子货币的出现，彻底改变了银行传统的手工记账、手工算账、邮寄凭证等操作方式，也给人们在购物、饮食、旅游和娱乐等生活方面带来了诸多便利，是货币发展史上的一次重大变革。电子货币的流通方式将会加快我国金融电子化建设进程，减少现金流通，促进金融业务发展和市场繁荣。同时，电子货币的产生将是对传统货币的挑战，因为电子货币的发行不是中央银行的行为，而是市场行为。

（一）电子货币的内涵

具体而言，形式上电子货币早已与钱币无关，已是一种比信用卡更为先进，通过 0 和 1 的排列组合，运用网络载体，进行金融交易的货币。技术上，电子货币是利用现代信息和网络技术实现人们经济交易活动中利益交换的一种新型的支付方式和结算工具。就像纸币在社会的物流（包括劳务）与价值流的逆向运动中充当媒介一样，电子货币也仅仅只是在这一运动中充当媒介而已。运行中，电子货币是指通过销售点终端执行支付职能的，在两个设备间，或者在诸如互联网的开放性计算机网络上直接传输的“储值式”或“预付式”的结算支付手段。储值类产品包括“硬件”或“卡式”的机制，也称“电子钱包”；“软件”或“网络式”的机制，也称数字现金。储值卡可以是单一功能或多功能的。单一功能卡用于从一个销售商那里购买一种货物、服务或产品，如电话卡；多功能卡可在多个销售商处或网上商场进行多种购买。银行可以作为发行者加入电子货币的规划，但它们也可以承担其他功能，包括分发由其他实体发行的电子货币，为商家兑现通过电子货币交易而获取的收益，处理电子货币交易的过程，对电子货币交易进行清算、结算及保管交易记录等。

很多人可能都用过邮局发行的 IC 卡，持卡人可以在任何一台 IC 卡电话机上打电话，而支付电话费时并不需要使用现金或进行银行转账，机器会自动修改储存在 IC 卡芯片中的数据资料。这实际上就可以看作是一种电子货币，只不过是单一用途的电子货币，不能作为其他商品的交换媒介。而信用卡则是人们接触到的一种更严格意义上的电子货币，它能用于大多数商品的购买，消费者在购物时不需要使用纸币，只需通过刷卡来完成预结算，事后再通过银行的结算系统进行转账。通过这两个例子，人们可以简单地将电子货币分为两种类型：一类是以芯片及各种介质为基础的、采取直接扣除方式结算的电子货币，另一类是以账户系统为基础的、采取转账方式结算的电子货币。而根据其充当等价物的能力，可以分为单一用途的电子货币和多用途的电子货币。

在当前乃至今后相当长的一段历史时期内，电子货币只能是各国法定货币的“影子”，只能是一种便利和比较安全的流通手段，而不能成为账户上实质负债额度。也就是说，电子货币目前还无法完全取代现行流通的货币。在目前的情况下，离开了现实货币，虚拟的电子货币只能是一大串没有意义的数据。

（二）电子货币的发展

电子货币的产生，是互联网技术进步和金融业务创新的必然结果。在此基础上，电子货币的发展取决于互联网普及和电子数据交换应用两大重要因素。

金融业务互联网化是企业局域网所必需的。这些网络系统有金融管理信息传输、跨行转账结算与资金清算、资金信息传输和承担各商业银行全国性通信子网功能等。金融机构局域网只有与互联网连接，才能将金融业务的服务市场推到更高层面和更大范围，电子货币的应用也更有发展空间。

电子货币应用与互联网的普及密切相关。没有计算机网络及相关环境，电子货币只是一句空话。所以说，互联网的普及是电子货币得以生存的土壤。近年来，互联网的发展速度超过了人们预期，已席卷全球。据 2016 年 1 月 22 日中国互联网络信息中心(CNNIC)发布的第 37 次《中国互联网络发展状况统计报告》数据，截至 2015 年 12 月，中国网民规模达 6.88 亿，互联网普及率达到 50.3%，半数中国人已接入互联网。同时，移动互联网塑造了全新的社会生活形态，"互联网＋"行动计划不断助力企业发展，互联网对整体社会的影响已进入到新的阶段。

电子货币与电子数据交换密切相关。电子数据交换，简称 EDI(Electronic Data Interchange)。目前，在欧、美、日等发达国家都已经得到普及应用，采用 EDI 已成为他们进行国际贸易和经济交易活动的主要方式。在我国，许多大型企业、大公司等都采用和推广 EDI。由于 EDI 的重要性日见显著，它在国际商务活动中的应用也日益广泛。EDI 贸易、电子货币的发展，不但能大量地满足交易双方的市场需求，同时能及时传输资金和进行国际结算。目前 EDI 在全球范围内已经得到普及应用，其巨大的市场份额将迫使金融机构去进一步完善和发展电子货币系统，电子货币将取代传统的票据交换系统甚至现金而成为普通应用的流通货币。

二、比特币概述

比特币(Bitcoin，简写为 BTC，货币符号是₿)是一种 P2P 形式的数字代码。比特币不依靠特定货币机构发行，它基于特定算法，通过大量的计算产生，比特币经济使用整个 P2P 互联网中众多节点构成的分布式数据库来确认并记录所有的交易行为。P2P 的去中心化特性与算法本身可以确保无法通过大量制造比特币来人为操控币值。

(一)比特币的产生和发展

2008 年 11 月 1 日，一个自称中本聪(Satoshi Nakamoto)的人在一个隐秘的密码学评论组上贴出了一篇研讨，陈述了他对电子货币的新设想——比特币。随着 2009 年 1 月 3 日中本聪挖掘出第一个区块链(block chain)，最初的 50 个比特币宣告问世。至此，比特币这套系统可以算是真正诞生了。中本聪认为，比特币能够让用户在一个去中心化的、点对点的网络中完成支付，不需要一个中央的清算中心或者金融机构对交易进行清算，用户只需要互联网连接以及比特币软件就可以向另外一个公开的账户或地址进行支付操作。

比特币的设计原则。"聪"(Satoshi)是比特币最小的单位。1 比特币包含 1 亿个聪。在设计上看，比特币的总供给无法超过 2100 万比特币(也就是 2100 万亿个聪)。流通中的比特币总量将按可预测的节奏增加。在比特币的世界里，大约每 10 分钟会在全网公开的账本上记录一个数据块，这个数据块里包含了这 10 分钟内全球被验证的所有交易。所有交易的公开记录会持续地更新，并且得到"挖矿人(miner)"的不断验证，后者会搜集新的交易记录，集合成块，并将之加在"总账(block chain，亦称为区块链)"的最后。交易账目的公开形式让每一个聪都能够被追踪出持有者的历史记录。全部记录可公开调阅，确保了买家的确是想要拥有相应数目的比特币或者是他的确想要支付这笔钱，防止了诈骗行为。人们“挖矿”的过程实际上是争夺记账权的过程。基于所设计好的代码机制，直到在 2140 年达到总供给量。

比特币与其他虚拟货币最大的不同，是其总数量是非常有限的，具有极强的稀缺性。货币系统在发布之初前 4 年内只有不超过 1050 万个，之后的总数量将被永久限制在 2100 万个之内。还有一点是，在达到这个数量之前，你可以通过电脑“挖矿”生产比特币。比特币“挖矿”的本质就是争夺记账权。一条完整的交易指令被发出后，信息就在整个比特币网络内快速传播。网络节点开始计算该交易是否有效（即账户余额是否足够支付），并试图生成包含这笔交易信息的块。当累计有 6 个块包含该笔交易信息时，才被认为验证通过，正式确认交易成功。

2009 年比特币诞生的时候，每笔赏金是 50 个比特币。诞生 10 分钟后，第一批 50 个比特币生成了，而此时的货币总量就是 50。每达到 21 万个区域，奖励就减半，从 50 比特币减到 25，再从 25 到 12.5，直到 2140 年其总量达到 2100 万个的总量上限。根据比特币钱包公司透露的数据，截至 2014 年 12 月，人们已经“挖掘”出来的只有 1350 万比特币。

（二）比特币的现状

截至 2015 年上半年，比特币的全球用户约为 500 万，总市值约 220 亿人民币。由于比特币的互联网金融属性和技术上的前沿性，从业公司几乎全部是创业公司。据统计，全球范围内获得天使轮以上投资的比特币公司约 103 家，其中 30 家分布于美国旧金山硅谷。我国较成规模的比特币公司约有 20 家，用户约 80 万人，交易量约占全球的 70%（由于人民币交易所为免费交易模式，而美元交易所多收取交易手续费，所以此数据仅供参考）。截至 2015 年 4 月，整个行业累计获得风险投资约 6.76 亿美元，其中有 4 亿美元投资进入了硅谷的比特币初创公司。从产业链角度看，目前比特币行业主要有生产（即人们常说的“挖矿”）、交易、存储、应用等四大领域。这四大领域的发展现状如何？

1.比特币的生产现状

从技术角度讲，挖矿本质是对比特币记账体系中的交易进行打包并生成区块的过程，每成功打包一个区块就可以获得若干比特币的奖励。这也是比特币的发行方式。比特币网络的区块被设计为每约 10 分钟产生一个，为了获得这一记账的权力，需要先解决一个系统指定的数学难题，而这一难题被设计为需要强大的 CPU 计算能力才能破解。目前中国在挖矿方面具有较强的竞争优势，根据 bitcoin talk 论坛的统计，分布在中国的算力在 2015 年约占全网比特币算力的 54%。

2.比特币的市场格局与交易

交易是目前比特币在金融领域最主要的应用形式。目前全球有百余家比特币交易平台，排名前十的交易所基本分布在美国、中国和东欧国家，占全球总交易量 90%以上。“比特币－美元”及“比特币－人民币”是目前最主要的交易市场，同时在欧元、日元、韩元、澳元等其他全球主流货币区也有各自的交易市场。进入 2015 年以来，合规性逐渐成为美元市场的关注焦点。美国的交易平台 Coinbase exchange 以及 ItBit 都获得了大额投资以及相关业务牌照。在我国，由于尚未有相关部门颁布针对数字货币的执照，合规性并未成为主要的竞争壁垒。目前市场上有火币网、Okcoin和比特币中国等主要交易平台。

随着对比特币感兴趣的人越来越多,比特币的价格总体呈上涨趋势,2011年10月29日1比特币兑换5.57美元,2012年12月27日1比特币兑换13.09美元,2013年6月27日1比特币兑换77.01美元,2013年11月30日1比特币最高创下兑换1163.00美元的记录。2014年比特币跌至1比特币兑换309.87美元,跌幅高达67%。据Coin Desk公布的《2016年比特币和区块链报告》,在低迷的2014年之后,比特币在2015年再次成为世界排行榜上表现最好的货币,其价格在第四季度达到一年来的峰值430.05美元。

3.钱包技术的发展

由于比特币采用了分布式去中心化的账单系统,普通用户存储和转账比特币并不是非常方便。由此,提供基于互联网的云存储服务的比特币钱包应运而生。用户可将自己的比特币存在在线钱包中,并通过网络来收发比特币。

全球最大的比特币钱包公司为Blockchain.info,拥有366万用户。其次是Coinbase,其用户量为230万,因其在美国一直致力于合规的建设,所以增长潜力大为增加。对于国内用户,由于比特币支付生态的匮乏,用户更愿意将比特币存在交易平台上,一方面便于实时交易,另一方面也可享受在线钱包方便存储、提现和充值的优势。

4.现实生活中的应用场景

除交易外,支付、跨币种汇兑等也是目前比特币的主要应用。目前全球接受比特币支付的商家已超过10万家,其中包括知名公司微软、戴尔、新蛋网等。全球范围内,最大的比特币支付公司BitPay已经与Paypal开启正式合作,而以Circle为代表的互联网金融公司也在全面探索比特币的应用。但毋庸置疑,无论是在全球还是在我国,比特币应用的发展还未成为比特币行业的主流,尚在探索之中。

(三)比特币的监管

如何对新兴的比特币和电子货币产业进行有效的合规与监管,一直是各国监管部门关注的核心问题。现阶段,欧美主流的国家将比特币视作一种投资产品或者资产,逐步开始进行法律监管和征税;少部分国家认可比特币的货币地位;极少数国家禁止比特币的使用。

1.美国。在比特币的监管方面,美国走在了世界金融强国的前列。早在2013年,美国已经把比特币纳入到证券法的法律体系。2015年美国第一家获得金融许可证的比特币交易所——Coinbase成立,这标志着在美国交易比特币的合法性。2015年5月20日,洲际交易所(ICE)旗下纽约证券交易所宣布推出“纽约证券交易所比特币指数”(NYSE Bitcoin Index),这是第一个由交易所计算并传播的比特币指数。2015年6月4日,美国纽约州金融服务局(NYDFS)发布了最终版本的数字货币公司监管框架《BitLicense》,这是全球第一个正式针对数字货币行业提出的明确监管法规。

2.欧盟。欧盟央行于2012年10月发布了《虚拟货币体制》的报告,将比特币定位为“第三类虚拟货币”,可以用来购买虚拟或实体的商品和劳务。鉴于这类虚拟货币不具有法定货币的性质,因此,在与传统货币的联系中不受现有法律的监管。欧盟央行在这份报告中对比特币在信用、流动性、操作和法律四个方面提出了风险警告。2014年7月,欧盟银行业管理局(EBA)再度要求欧盟银行远离比特币等虚拟货币交易,直到有关监管法案出台为止。在此基调的指引下，芬兰、挪威、法国、爱尔兰、波兰、立陶宛、荷兰、西班牙、德国等欧盟国家相继出台了一些官方的政策信息，但整体的态度较为一致，即从监管上将比特币与现有的法币体系相区别。

也许是源于英国遵从市场经济原则的传统，英国成为对比特币行业发展最为友好的国家之一。2014 年 5 月和 9 月，英格兰银行发布报告称比特币是一种“商品”。尽管他们担心数字货币的广泛使用会减弱央行对经济的控制能力，但也承认区块链技术是“真正的技术创新”。更为重要的是，基于货币的价值储藏、交易媒介和计价单位的定义，报告承认“对于任何互联网人来说，数字货币可以作为货币使用”。同年 3 月，英国税务部门拟放弃对比特币交易征税的计划，英国财政部官员在 11 月声明“数字货币以及数字货币交易所现在在英国是不受监管的”。总体来说，英国官方一方面关注比特币行业的潜在风险，另一方面支持这个领域的金融创新。这种积极应对的态度，表现出英国政府想要执掌世界金融未来的意愿，以及致力于将伦敦打造为世界比特币中心的决心。

3.俄罗斯。俄罗斯是世界上明确反对比特币的唯一大国。当前，俄罗斯笼罩在西方经济制裁、国内通胀严重和卢布大幅贬值的阴霾之下，俄罗斯官方唯恐比特币成为法币的替代性货币，冲击其货币政策，滋生洗钱和非法交易。俄罗斯财政部于 2014 年 8 月公开了一份旨在禁止比特币及所有替代性货币活动的法案。在 10 月的修改法案中，提到了一系列的行政罚款，包括企业和公民发行、创建或故意传播有关数字货币的相关信息等，并表明该法律适用于大部分比特币行业从业者，从矿工、交易所到普通用户。

4.亚洲国家。日本作为全球经济大国之一，至今仍未针对比特币或其他数字货币进行监管。但经过比特币届著名的 Mt.Gox 事件后(其交易所位于东京，该公司于 2014 年 3 月 1 日宣布破产)，日本中央银行表示已经在研究比特币带来的相关问题。2014 年 3 月日本内阁会议决定，禁止银行和证券公司从事比特币业务，但没有对比特币作出定性，也不采取对比特币交易的监管措施，同时对比特币购买的消费税征税上采取了灵活有弹性的政策。这些内容都显示，日本将成为对比特币真正“友好”的国家。

韩国政府出于对比特币缺乏可测量的金融结构和指标的担忧，此前曾拒绝将比特币视为合法货币。但韩国是创业与创新的重要支持者，韩国比特币公司 Korbit 在创业初期就得到了政府的人力支持。韩国的支持态度对比特币产业的发展无疑是一件好事。

新加坡政府承认比特币交易，并设计了相关税务规则来管理这种虚拟货币的交易。税务局机关在 2013 年宣布：处于征税的考虑，将比特币等同于商品处理。当比特币被出售或者对商品进行支付的时候收取一定赋税。但是，如果比特币被当作一项长期的投资计划来进行买卖，从中产生的利润将被看作投资收益，不对其进行征税。

中国对比特币的监管态度是积极和不断改进的。2013 年 12 月 5 日，中国人民银行等五部委(中国人民银行、工业和信息化部、中国银行业监督管理委员会、中国证券监督管理委员会、中国保险监督管理委员会)联合发布《关于防范比特币风险的通知》，明确禁止比特币在市场上作为货币流通使用，并要求金融机构不得涉及比特币业务，但并未禁止其互联网交易，玩家仍可自由参与交易。据《第一财经日报》2016 年 2 月 16 日报道，2016 年 1 月 20 日举行的央行数字货币研讨会传递了一个明确信号：央行将争取早日推出数字货币，并透露早在 2014 年就成立了专门的研究团队。

综上所述，从全球范围来看，各国已对比特币行业发展做出正面回应的监管者基本都是将比特币定义为资产或商品。而在制定具体规则时，借鉴传统金融行业已有的较为成熟的监管体系，如数字货币存储机构借鉴资产管理公司，数字货币交易服务公司借鉴资产和商品交易平台的监管架构。最后，根据各国的发展现状，充分考虑到本国的特殊性，主要考量的重点包括如何保护用户数字资产的安全、预防利用数字货币进行洗钱等金融犯罪活动。

知识链接

比特币发明者之谜

2008 年全球金融危机爆发后，有人用“中本聪”的化名发表了一篇论文，阐述了比特币的概念。2009 年，比特币正式诞生。其最大特点是去中心化，可以保证比特币的安全与自由。

引爆比特币热潮的是维基解密（Wiki Leaks）。2010 年 11 月，维基解密发布了几十万份美国国务院与美国驻外大使馆之间联系的文传电报，其中大部分都是保密级别的文件。此举激怒了美国政府，要求各大金融机构封锁维基解密创始人朱利安·阿桑奇（Julian Assange）和维基解密的相关金融账户。后来，阿桑奇通过 Twitter 向世界求援，称愿意接受比特币作为资金来源。最终，阿桑奇通过比特币渡过了危机。但作为比特币创始人，中本聪却并不愿意看到这种情况。他在论坛上抗议说：“比特币系统还很不成熟，阿桑奇所带来的对于比特币的关注会摧毁比特币。”

比特币普及之后，越来越多的人开始发问：中本聪是谁？但一切寻找中本聪的努力都是徒劳。最初，中本聪通过电子邮件的方式与比特币用户进行交流。2011 年，当比特币引起广泛关注后，中本聪的邮件交流戛然而止，突然间神秘消失。

第一次找到“中本聪”

2014 年 3 月，美国自由撰稿人莉亚·麦格拉斯·古德曼（Leah McGrath Goodman）在《新闻周刊》（Newsweek）网站发表文章称，她已经找到了比特币发明人中本聪，并与他进行了面谈。古德曼称：“我试图找出有关中本聪的更多信息，包括其低调的生活。让人感到有些荒唐的是，这位比特币的发明者却远离他那估值高达 4 亿美元的比特币财富，隐居在洛杉矶圣贝纳迪诺（San Bernardino）山脚下的一座房子里。”中本聪说：“我不再参与相关事宜，不能再讨论该问题。我已经把它交给其他人，现在由他们负责，与我不再有任何关系。”根据古德曼的描述，中本聪是一名 64 岁的日裔，工作经历和他本人一样神秘，曾经在国防机密项目里工作，结过两次婚，有 6 个孩子。从古德曼所拍到的照片来看，这名中本聪的头发凌乱不堪，神色疲倦，跟外界想象的相差甚远。后来，美联社发布报道称，这名隐居在山下的中本聪否认自己是比特币发明者，并称自己从来没有听说过比特币。

中本聪再次现身

2015 年 12 月，美国连线网站和 Gizmodo 网站相继发表文章称，经过研究确认，澳大利亚商人兼学者莱特就是比特币发明者中本聪。Gizmodo 称，他们在澳大利亚实地采访时获取了大量翔实的证据，包括对莱特前妻、会计和其他熟人的采访，认定莱特就是中本聪。Gizmodo 曝光的材料包括可以追溯到 2008 年的电子邮件，当时比特币尚未问世，莱特就在电子邮件中讨论了与比特币有关的工作，并承认自己的另一个身份是“中本聪”。另外，有法律文件显示，莱特拥有110万个比特币，与中本聪本人应持有的比特币数量相当。Gizmodo称，他们通过电话联系到莱特本人，他的表现似乎默认了相关材料的真实性。Gizmodo还称，据莱特前妻回忆说，她前夫很多年前就开始研究比特币，但他最初并没有使用比特币这个名称，而用的是“数字货币”。

警方突袭住宅

2015年12月16日，十几名澳大利亚警察以“配合税务办公室的调查”为由突袭莱特住处。莱特的这座住宅是租来的，据房主称，莱特及其家人已经搬来一年，原计划于12月22日退房，移居英国。房主还称，莱特拥有“大量计算机系统”，后院还拥有备用的“三相”电源系统。莱特目前身在何方也不得而知，但很可能是在伦敦。时隔两天，一位自称是比特币发明者中本聪的人称，近日被澳大利亚警方突袭住宅的莱特并不是他本人。此人用“satoshi@vistamail.com”这个邮箱地址发出标题为“这次又弄错了”的邮件称：“我不是克雷格·莱特。”虽然这个邮箱地址的确是比特币发明者中本聪之前使用过的一个，但有业内人士称，邮箱地址很容易伪造，因此目前还不能确定此人就是中本聪本人。相反，这个人很可能是比特币粉丝，这样做只是想保护他们的偶像罢了。

中本聪到底是何方神圣，至今仍是个不解之谜。

【资料来源：《比特币发明人之谜：“中本聪”究竟是何许人？》腾讯科技[微博]谭燃 2015年12月13日07:19】

第二节　比特币的运行机理

一、比特币的基本概念

在了解比特币的运行机理之前，必须弄清以下六个重要的基本概念：散列、工作量证明、公开密钥密码体系、交易、区块与挖矿。杨晓晨、张明在《比特币：运行原理、典型特征与前景展望》中做了如下阐述。

（一）散列（Hash）

Hash在计算机科学中被翻译为“散列”。散列函数的功能是，将任意长度的不同信息（例如数字、文本或其他信息）转化为长度相等但内容不同的二进制数列（由0和1组成）。以比特币采用的SHA256为例，任意长度的信息输入通过这个函数都可以转换成一组长度为256个的二进制数字，以便统一地存储和识别。256个0或1最多可以组合成2256个不同的数，这个庞大的集合能够满足与比特币相关的任何标记需要。此外，任意两个不同的信息输入，想要通过SHA256产生相同数字输出的概率，可以说微乎其微。因为输入信息的微小变动将会导致输出数字的巨大变化，这就保证了输入信息与输出数字的一一对应。最后，散列还有一个重要特征，即想要通过输出数字来反推出输入信息，这是极其困难的。因此，如果想要生成一个特殊的输出数字，就只能通过随机尝试的办法逐个进行正向运算，而不能由输出结果逆向推出输入信息。这个特征是比特币能够顺利运行的重要基石。

(二)工作量证明(proof-of-work)

比特币运行的哲学基础是:倾注了更多更复杂劳动的事物具有更高的价值。让我们先以防范垃圾邮件为例来说明什么是工作量证明。不妨做出如下假定,如果一个人愿意花 10 分钟写一封邮件,他就不会在意再多花一分钟对其进行处理,以证明自己写邮件付出的努力是真实的。而对垃圾邮件的传播者而言,每封邮件都要多花一分钟才能发送,这是完全不能接受的。因此我们可以设立以下规则,即在每次发送邮件之前都要算出一个随机数,以至于将这个随机数和邮件内容一起输入 SHA256 散列函数时,得到的 256 位二进制数的前 10 位均为 0。如前所述,我们无法预先选择一个前十位为 0 的数,并利用 SHA256 算法反推出这个随机数是什么,唯一可行的办法只能是随机抽取一个数,将其和邮件内容输入 SHA256 中进行计算,看结果是否满足要求。如果不满足,就换一个随机数继续进行尝试,直到要求满足为止。只要我们设定的要求足够简单(要求全为 0 的个数不太多),那么寻找这个随机数的过程也就比较简单,只不过要花去一定的时间(例如几秒或几分钟)。对于真实的邮件而言,为了证明自身价值,付出少量时间进行计算是值得的。但对于垃圾邮件而言,这将导致邮件发送者的时间成本急剧上升。因此,上述机制的引入将会显著减少垃圾邮件的产生。对比特币而言,挖矿(mining)也是使用随机数进行工作量证明的过程。这种过程虽然从表面上来看没有产生任何价值,但却是解决互联网中信任问题的有效办法,是在不可靠的网络环境中的一种较为可靠的信用证明。

(三)公开密钥密码体系

该体系简称公钥体系。在信息传递过程中,发送方通过一把密钥将信息加密,接收方在收到信息后,再通过配对的另一把密钥对信息进行解密,这就保证了信息传递过程的私密性与安全性。而密钥无非是一组数字,通过将原始信息与这组数字放在一起进行特定运算,就能够把信息转换为另外一种格式,从而实现加密。解密过程则刚好相反。在大多数情况下,一组密钥由公钥和私钥组成。私钥由自己保存,公钥则需要向其他人公开。在信息传递过程中,公钥和私钥相互配合,既能够对持有私钥的发信人进行身份验证,也能够确保发信人对自己发出的信息不能抵赖,还能够保证收发信息的完整性,防止中间环节被截获篡改。如果公钥丢失,还可以通过私钥进行恢复。但试图通过公钥反推出私钥的努力,从理论上来讲是基本不可行的,这就保证了私钥的私密性。

(四)交易(transactions)

8btc.com 对中本聪"Bitcoin: A Peer-to-Peer Electronic Cash System"的汉语译文中提到:"我们定义,一枚电子货币(an electronic coin)是这样的一串数字签名:每一位所有者通过对前一次交易和下一位拥有者的公钥(public key)签署一个随机散列的数字签名,并将这个签名附加在这枚电子货币的末尾,电子货币就发送给了下一位所有者。而收款人通过对签名进行检验,就能够验证该链条的所有者。"

交易是指一个用户用比特币向另一个用户进行支付的过程。不过,比特币的交易并非简单的支付货币本身。以图 11-1 中的交易 2 为例,如果 B 想支付 100 个比特币(100BTC)给 C,那么 B 不仅需要在交易单上注明金额,而且需要注明这 100 个比特币的来源。B 的 100BTC 其实来自 A,是 B 通过交易 1 得到的(交易 1 已经通过了全网用户的认证,保存在所有用户的电脑中)。为完成交易 2,B 需要在交易单上填写的信息包括:一是 100BTC 的来源,此处为交易单 1 的 ID;二是 C 的公钥,亦即 C 的比特币收款地址;三是将交易单 1 的内容和 C 的公钥输入散列函数,得到一串数字。B 用自己的私钥加这串数字,作为数字签名放在交易单 2 中。C 在收到交易单 2 之后,可以通过其中存放的 ID 找到交易单 1,并获取 B 的公钥。C 可以使用该公钥对交易单 2 中的数字签名进行解密。与此同时,C 可以把自己的公钥和交易单 1 的内容,按照同样的方式输入散列函数,并将得到的数字与数字签名解密的结果进行比对。如果比对成功,就可以确定如下两个事实:其一,100BTC 的来源属实。因为交易单 1 中包含了 A 的签名,且交易单 1 是经过全网认证过的,即 A 确实将 100BTC 给了 B;其二,交易 2 的确是经由 B 签署的。由于 B 的私钥是唯一的,他无法抵赖这单交易。

姚勇(2013)的解释虽然不太精确但更容易理解。依然以交易 2 为例,交易单 2 中其实包含以下六种信息:一是交易单 2 的 ID;二是资金的来源,即交易单 1 的 ID;三是 A 对资金的签名,以证明是他把 100BTC 给 B 的;四是资金的去向,即 C 的账号(公钥);五是资金的数额,即 100 BTC;六是 B 的签名(即 B 用自己私钥进行的数字签名),以证明是他自己签发的交易。由于每笔交易单都记录了该笔资金的前一个拥有者、当前拥有者以及后一个拥有者,我们就可以依据交易单实现对资金的全程追溯,这也是比特币的典型特征之一。最后,当每一笔交易完成时,系统都会向全网进行广播,告诉所有用户这笔交易的实施。

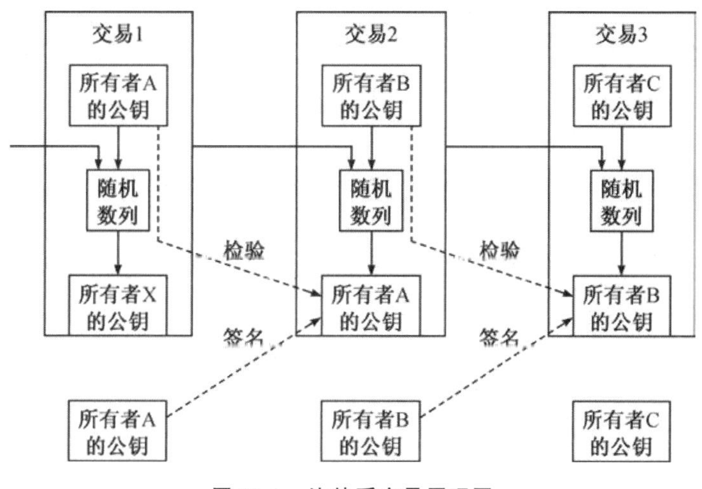

图 11-1　比特币交易原理图

(五)区块(block)

交易和区块的关系,就如同水和瓶子,属于内容和容器的关系。由于每笔交易是相对分散的,为了更好地统计交易,比特币系统创造了区块这一概念。每个区块均包含以下三种要素:一是本区块的 ID(散列);二是若干交易单;三是前一个区块的 ID(散列)。比特币系统大约每十分钟创建一个区块,其中包含了这段时间里全球范围内发生的所有交易。每个区块中也包含了前一个区块的 ID,这种设计使得每个区块都能找到其前一个节点,如此可一直倒推至起始节点,从而形成了一条完整的交易链条。因此,从比特币的诞生之日起，全网就形成一条唯一的主区块链，其中记录了从比特币诞生以来的所有交易记录，并以每十分钟新增一个节点的速度无限扩展。这条主区块链在每添加一个节点后，都会向全网广播，从而使得每台参与比特币交易的电脑上都有一份拷贝。在现实世界里，每笔非现金交易都由银行系统进行记录，一旦银行计算机网络崩溃，所有数据都会遗失。而在互联网世界里，比特币的所有交易记录都保存在全球无数台计算机中，只要全球有一台装有比特币程序的计算机还能工作，这条主区块链就可以被完整地读取。如此高度分散化的交易信息存储，使得比特币主区块链完全遗失的可能性变得微乎其微。

（六）挖矿

如前所述，比特币的所有交易记录都保存在主区块链中。每十分钟就会有一个新区块生成并加入进主区块链，这个新区块中记录了十分钟内全网的所有交易。由于比特币使用的是 P2P 模式，这意味着网络上的每个节点都是平等的，没有一个中心节点可以用来承担交易记录工作。因此，如此重要的交易记录任务交给谁来完成，就变成一个现实问题。而比特币创始人中本聪给出的答案居然是任何人来完成都可以。由于每笔交易完成后都会被广播给全网，因此每个人在对交易的有效性进行验证后，都可以根据这些交易数据生成新区块。但这又引发了一个新问题，即如何让所有人都信任由一个陌生人生成的新区块？这个新区块中是否记录了虚假交易或重复交易？要解决这个问题，就要用到前文提到的工作量证明概念。基本思路是，寻找一个随机数，使得将这个数字与新区块的交易信息一起输入 SHA256 后产生的数字，前面 n 位（比如 n=100）都是 0。此项工作的意义在于，由于会耗费很多时间，如果一个人进行了这项计算且获得成功，那么他提供的区块很可能是真实可信的，因为花费如此大力气作假得到的好处，远远比不上花费同样努力从事真实工作得到的好处。此外，其他所有节点在接收到新区块时，也会对其中包含交易的有效性进行校验，这意味着虚假交易或重复交易很难骗过其他所有用户，这就形成了节点之间的信用保障机制。挖矿就是指产生新区块并计算随机数的过程。具体过程可分为以下六步：

第一步，由于网络上的每台计算机都保存有之前的主区块链，某台计算机以其中最后一个区块的内容为输入，计算一个散列值；

第二步，该计算机在接收广播来的交易单并逐笔校验交易的准确性之后，把没有被列入之前区块的那些交易进行组合，并纳入一个新区块；

第三步，该计算机任意猜一个随机数，其大小和长度没有限制；

第四步，该计算机将第一步至第三步产生的数据作为输入，一起放到 SHA256 散列函数中，计算得到一个长度为 256 的二进制数；

第五步，检查这个二进制数的前 n 位是否符合要求；

第六步，如果该二进制数符合要求，则本轮游戏结束，该计算机会把新区块连同这个幸运随机数一起广播给网络上的其他计算机。其他人在收到这个新区块后，会以同样的方式进行校验。如果结果无误，全网就接受这个新区块，将它连同之前的主区块链一起保存。如果产生的随机数不合要求，则第二步至第六步就会重复进行，直到自己成功或者收到别人发来的新区块（姚勇，2013）。

从上述流程中可以看出，挖矿就是指搜集交易数据并建立新区块的过程。这个过程虽然重要,却耗时费力,为什么所有参与者都趋之若鹜呢?最重要的原因在于,比特币系统规定,每个成功建立新区块的人都将获得 50 个新比特币的奖励,且该奖励将被记录在对应的新区块里。这 50 个新比特币是系统自动产生的,且得到全网的认同。有趣的是,这种奖励的数额每四年减半,即 2009 年至 2012 年为每区块 50 个比特币、2013 年至 2016 年为每区块 25 比特币、2017 年至 2021 年为每区块 12.5 比特币,如此不一而足。最终,全系统的比特币容量将达到 2100 万个的上限,至此不再增加。从那时起,为保证主区块链能继续不断增长以确保比特币交易能继续正常进行,每个创建新区块的人,都将从新区块包含的交易单中抽取一定的"交易税"作为奖励。这种新的激励机制将保证比特币交易得以延续。

二、比特币的运行原理

在上述概念的基础上,我们就可以介绍比特币的运行原理了。作为一种脱离了实物交接的货币形式,比特币需要解决如下几个基本问题:首先,谁来发行比特币并对其进行信用背书?其次,如何建立账户并进行管理?最后,比特币交易如何确认?

(一)发行和信用背书

与美元等国别信用货币不同,没有中央银行负责比特币的发行,也没有政府为其提供信用背书。比特币的发行是通过挖矿来完成的,每一次有效挖矿都将产生新的比特币,直至达到数量上限。比特币的信用,则源自所有参与比特币挖矿和交易的用户所付出的大量计算,以及由此消耗的时间和电力等成本。人们为此投入的劳动越多,就意味着对比特币的认可程度越高。比特币系统是一种互联网环境下的新型信用体系,它既不需要任何历史信用记录,也不需要任何机构或个人提供的信用担保。换言之,比特币主要依靠理论和技术的双重保障来保证其信用:一方面,人是理性的,在诚实劳动所能获得的报酬远高于欺骗时,没有人会花费力气进行欺骗;第二,比特币的特征决定了欺骗是极其困难的。要成功进行欺骗,不仅需要经受其他所有用户的检验,也需要具有高于全网总计算能力 51%的计算设备。以目前比特币全网累积的计算能力来看,即便是全球最先进的大型计算机,距离这一要求也相差甚远。随着越来越多的新增计算力加入,在比特币的世界里,欺骗的难度将变得越来越大。

(二)账户管理

账户管理涉及账户的建立、查询和安全保障,比特币也不例外。对比特币而言,建立账户就是生成一个地址。比特币的账户、地址和公钥等概念是基本重合的。账户就是一个地址(一串数字),相当于银行账户的户名,这当然是公开的。地址是由公钥通过一系列数学计算推导出来的,因此地址仅仅是公钥的另一种形式。有了地址,就可以查询比特币账户的余额。

虽然地址类似于银行账户名,但与银行账户不同,该地址的余额并没有特意记录在某个地方。如前所述,每一枚比特币自诞生之日起的所有交易路径都是可追溯的,都被记录在主区块链中,因此,每个账户的余额都可以通过对主区块链进行计算得到,而不需要单独记录。这种设计看似麻烦,但有着明显的优势:首先,每个使用者可以拥有的账户数量是没有限制的。随着比特币使用者的不断增多,账户数量也与日俱增,为每个账户单独保存余额是对存储空间的极大浪费；其次，对比特币而言，没有中央节点来保存并管理余额信息，想要保存余额信息，就必须将其合并写入到区块中。否则，全网节点在对新生成区块的有效性进行检验时，就不仅需要对新的交易进行检验，还需要对全网所有账户的余额进行追溯检验，这无疑会显著增加工作量。在传统银行里，储户不能仅仅通过户名就对账户余额进行查询。然而，比特币世界允许上述操作，也即任何人都可以通过计算主区块链而查询任何账户的余额。比特币账号是完全匿名的，且每个人可以有多个账号，这就保证了比特币拥有者的个人信息不可能通过分析账号来获得。因此，即使将余额信息完全公开，也可以保证拥有者的个人隐私。

比特币账户的安全管理与传统银行系统完全不同。比特币的所有公开信息(例如交易与公钥)都保存在主区块链中，而主区块链在所有运行比特币软件的计算机上都有完整备份，因此其安全管理的关键在于用户私钥的管理。私钥与公钥一样，都是一长串无规律的数字，很难记忆。而且，私钥是独立存在的，不能被公钥或其他方式反推出来。由于私钥是用户对账户所有权的唯一证明，因此用户每次使用账户时都需要使用私钥。为方便起见，很多用户通常选择将私钥放在文件中或网络钱包中保存，这就使得私钥文件面临着被窃取的风险。而一旦私钥遗失或失窃，就意味着比特币账户的彻底丢失。为防范上述风险，“纸钱包”“脑钱包”等方法正逐渐被接受。毕竟私钥只是一串数字，完全可以通过写在纸上或打印出来的方式进行保存。这种原始的办法在互联网时代反而是一种非常有效的方式。脑钱包的工作原理与纸钱包完全不同。用脑钱包生成私钥之时，我们可将一句话或一幅图片输入特定函数中，就可得到私钥，且这一过程可以反复进行。因此，脑钱包就把记忆私钥的负担转化为记忆一句话或一幅图片，从而显著降低了记忆的难度。即便这句话或这幅图片不慎被公开，他人也很难猜测其真实用途。

(三)交易确认

传统银行账户间的交易是由银行负责确认的，通常在几秒钟内就可以完成。但对比特币而言，任何交易都需要得到全网的确认，而且必须最终进入主区块链才能生效。在挖矿过程中，每个节点在收到其他节点发过来的交易后都要进行验证，验证失败的交易被直接丢弃，而有效交易则会进入区块。由于全网在挖矿过程中可能在同一时间段生成很多有效区块，且由于网络时延的存在，不同地理位置的节点产生的有效区块可能包含不同的交易集合。因此最终哪个区块能够成为当前时间段的正式区块而进入主区块链，就成为一个问题。如果一个节点收到了周边节点发来的两个不同的有效区块，它会将它们都挂在主区块链的最后，形成一个 Y 形分叉。后续收到的区块都会基于这两个区块产生，这使得分叉会继续向后延伸。最终，哪个分叉的长度最先达到要求，就会正式变成主区块链的一部分，而另一条分叉则会被抛弃。由此可见，一个交易从发生到最终确认，需要等待一段时间。通常来讲，在包含这个交易的区块出现之后，还需要等待 5～6 个后续区块生成，才能确认当前区块是否已经正式进入了主区块链。由于每个区块的生成时间大约为十分钟，这意味着一个交易在发生之后，需要等待较长时间才能够得到确认。这既是比特币自身的一大缺陷，也是 P2P 这种全民投票形式难以克服的弊端。

知识链接

比特币挖矿机

比特币挖矿机，就是用于赚取比特币的电脑，这类电脑一般有专业的挖矿芯片，多采用烧显卡的方式工作，耗电量较大。用户用个人计算机下载软件然后运行特定算法，与远方服务器通讯后可得到相应比特币，是获取比特币的方式之一。使用方法是：下载专用的比特币运算工具，然后注册各种合作网站，把注册来的用户名和密码填入计算程序中，再点击运算就正式开始。比特币挖矿机的价格从一台两三百元到 20 万元不等。从 2011 年到 2013 年，高配置的比特币"挖矿机"从 1 万元涨到了 30 万元，但性能也比此前好了不少。据业内人士介绍，以前的老机器 100 天才能挖到 1 个比特币，2013 年，有的机器 100 天就能挖到 3.5 个比特币。

挖矿竞争实际是计算机性能的竞争、装备的竞争，由非常多张显卡组成的挖矿机，哪怕只是 HD6770 这种中低端显卡，"组团"之后的运算能力还是能够超越大部分用户的单张显卡的。而且这还不是最可怕的，有些挖矿机是更多这样的显卡阵列组成的，数十乃至过百的显卡一起来，显卡本身也是要钱的，算上硬件价格等各种成本，挖矿存在相当大的支出。

2015 年初，全球比特币投资者都在加大挖矿设备的投资力度和布局。澳大利亚知名的比特币公司 digital BTC 已和数据中心供应商 Verne Global 签署了一份新的合同，计划提高其挖矿能力。曾融资获得 2000 万美元的比特币矿机制造商 Bitfury Group 在 2015 年签署了一项协议，收购一家位于香港、名叫 Allied Control 的高科技创业公司，该企业为超级计算和数据中心应用提供冷却系统，此举将进一步扩大比特币挖矿优势。

第三节　比特币的特征和应用

在设计理念上，比特币试图避免现有货币的诸多缺陷。朱嘉明在《比特币》的推荐序 1 中指出："法币的先天缺陷，说到底就是两条：第一，法币为政府所垄断，国家是垄断货币发行的主体。法币是通过国家权力迫使民众接受和执行的一份合同。第二，因为国家通过中央银行决定法币发行数量，其本质是不稳定的。"比特币的设计理念就决定了比特币的基本特征，而其基本特征决定了其具体应用的范畴。

一、比特币的基本特征

比特币在设计理念上试图避免现有货币的诸多缺陷，这也是它备受关注的原因。但比特币的全新特征也引发了一系列全新问题，下面我们将逐一分析比特币的典型特征。

（一）比特币成功地实现了去中心化的货币发行与管理方式

现有货币基本上由央行发行，由一国政府用财政实力担保，这种货币发行与管理方式存在如下缺陷：其一，难免存在多种国别货币，各种货币之间通过外汇市场来兑换，显著提高了国际贸易与投资的交易成本；其二，一旦出现一国政权动荡等意外事件，该国政府发行的货币就会面临巨大的信任危机；其三，货币发行的中心化难免会产生特权，由于货币当局能够轻松征收铸币税，这可能引发货币当局短视自利的机会主义行为。相比之下，比特币在设计之时就致力于去中心化。为解决信用问题，一方面，比特币使用了一套密码学算法，使得参与比特币主区块链构建的所有用户都必须付出相当的努力才能证明其信用；另一方面，比特币产生的过程受到全网的监督，要想骗过全网所有其他用户，需要巨大的计算能力。这从技术上而言并不现实。换言之，比特币成功地利用密码学手段，解决了货币在去中心化发行时面临的信任问题，从而使得比特币的发行不需要依赖任何政府或机构，并且与互联网的去中心化特点高度吻合。

（二）比特币是一种高度匿名化的货币

其匿名性主要体现在以下三个方面：其一，比特币账号仅仅是一串数字地址，通过它无法得知拥有者的任何信息；其二，比特币账号的生成过程无须任何实名认证，账号拥有者只能通过私钥证明其所有权；其三，同一拥有者的不同账号之间没有任何关联，这意味着其他人无法得知特定用户的全部比特币持有量。然而，比特币的匿名性是一把双刃剑：它虽然通过技术手段保障了个人财产的私密性，但也为洗钱、贩毒等非法交易提供了天然的温床。此外，匿名性的另一个潜在问题是会削弱政府的征税能力。当前全球税收体系主要依靠监控银行账户的变动来防止逃税，这是一种基于账户实名制的有效办法。一旦资金流动完全匿名化，征税的难度将会显著上升。

（三）比特币交易具有完整的可追溯性

对任何一枚比特币而言，其从被挖矿生成到当前所经历的全部状态，都被完整地记录在主区块链中。任何特定账户的全部交易也可以被全程追溯。最为重要的是，追溯过程并不需要认证，任何人都可以对任何账号进行查询。这有助于实现全网的互相监督以保障公平透明的市场秩序。

（四）比特币交易具有不可逆性

每笔交易只有成功和失败两种状态，而不允许撤销操作。这种设计的初衷是为了防止付款方利用撤销操作来侵害收款方利益，以及防止退款时因需要重新建立信任关系而额外收集个人信息。针对比特币的不可逆性，存在两种截然相反的看法。支持者认为这种设计可以有效地防范信用风险，而反对者认为人难免后悔或犯错，因此不可逆性会降低比特币被广泛接受的程度。

（五）比特币的最终总量与生产速度都是事先确定的

如前所述，比特币的生产速度每 4 年减半，并将在最终达到 2100 万个。支持者认为，这种货币发行模式可以防止滥发货币以维护币值稳定。反对者的批评包括：其一，比特币的发行速度逐渐下降且不可调整，这将导致持续的且不断强化的通缩压力；其二，比特币增长速度的下降会形成稳定的升值预期，从而导致人们倾向于持有比特币而不是用其进行交易。这会使得比特币的交易数量日益减少、货币的流动性不断下降；其三，比特币的价值逐渐递增，可能会加剧社会分配失衡。因此，总量固定和增速递减对比特币而言既是突出的优势也是致命的弱点。

（六）比特币面临巨大的融资难题

无论是直接融资还是间接融资，均需要以借款人的身份和信用信息作为风险评价依据。但对比特币而言，搜集用户信息与其设计理念是相违背的。此外，为降低搜寻交易对象与撮合交易的成本，借贷双方需要依赖银行或债券市场之类的中介机构，这就必然导致中心节点的出现，而中心节点与比特币的设计理念也是不相符的。这意味着尽管比特币融资在技术上是可行的，但这将会破坏比特币的设计初衷。融资难题将成为比特币发展的重大阻力。

（七）比特币既不存在货币乘数，也无货币政策可言

既然无法利用比特币融资，这就意味着比特币没有其他货币均拥有的货币乘数。这固然有助于控制通胀，但也导致比特币难以满足市场的流动性需求。此外，比特币也不存在货币政策的概念。比特币的发行无须政府，这从技术上限制了政府可能对其进行的干预。鉴于比特币的特殊性，基准利率、准备金率与公开市场操作等传统货币政策工具对其而言均是无效的。比特币的这一特征虽然能够避免过度的宏观政策波动以及维持币值稳定，但也排除了通过货币政策进行宏观调控的可能性。

（八）比特币是天然的全球性货币

比特币既没有国界，也无须兑换。比特币作为全球性货币的积极一面，是有助于降低国际贸易与资本流动的交易成本，而消极一面可能加剧局部危机的传染、放大全球的系统性风险。

二、比特币的典型应用

比特币的设计理念和基本特征，为其典型应用奠定了基础，使得比特币在支付、流通、贮藏、价值尺度和世界货币等货币功能方面有突出的表现。

（一）比特币的支付

在没有国家政策强制限制的条件下，比特币在支付领域中可以起到支付债务、地租、利息、税款和工资等作用。而这一方面对于比特币而言，是非常简便的，而且操作迅速，可以节省大量的时间和精力。只要知道收款方的一个地址，用比特币拥有者的比特币客户端轻轻点击一下发送按钮，就可以将特定数量的比特币发送到收款方的电子钱包中去。在这种交易期间需要等待“六个确认”，而这六个确认是来自互联网 P2P 中的其他节点，一切信息都保存在比特网络的分块中，有证可循。

对于支付结算双方而言，比特币应用于支付的优点显而易见。首先是支付效率，例如在跨境电商中使用 Visa、Master 等支付工具，需要 1～3 天甚至 7 天才能到账，并且提现账期也要 5～7 天，若使用比特币支付，不仅可以瞬间到账，而且提现账期缩短为 2～3 天。其次是流通成本，发送比特币只需支付 0.001 比特币（按现在的汇率，约折合人民币 0.2 元人民币），而使用 Visa、Master 等需要支付高昂的 5%左右的手续费。作为比特币最被认可的应用，跨境支付在国内悄然兴起，Gempay（原 blockpay）、币丰港、colapay 等都加入了跨境支付的行列中。2014 年“比特币中国”（比特币交易平台）也正式与中欧母婴用品零售跨境电商丹中网达成战略合作。微软和戴尔是 2014 年接受比特币支付的最大的两个零售商。

尽管截至 2016 年 2 月我国对比特币支付还有诸多限制，但还是有许多国家接受了比特币支付。

加拿大的居民，基本上可以使用 Bylls 支付任何账单，用户无须限制自己。未经身份

验证的用户,就是那些选择不提交政府文件的用户,可以使用 Bylls 每月支付高达价值 1000 美元账单。已经验证身份的用户则可以支付每月 5000 美元的账单。

墨西哥的 Volabit 在 2015 年整合了一个名为 Jaime 的 WhatsApp 的数字助理。通过使用 Jaime,用户就可以在墨西哥使用比特币支付公用设备和电话费。Pademobile 能够同时为墨西哥和美国提供服务,但在墨西哥还是侧重于公用设备和电话账单的服务。它很像肯尼亚的 mPesa,能让用户通过简单的短信形式向任何人转移资金;但又不同于 mPesa,因为 Pademobile 使用比特币而不是法币。

阿根廷在 2015 年期间经历急剧的通货膨胀,但 enBitcoins 却一直提供稳定的比特币账单支付。使用该服务无须政府文件。

巴基斯坦与马来西亚的居民可以使用 PayBill 支付天然气,电费,手机、固定电话和因特网账单等费用,无须创建任何账户或提交文档。PayBill 接受比特币、莱特币和狗狗币,该公司希望尽快在更多的区域扩大其服务。

澳大利亚的 Living Room of Satoshi (中本聪客厅)是第一批提供比特币支付服务的公司之一。虽然后来,由于考虑比特币税是否适用于他们而暂时关闭,但 2014 年中本聪客厅又重新开始营业了。类似于中本聪客厅,Noghi 公司使用 BPay 网络,用户就可以用加密货币支付 BPay 账单(该组织集中了澳大利亚公用事业账单)。

在泰国,人们通过 Coins.co.th 公司提供的服务(类似于墨西哥的 Pademobile)可以支付公用设施和电话账单。Coins.co.th 还能充当购销双方的比特币交易所,使泰国居民可以更加便捷地入手比特币。

在菲律宾,用户可以使用 Bills Ninja 支付账单。使用该服务不需要政府文件,用户可以创建一个账户保存个人记录。Coins.ph 是 Coins.co.th 在菲律宾的分公司,他们与泰国的公司一样,提供相同的服务,即手机充值、转账和账单支付。

在荷兰,2104 年初 Bas Nederland 就成为欧洲第一家直接接受比特币的公用设施公司。他们向用户提供了一个有趣的选项“path to zero”,显然是为了长期节约成本,便向居民提供了自营发电工具。

Nord Ovest Energie 是意大利的一家天然气和电力公司。他们在 2015 年 5 月通过支付处理商 Tinkl.it 接受比特币付款,成为欧洲第二家接受加密货币的公用设施公司。

尽管比特币支付广受全球用户的欢迎,也日益受到各国政府的重视和应用,但它目前多被定义为“商品”“资产”或货币的支付结算手段,至今没有摆脱现实货币的约束,只能在现实货币的影子下生存,而无法取代任何一种法定货币。

(二)比特币的流通

根据我国央行等五部委于 2013 年 12 月 5 日联合发布的《关于防范比特币风险的通知》,比特币具有没有集中发行方、总量有限、使用不受地域限制和匿名性等四个主要特点,虽然被称为“货币”,但由于其不是由货币当局发行,不具有法定偿还性和强制性等货币属性,并不是真正意义的货币,从性质上看,比特币应当是一种特定的虚拟商品,不具有与货币同等的法律地位,不能且不应作为货币在市场上流通使用。

作为一种特殊的虚拟商品,比特币在某些特定的交易平台和一定范围内的流通还是相当活跃的。如果说支付也是比特币的一种流通方式,那么基于各种特定平台的比特币交易才是其流通的主要形式。目前，交易平台是比特币的主要流通渠道，这些平台有的不仅支持比特币交易，还支持其他互联网货币（如莱特币 LTC、未来币 NXT、无限币 IFC、质数币 XPM、美卡币 MEC、分子币 MOL、苹果币 APCCOIN、阳光币 ssc 等）的交易。目前全球有百余家比特币交易平台，排名前十的交易所基本分布在美国、中国和东欧国家，占全球总交易量 90%的以上。主要包括：Bitfinex、Coinbase、BitBays、BTC-E、Bitstamp、Poloniex、ShapeShift、Havelock、Bitocean、cryptostocks、BTCBox、OKCoin（国际站）等。

比特币诞生至今，结合比特币的百度指数与价格走势，可以发现比特币真正受到大众关注是在 2013 年 10 月，价格保持在 780 元人民币左右，此后价格一路上涨，至 12 月创出历史最高 7136 元人民币左右。根据统计资料发现，2013 年 10 月至 2014 年 1 月期间共计 47 亿美元投入比特币市场，其中 60%为人民币，这就意味着期间有 170 亿人民币进入比特币市场。比特币市场里每日的交易数量呈显著的增长趋势。在 2014 年 6 月，每天大约有六万笔比特币交易发生，而到 2015 年 6 月，这个数字已经翻了一倍，达到每天十二万笔。

（三）比特币的价值尺度

传统货币之所以具有价值尺度职能，是因为货币（金）自身的价值。同样，比特币自身也具有价值，它也是商品，是人类劳动的凝结。比特币的价值体现在它是通过消耗大量的计算能力和电力制造出来的，在挖掘过程中消耗的劳动全部转化为比特币的价值。

从各类虚拟货币平台交易的火热程度来看，比特币的价值已经不言而喻了。一个比特币可以按照不同的比率来兑换成相应数量的美元、欧元、人民币等货币，也可以用来衡量购物网站上的商品价格。比如说是从一个网站上搜索到的一个收纳袋，而它的定价便是 1 比特币。如果说传统货币的价值来自无差别的人类劳动，引申一下就可以得到，比特币的价值来自于计算机的无差别劳动。

（四）比特币的贮藏

货币的贮藏手段职能，即货币退出流通领域充当独立的价值形式和社会财富的一般代表而储存起来的一种职能。货币能够执行贮藏手段的职能，是因为它是一般等价物，可以用来购买一切商品，能够自发地调节流通中的货币量。显然，比特币也拥有现实货币的贮藏手段这一职能，而且比特币这种贮藏职能在应对通货膨胀危机时效果尤为显著。比特币的价值来源于计算机的计算，而其货币本身，则可以数字文件的形式保存在互联网或硬盘等存储媒介中，只要文件不被破坏，没有黑客盗窃，这些货币就不会丢失。

（五）比特币的世界货币性

比特币可以称得上是一种十足的世界货币。它不以任何国家或政府作为其发行中心，也不依赖于权力的大小。凡是计算机网络所能够到达之处，便可以进行有关比特币的交易，同时比特币的来源也不是随意由任何机构发行的，而是在无中心的 P2P 网站的任何一个网络节点上被制造出来的，用分布式数据库来记录货币的交易，并使用密码学的设计来确保货币流通各个环节安全性。其制造过程需要计算机的大量计算，是通过消耗计算能力和电力来获取货币的。货币世界性职能是指货币在世界市场上执行一般等价物的职能。比特币基于互联网而存在，它的使用没有国界。此外，“挖矿”这一劳动过程所需的必要劳动时间决定了比特币的价值。在具有价值尺度、流通手段、贮藏手段和支付手段的基础上，比特币具有世界货币这一职能，适合作为国际贸易的支付手段。

三、区块链技术原理的应用——分布式账户

体现比特币“去中心化”功能的区块链技术，是分布式账户最主要也最有代表性的技术。其基本原理理是：一个网络中的所有用户同步记录某一交易信息，互相验证该信息真实性（而不是向证券交易所、银行等传统权威中介机构验证），通过用户之间的共同验证，减小一项信息被少数用户伪造、篡改、冒用的可能性，增强交易双方的直接信任，从而大大降低中介成本。我们从其操作流程中可以清楚看出上述原理是如何实现的：当一笔交易发生后，交易参与者可以向网络提交该笔交易信息，交易信息经过加密后变得不可篡改，并以命名为区块（block）的数据包形式存在。每一个区块都需要同时发送给网络中的其他参与者，与这些参与者分布式账户中记载的历史信息同步比对验证，只有网络中绝大多数参与者均认可其真实性和有效性，该区块才能存入网络中各参与者的分布式账户，并与账户中以前存档的区块相链接（chain），形成区块链（blockchain）。该技术最早应用于“比特币”等虚拟数字货币的生成、存储和交易，目前正探索向支付清算、会计、审计、证券交易、风险管理等领域扩展。

分布式账户被广泛认为是最具发展潜力的代表性技术，它最有可能对现有金融业务模式产生重大甚至可能是颠覆性的影响。这也是其倍受国际组织、各国监管当局和金融机构广泛关注的重要原因。

目前，国际上对区块链、分布式账户技术的主要看法有三：一是尚处于初步发展阶段，应用效果还有待实践检验。这类技术的大规模应用对系统资源和硬件投入要求很高，在运营成本上还不经济，对隐私保护的有效性也不确定，目前只在限定区域或机构内部小范围研发和应用，若要最终做到在金融体系中广泛运用，还需要解决很多技术和风险管控方面的障碍。二是若在金融领域广泛采用，将对现行金融业务模式和支付清算体系等金融基础设施产生根本性的影响。其中，支付行业可能会成为首先应用该类技术的领域。三是对金融稳定的影响尚不明确，未来可能对监管形成重大挑战。例如，此项技术的“多边互信”“去中心化”等特征，有可能降低用户对银行等传统金融中介和交易所的依赖，影响现有金融机构的市场地位和竞争力；更多场外交易会增加金融监管的难度；另外，一些科技企业还可能在未受监管的情况下涉足金融业务，影响公平竞争和金融稳定。

知识链接

关于比特币的几个故事

1.一万个比特币买的比萨

发明之初的比特币，虽然有很多理论的支持，但其价值很低。2010 年 5 月 22 日，一个名叫 Laszlo Hanyecz 的人同意付给一个英国人一万比特币，让他帮自己从当地棒约翰订一份比萨。作为证据，Laszlo 上传了照片，真实世界的首个比特币交易由此诞生。随着比特币价值的上升，那块比萨饼的价值理论上是越来越贵了。

2.警长愿意拿比特币薪水

美国肯塔基州一个不到 300 人的小镇 Vicco 的警察局长，要求用比特币来领取薪水，

然后镇里还同意了。这成为政府实体使用电子货币支付的首个实例。

3.用比特币付大学学费

希腊塞浦路斯的尼科西亚大学新增了数字货币专业的科学硕士学位，于是它顺理成章地接受比特币来交学费。如今塞浦路斯还致力于成为世界比特币交易中心。

4.被遗忘的比特币

2009 年，一位名为 Kristoffer Koch 的挪威人一时兴起花 27 美元买了 5000 个比特币，随后便忘记此事。时光飞逝，转眼到了 2013 年 10 月，比特币的价格飙升，以至于这家伙抛售了 1000 比特币就能在奥斯陆富人区买下一套公寓。

5.太空比特币

英国亿万富翁 Richard Bransen(维珍航空创始人)热爱新事物，他的新项目开始使用这种新兴货币。在他的百万富翁太空旅行俱乐部“维珍银河”里，开始接受比特币支付。指不定神秘的中本聪也在这些太空旅行候选人当中。

【资料来源：煎蛋网 http://jandan.net/2014/01/12/bitcoin－stories.html】

本章小结

作为互联网币家族的关键成员，比特币一直备受关注。本章将比特币剥离出电子货币章节独立开篇，意在使学生掌握更多、更细的比特币知识，同时也强调了比特币在互联网金融领域的重要性。在这一章节中，由对电子货币的介绍引入比特币的概念、产生和发展现状，详细阐述了比特币的运作原理、基本特征和典型应用。

目前多数国家将比特币定义为特殊的“商品”“资产”或“支付手段”，其应用范围也因各国的政治、经济、文化背景的不同而受到一定的限制。本章以积极的、发展的视角来描述比特币这一创新商品，意在激发学生的独立思考能力和创新思维能力。

思考与练习

一、单项选择题

1.下列(　　)不是我国现行推广应用的电子货币。

A.电子支票　　B.银行卡　　C.Q 币　　D.数字化现金

2.目前互联网货币的发行是(　　)的行为。

A.市场　　B.中央银行　　C.商业银行　　D.国家

3.比特币是一种特殊的(　　)。

A.货币　　B.商品　　C.支付方式　　D.钱

8.(　　)1 月 3 日，比特币的第一个区块链被挖掘，最初的 50 个比特币宣告问世。

A.2007 年　　B.2008　　C.2009　　D.2010

二、简述题

1.简述比特币的主要设计原则。

2.简述比特币挖掘的技术原理。

三、分析题

1.分析比特币的应用范围。

2.试分析比特币对人们日常生活的影响。

四、思考题

1.为什么说目前的比特币只是一种特殊商品而不是货币?

2.你认为比特币会成为未来全球人类通用的货币吗,为什么?

五、实训题

请访问一家比特币交易平台,注册和登录,并简要描述该比特币交易平台所提供的服务项目有哪些。

第十二章　互联网金融监管

知识要求

通过对本章内容的学习，了解互联网金融风险的基本特征和管理方法，了解互联网金融的法律、法规现状，互联网金融监管的内容与措施；熟悉银监会、证监会、保监会履行金融业具体的监管职能，准确识记本章的基本概念，掌握基本知识要点。

技能要求

通过本章的学习，要求学生能够了解国内外对互联网金融的监管现状，熟悉互联网金融监管的基本原则，掌握和灵活应用互联网金融监管措施。

互联网金融管理是有关政府、职能部门通过互联网提供金融政策信息咨询和信息服务等主要内容的活动。我国推行金融业分业经营政策，中国人民银行通过银监会、证监会、保监会履行金融行业具体的监管职能（分业监管），俗称“一行三会”。2018 年 4 月 8 日，银监会和保监会正式合并挂牌，成为“中国银行保险监督管理委员会”（简称银保监会）。与金融业务相联系的中国商业银行、证券、保险同业协会以及深圳和上海证券交易所，都在各自的业务管理范围设立网站，履行职责，对金融业务进行自律管理。中国人民银行是货币政策的制定者和执行者，是我国金融业监督管理的最高机构。

第一节　国内外互联网金融监管

互联网金融正在快速发展之中，互联网金融创新日新月异，各国对于互联网金融的监管及研究也处于初级阶段。目前，巴塞尔委员会也还没有形成较为系统和完整的互联网银行监管制度。2010 年诞生的《巴塞尔协议Ⅲ》对传统金融业有良好的监管参考作用，但面对创新的互联网金融则显得捉襟见肘。许多国家的监管当局对互联网金融监管都采取了相当谨慎的态度，主要是考虑到本国金融业的创新、竞争力与监管之间的协调问题。

一、国外互联网金融监管

关于互联网金融的监管，目前还没有国际统一的标准，有些国家的监管当局成立了专门工作机构或小组，负责及时跟踪、监测互联网金融业的发展情况，适时提出一些指导性建议，同时制定一些新的监管规则和标准。例如，美国财政部下属的货币监理署（office of Comptroller of Currency，OCC）认为，互联网银行是指一系列银行系统，利用这些系统，银行客户通过个人电脑或其他的智能化装置，进入银行账户获得一般银行产品和服务信息。以对互联网银行的监管为例，各国政府对互联网银行的监管主要分为两个层次：一个是企业级的监管，即针对商业银行提供的互联网银行服务进行监管；另一个是行业级的监管，即针对互联网银行对国家金融安全和其他管理领域形成的影响进行监管。

（一）互联网银行的监管内容

国外对业务扩展的监管主要包括两个方面的内容：一是业务范围，主要指除了基本的支付业务外，是否以及在多大程度上允许互联网银行经营存贷款、保险、证券、信托投资以及非金融业务、联合经营等业务所采用的竞争方式等；二是对纯互联网银行是否允许其建立分支或代理机构等。

总的来看，对互联网银行提供服务的监管内容主要体现在 7 个带有全局性的具体问题上，包括加密技术及制度、电子签名技术及制度、公共钥匙基础设施（PKI）、税收中立制度、标准化、保护消费者权益以及隐私和知识产权保护。

1.对互联网银行安全性能的监管，主要包括前 3 项。如政策允许在国内使用任何高密度的加密技术，无密钥恢复的强制要求，以及为企业和消费者提供关于电子记录的数码签名法律框架等。

2.互联网银行的国内及国际标准化框架和税收中立制度。如对互联网银行标准化水平进行监管和对网上交易采取税收中立政策，免征网上交易税等。

3.对消费者的权益进行监管，主要包括保护消费者的隐私权及维护知识产权在互联网中不受侵犯等。行业级监管主要包括：互联网银行对国家金融风险和金融安全乃至国家经济安全的影响的评估与监管；对互联网银行系统风险的监管，包括对产生系统风险的各种环境及技术条件的监管，特别是系统安全性的监管，如对病毒的监管等；对借用互联网银行方式进行犯罪活动的监管。

（二）国外对互联网银行的监管模式

国外对互联网银行的监管形成了美国和欧洲两种模式。美国监管当局对互联网银行采取了审慎宽松的政策，基本上通过补充新的法律、法规使原有的监管规则适应互联网电子环境。因而，在监管政策、执照申请、消费保护等方面，互联网银行与传统银行的要求比较相似。

欧洲对互联网银行的监管，采取的办法较新，其监管目标主要有两点：一是提供一个清晰、透明的法律环境；二是坚持适度审慎和保护消费者的原则。欧洲中央银行要求其成员国采取一致性的监管原则，欧盟各国国内的监管机构负责监管统一标准的实施。它要求成员国对互联网银行业务的监管保持一致，承担认可电子交易合同的义务，并将建立在“注册国和业务发生国”基础上的监管规则替换为“起始国”规则，以达到增强监管合作、提高监管效率和实时监控互联网银行风险的目的。

二、我国互联网金融监管

我国的互联网银行同电子商务、商业网站的发展相似，在相关法规几乎空白的情况下，迅速出现并不断演进，带有浓厚的市场自发性。管理部门面对快速变化的情况，不得不对出台新的管理措施持慎重的态度，这就导致了当时对互联网银行的管理规则仍然较少，管理体系也还不明确。从我国目前的情况来看，对互联网银行进行适当的监管是非常必要的。

为鼓励金融创新，促进互联网金融健康发展，明确监管责任，规范市场秩序，经党中央、国务院同意，中国人民银行、工业和信息化部、公安部、财政部、国家工商总局、国务院法制办、中国银行业监督管理委员会、中国证券监督管理委员会、中国保险监督管理委员会、国家互联网信息办公室于 2015 年 7 月 18 日联合颁布了《关于促进互联网金融健康发展的指导意见》(银发〔2015〕221 号，以下简称《指导意见》)。这是截至 2016 年 3 月中国大陆最新最全的互联网金融监管的纲领性文件，其监管范围涉及互联网金融的现有细分业态(互联网支付、P2P、互联网众筹融资、互联网基金、互联网保险等)的互联网金融业务，被业界誉为互联网金融的“基本法”。

(一)我国互联网金融监管的现状

1.对互联网银行的监管

随着互联网向经济领域的不断渗透，发展互联网银行业务已经成为各国金融领域新的经营契机和利润增长点。互联网银行是典型的金融创新，它是互联网与传统商业银行的某些基本功能有机结合的产物。

总体上，我国的互联网银行受到两个部门的管理：业务主管部门——中国人民银行和信息主管部门——工信部。对于提供新闻资讯的互联网银行，2000 年 11 月后，还需要接受公安部门和新闻出版总署的管理。在这些部门中，工信部、公安部和新闻出版总署主要负责的是信息技术和新闻的管理，与现有银行业务的关系不大，人民银行是主要的管理部门。

目前，我国对互联网银行业务进行监管的法规体系已经确立，正在逐步发展完善之中。中国人民银行于 2001 年发布了专门调整和管理互联网银行进行业务及其风险的《网上银行业务管理暂行办法》，2002 年发布了《中国人民银行关于落实〈网上银行业务管理暂行办法〉有关规定的通知》，2006 年 1 月颁布《电子银行业务管理办法》，2010 年 6 月发布《非金融机构支付服务管理办法》，2015 年 12 月发布《非银行支付机构网络支付业务管理办法》。

我国互联网金融业务的基础还较薄弱，发展过程中不可避免地暴露出了许多问题，其中有相当多的法律问题是不容回避且又亟须解决的。当前，我国的互联网金融业务发展尚不均衡，监管体系的构建及互联网金融市场准入机制不健全，金融体系自身的防范风险能力不足，互联网银行缺乏对客户利益的保护等相关问题比较突出。

完善我国互联网银行监管，首先应扩大互联网银行业务的监管范围，如互联网上小额定购业务交易金额的总量不可小觑，目前很多客户通过网购在线支付完成交易；其次，制定与之相配套的互联网银行管理办法实施细则。我国已经颁布并实施了有关互联网银行的管理办法，主要涉及互联网银行、互联网支付、互联网投融资等方面。这一系列管理法作为行业行政法规，原则性较强，但是在实际的操作中，互联网银行的监管需要很多具体的量化标准，实施细则可以将互联网银行监管中的许多具体问题予以规定，将互联网金融监管的具体措施具体标准予以细化;其次,建立和完善相关配套的电子金融法。现行法律法规对于传统金融发展起到了较好的规范作用,但面对电子金融等新兴业务和互联网银行的发展,难以起到良好的规范作用。最后,还应建立互联网银行业务的安全保障体系,建立信息披露制度,维护客户合法权益。

2.对互联网证券的监管

国际证券管理委员会组织(International Organization of Securities Commissions,IOSCO)于1998年9月与2001年6月两次发布报告,对网上证券监管相关的问题提出诸多建议,以供各国证券监管机构参考。IOSCO的监管建议主要有两个方面:互联网讨论区监管和投资者教育,并建议各国证券监管机构利用互联网以加强彼此的合作努力,结合各国证券监管机构对互联网上的违法网站进行清查。

互联网证券在我国起步较晚,对其监管也还处于探索阶段,中国证监会是互联网证券的主要监管机构。2000年4月14日,中国证监会出台了《网上证券委托暂行规定》,这是我国第一部有关网上证券交易的法规。现阶段,在互联网证券的监管与政策问题上,存在着较强的干预的问题,以下两方面表现得较明显:一是固定手续费佣金制度。互联网经济中价格水平的确定应该完全由市场来决定,而目前我国的证券交易手续费仍然由政府来确定,而这种以法律形式固定的手续费将在很大程度上抹杀互联网证券在交易费用上的优势。二是相关法律滞后以及相关法律的冲突问题。网上证券交易是一种新的交易方式,涉及更复杂的利益关系,必须对参与各方的行为进行规范,这就需要更新原有的法规体系,使其适应证券市场新的需要。2015年9月中国证券业协会发布了《场外证券业务备案管理办法》,其中提到的"场外"证券业务包括互联网证券业务。

关于股权众筹融资,《指导意见》第9条规定:"股权众筹融资主要是指通过互联网形式进行公开小额股权融资的活动。股权众筹融资必须通过股权众筹融资中介机构平台(互联网网站或其他类似的电子媒介)进行。股权众筹融资中介机构可以在符合法律法规规定前提下,对业务模式进行创新探索,发挥股权众筹融资作为多层次资本市场有机组成部分的作用,更好地服务创新创业企业。股权众筹融资方应为小微企业,应通过股权众筹融资中介机构向投资人如实披露企业的商业模式、经营管理、财务、资金使用等关键信息,不得误导或欺诈投资者。投资者应当充分了解股权众筹融资活动风险,具备相应风险承受能力,进行小额投资。股权众筹融资业务由证监会负责监管。"

关于互联网基金销售,《指导意见》第10条规定:"基金销售机构与其他机构通过互联网合作销售基金等理财产品的,要切实履行风险披露义务,不得通过违规承诺收益方式吸引客户;基金管理人应当采取有效措施防范资产配置中的期限错配和流动性风险;基金销售机构及其合作机构通过其他活动为投资人提供收益的,应当对收益构成、先决条件、适用情形等进行全面、真实、准确表述和列示,不得与基金产品收益混同。第三方支付机构在开展基金互联网销售支付服务过程中,应当遵守人民银行、证监会关于客户备付金及基金销售结算资金的相关监管要求。第三方支付机构的客户备付金只能用于办理客户委托的支付业务,不得用于垫付基金和其他理财产品的资金赎回。互联网基金销售业务由证监会负责监管。"

3.对电子货币的监管

我国电子货币出现较晚，但发展较迅速，到目前大多数商业银行都已开办网上转账、网上支付等业务，互联网企业也创造电子数字货币——如比特币、莱特币、Q币等参与互联网金融市场的某些业务。在我国，电子货币（尤其是比特币）目前被定义为特殊"商品"，不是流通中的货币。电子货币是互联网上的支付工具，它所带来的欺诈风险、运行风险和法律风险与传统的支付工具不同，这些风险使支付系统和金融企业产生了新的不确定性。

防范电子货币风险是一项技术性强、涉及面广的工作，不仅与计算机互联网系统有关，还与电子货币应用的环境、人员素质、法制建设等有关。

主要发达国家一般都成立了专门的工作机构，研究、监测和管理电子货币业务。而我国目前基本上将这一业务划归各部门的科技机构负责，着重于技术上的管理，而忽视了其对于经济发展、金融稳定可能产生的深刻影响。随着我国第三方支付、P2P和众筹等新兴互联网金融业务的发展，2015年7月由央行牵头的中央十大部级机构联合出招，推出《指导意见》，统一规范了互联网金融业务市场。

4.对互联网支付的监管

对互联网支付，《指导意见》第7条规定："互联网支付是指通过计算机、手机等设备，依托互联网发起支付指令、转移货币资金的服务。互联网支付应始终坚持服务电子商务发展和为社会提供小额、快捷、便民小微支付服务的宗旨。银行业金融机构和第三方支付机构从事互联网支付，应遵守现行法律法规和监管规定。第三方支付机构与其他机构开展合作的，应清晰界定各方的权利义务关系，建立有效的风险隔离机制和客户权益保障机制。要向客户充分披露服务信息，清晰地提示业务风险，不得夸大支付服务中介的性质和职能。互联网支付业务由人民银行负责监管。"

5.对互联网借贷的监管

对互联网借贷，《指导意见》第8条规定："网络借贷包括个体网络借贷（即P2P网络借贷）和网络小额贷款。个体网络借贷是指个体和个体之间通过互联网平台实现的直接借贷。在个体网络借贷平台上发生的直接借贷行为属于民间借贷范畴，受合同法、民法通则等法律法规以及最高人民法院相关司法解释规范。个体网络借贷要坚持平台功能，为投资方和融资方提供信息交互、撮合、资信评估等中介服务。个体网络借贷机构要明确信息中介性质，主要为借贷双方的直接借贷提供信息服务，不得提供增信服务，不得非法集资。网络小额贷款是指互联网企业通过其控制的小额贷款公司，利用互联网向客户提供的小额贷款。网络小额贷款应遵守现有小额贷款公司监管规定，发挥网络贷款优势，努力降低客户融资成本。网络借贷业务由银监会负责监管。"

6.对互联网保险的监管

对互联网保险，《指导意见》第11条规定："保险公司开展互联网保险业务，应遵循安全性、保密性和稳定性原则，加强风险管理，完善内控系统，确保交易安全、信息安全和资金安全。专业互联网保险公司应当坚持服务互联网经济活动的基本定位，提供有针对性的保险服务。保险公司应建立对所属电子商务公司等非保险类子公司的管理制度，建立必要的防火墙。保险公司通过互联网销售保险产品，不得进行不实陈述、片面或夸大宣传过往业绩、违规承诺收益或者承担损失等误导性描述。互联网保险业务由保监会负责监管。”2018 年 4 月银监会和保监会合并之后，该业务由中国人民银行新成立的银保监会负责监管。

(二)促进互联网金融监管机制更好更快地发展

我国经济信息化程度不高，互联网金融的发展尚处于起步阶段，因此我国对互联网金融业务监管的政策、方针的制定与实施应采取慎重态度，既不限制它的发展又不能放弃监管，通过适当的金融监管，促进我国互联网金融更快更好地发展。

1.完善现行法律，补充适用于互联网金融业务的相关法律条文。首先，要对现有法律不适应的部分进行修订和补充，其次，要对未来发展情况进行预测，分析可能出现的问题，进行先行立法保护。

2.结合互联网金融业务的特点，完善现行业务营运监管办法。要从业务经营的合法合规性、资本充足性、资产质量、流动性、盈利能力、管理水平和内部控制等方面根据互联网化条件来适时进行调整、补充，构造一个符合互联网金融生存、发展的金融监管指标体系和操作系统。

3.督促开展互联网金融业务的金融机构强化内部管理，从内部控制入手降低金融风险。加强金融监管部门的技术力量，提高监管水平。应逐步实现利用先进的互联网技术对互联网金融进行非现场监管，建立基于互联网云数据的企业信用管理、资产负债比例管理、信贷台账管理、预警分析和智能化决策等运作系统，通过网上实时控制，提高监管的现代化管理水平。

4.密切与其他国家监管机构的联系，提高互联网金融的监管效率。中国人民银行等监管机构应加强同外国金融监管当局合作，定期开展监管情况交流，切磋网上金融监管措施。同时加强与互联网金融发展较快的国家之间的人才交流，加大对监管人员的培训力度，引进先进的监管理念和技术。

知识链接

《关于促进互联网金融健康发展的指导意见》

中国人民银行等十部门联合发布

2015—07—18

近年来，互联网技术、信息通信技术不断取得突破，推动互联网与金融快速融合，促进了金融创新，提高了金融资源配置效率，但也存在一些问题和风险隐患。为全面贯彻落实党的十八大和十八届二中、三中、四中全会精神，按照党中央、国务院决策部署，遵循“鼓励创新、防范风险、趋利避害、健康发展”的总体要求，从金融业健康发展全局出发，进一步推进金融改革创新和对外开放，促进互联网金融健康发展，经党中央、国务院同意，现提出以下意见。

一、鼓励创新，支持互联网金融稳步发展

互联网金融是传统金融机构与互联网企业(以下统称从业机构)利用互联网技术和信息通信技术实现资金融通、支付、投资和信息中介服务的新型金融业务模式。互联网与金融深度融合是大势所趋，将对金融产品、业务、组织和服务等方面产生更加深刻的影响。互联网金融对促进小微企业发展和扩大就业发挥了现有金融机构难以替代的积极作用，为大众创业、万众创新打开了大门。促进互联网金融健康发展，有利于提升金融服务质量和效率，深化金融改革，促进金融创新发展，扩大金融业对内对外开放，构建多层次金融体系。作为新生事物，互联网金融既需要市场驱动，鼓励创新，也需要政策助力，促进发展。

（一）积极鼓励互联网金融平台、产品和服务创新，激发市场活力。鼓励银行、证券、保险、基金、信托和消费金融等金融机构依托互联网技术，实现传统金融业务与服务转型升级，积极开发基于互联网技术的新产品和新服务。支持有条件的金融机构建设创新型互联网平台开展网络银行、网络证券、网络保险、网络基金销售和网络消费金融等业务。支持互联网企业依法合规设立互联网支付机构、网络借贷平台、股权众筹融资平台、网络金融产品销售平台，建立服务实体经济的多层次金融服务体系，更好地满足中小微企业和个人投融资需求，进一步拓展普惠金融的广度和深度。鼓励电子商务企业在符合金融法律法规规定的条件下自建和完善线上金融服务体系，有效拓展电商供应链业务。鼓励从业机构积极开展产品、服务、技术和管理创新，提升从业机构核心竞争力。

（二）鼓励从业机构相互合作，实现优势互补。支持各类金融机构与互联网企业开展合作，建立良好的互联网金融生态环境和产业链。鼓励银行业金融机构开展业务创新，为第三方支付机构和网络贷款平台等提供资金存管、支付清算等配套服务。支持小微金融服务机构与互联网企业开展业务合作，实现商业模式创新。支持证券、基金、信托、消费金融、期货机构与互联网企业开展合作，拓宽金融产品销售渠道，创新财富管理模式。鼓励保险公司与互联网企业合作，提升互联网金融企业风险抵御能力。

（三）拓宽从业机构融资渠道，改善融资环境。支持社会资本发起设立互联网金融产业投资基金，推动从业机构与创业投资机构、产业投资基金深度合作。鼓励符合条件的优质从业机构在主板、创业板等境内资本市场上市融资。鼓励银行业金融机构按照支持小微企业发展的各项金融政策，对处于初创期的从业机构予以支持。针对互联网企业特点，创新金融产品和服务。

（四）坚持简政放权，提供优质服务。各金融监管部门要积极支持金融机构开展互联网金融业务。按照法律法规规定，对符合条件的互联网企业开展相关金融业务实施高效管理。工商行政管理部门要支持互联网企业依法办理工商注册登记。电信主管部门、国家互联网信息管理部门要积极支持互联网金融业务，电信主管部门对互联网金融业务涉及的电信业务进行监管，国家互联网信息管理部门负责对金融信息服务、互联网信息内容等业务进行监管。积极开展互联网金融领域立法研究，适时出台相关管理规章，营造有利于互联网金融发展的良好制度环境。加大对从业机构专利、商标等知识产权的保护力度。鼓励省级人民政府加大对互联网金融的政策支持。支持设立专业化互联网金融研究机构，鼓励建设互联网金融信息交流平台，积极开展互联网金融研究。

（五）落实和完善有关财税政策。按照税收公平原则，对于业务规模较小、处于初创期的从业机构，符合我国现行对中小企业特别是小微企业税收政策条件的，可按规定享受税收优惠政策。结合金融业营业税改征增值税改革，统筹完善互联网金融税收政策。落实从业机构新技术、新产品研发费用税前加计扣除政策。

（六）推动信用基础设施建设，培育互联网金融配套服务体系。支持大数据存储、网络与信息安全维护等技术领域基础设施建设。鼓励从业机构依法建立信用信息共享平台。

推动符合条件的相关从业机构接入金融信用信息基础数据库。允许有条件的从业机构依法申请征信业务许可。支持具备资质的信用中介组织开展互联网企业信用评级，增强市场信息透明度。鼓励会计、审计、法律、咨询等中介服务机构为互联网企业提供相关专业服务。

二、分类指导，明确互联网金融监管责任

互联网金融本质仍属于金融，没有改变金融风险隐蔽性、传染性、广泛性和突发性的特点。加强互联网金融监管，是促进互联网金融健康发展的内在要求。同时，互联网金融是新生事物和新兴业态，要制定适度宽松的监管政策，为互联网金融创新留有余地和空间。通过鼓励创新和加强监管相互支撑，促进互联网金融健康发展，更好地服务实体经济。互联网金融监管应遵循"依法监管、适度监管、分类监管、协同监管、创新监管"的原则，科学合理界定各业态的业务边界及准入条件，落实监管责任，明确风险底线，保护合法经营，坚决打击违法和违规行为。

（七）互联网支付。互联网支付是指通过计算机、手机等设备，依托互联网发起支付指令、转移货币资金的服务。互联网支付应始终坚持服务电子商务发展和为社会提供小额、快捷、便民小微支付服务的宗旨。银行业金融机构和第三方支付机构从事互联网支付，应遵守现行法律法规和监管规定。第三方支付机构与其他机构开展合作的，应清晰界定各方的权利义务关系，建立有效的风险隔离机制和客户权益保障机制。要向客户充分披露服务信息，清晰地提示业务风险，不得夸大支付服务中介的性质和职能。互联网支付业务由人民银行负责监管。

（八）网络借贷。网络借贷包括个体网络借贷（即 P2P 网络借贷）和网络小额贷款。个体网络借贷是指个体和个体之间通过互联网平台实现的直接借贷。在个体网络借贷平台上发生的直接借贷行为属于民间借贷范畴，受合同法、民法通则等法律法规以及最高人民法院相关司法解释规范。个体网络借贷要坚持平台功能，为投资方和融资方提供信息交互、撮合、资信评估等中介服务。个体网络借贷机构要明确信息中介性质，主要为借贷双方的直接借贷提供信息服务，不得提供增信服务，不得非法集资。网络小额贷款是指互联网企业通过其控制的小额贷款公司，利用互联网向客户提供的小额贷款。网络小额贷款应遵守现有小额贷款公司监管规定，发挥网络贷款优势，努力降低客户融资成本。网络借贷业务由银监会负责监管。

（九）股权众筹融资。股权众筹融资主要是指通过互联网形式进行公开小额股权融资的活动。股权众筹融资必须通过股权众筹融资中介机构平台（互联网网站或其他类似的电子媒介）进行。股权众筹融资中介机构可以在符合法律法规规定前提下，对业务模式进行创新探索，发挥股权众筹融资作为多层次资本市场有机组成部分的作用，更好地服务创新创业企业。股权众筹融资方应为小微企业，应通过股权众筹融资中介机构向投资人如实披露企业的商业模式、经营管理、财务、资金使用等关键信息，不得误导或欺诈投资者。投资者应当充分了解股权众筹融资活动风险，具备相应风险承受能力，进行小额投资。股权众筹融资业务由证监会负责监管。

（十）互联网基金销售。基金销售机构与其他机构通过互联网合作销售基金等理财产品的，要切实履行风险披露义务，不得通过违规承诺收益方式吸引客户；基金管理人应当采取有效措施防范资产配置中的期限错配和流动性风险;基金销售机构及其合作机构通过其他活动为投资人提供收益的,应当对收益构成、先决条件、适用情形等进行全面、真实、准确表述和列示,不得与基金产品收益混同。第三方支付机构在开展基金互联网销售支付服务过程中,应当遵守人民银行、证监会关于客户备付金及基金销售结算资金的相关监管要求。第三方支付机构的客户备付金只能用于办理客户委托的支付业务,不得用于垫付基金和其他理财产品的资金赎回。互联网基金销售业务由证监会负责监管。

(十一)互联网保险。保险公司开展互联网保险业务,应遵循安全性、保密性和稳定性原则,加强风险管理,完善内控系统,确保交易安全、信息安全和资金安全。专业互联网保险公司应当坚持服务互联网经济活动的基本定位,提供有针对性的保险服务。保险公司应建立对所属电子商务公司等非保险类子公司的管理制度,建立必要的防火墙。保险公司通过互联网销售保险产品,不得进行不实陈述、片面或夸大宣传过往业绩、违规承诺收益或者承担损失等误导性描述。互联网保险业务由保监会负责监管。

(十二)互联网信托和互联网消费金融。信托公司、消费金融公司通过互联网开展业务的,要严格遵循监管规定,加强风险管理,确保交易合法合规,并保守客户信息。信托公司通过互联网进行产品销售及开展其他信托业务的,要遵守合格投资者等监管规定,审慎甄别客户身份和评估客户风险承受能力,不能将产品销售给予风险承受能力不相匹配的客户。信托公司与消费金融公司要制定完善产品文件签署制度,保证交易过程合法合规,安全规范。互联网信托业务、互联网消费金融业务由银监会负责监管。

三、健全制度,规范互联网金融市场秩序

发展互联网金融要以市场为导向,遵循服务实体经济、服从宏观调控和维护金融稳定的总体目标,切实保障消费者合法权益,维护公平竞争的市场秩序。要细化管理制度,为互联网金融健康发展营造良好环境。

(十三)互联网行业管理。任何组织和个人开设网站从事互联网金融业务的,除应按规定履行相关金融监管程序外,还应依法向电信主管部门履行网站备案手续,否则不得开展互联网金融业务。工业和信息化部负责对互联网金融业务涉及的电信业务进行监管,国家互联网信息办公室负责对金融信息服务、互联网信息内容等业务进行监管,两部门按职责制定相关监管细则。

(十四)客户资金第三方存管制度。除另有规定外,从业机构应当选择符合条件的银行业金融机构作为资金存管机构,对客户资金进行管理和监督,实现客户资金与从业机构自身资金分账管理。客户资金存管账户应接受独立审计并向客户公开审计结果。人民银行会同金融监管部门按照职责分工实施监管,并制定相关监管细则。

(十五)信息披露、风险提示和合格投资者制度。从业机构应当对客户进行充分的信息披露,及时向投资者公布其经营活动和财务状况的相关信息,以便投资者充分了解从业机构运作状况,促使从业机构稳健经营和控制风险。从业机构应当向各参与方详细说明交易模式、参与方的权利和义务,并进行充分的风险提示。要研究建立互联网金融的合格投资者制度,提升投资者保护水平。有关部门按照职责分工负责监管。

(十六)消费者权益保护。研究制定互联网金融消费者教育规划,及时发布维权提示。加强互联网金融产品合同内容、免责条款规定等与消费者利益相关的信息披露工作,依法监督处理经营者利用合同格式条款侵害消费者合法权益的违法、违规行为。构建在线争议解决、现场接待受理、监管部门受理投诉、第三方调解以及仲裁、诉讼等多元化纠纷解决机制。细化完善互联网金融个人信息保护的原则、标准和操作流程。严禁网络销售金融产品过程中的不实宣传、强制捆绑销售。人民银行、银监会、证监会、保监会会同有关行政执法部门,根据职责分工依法开展互联网金融领域消费者和投资者权益保护工作。

(十七)网络与信息安全。从业机构应当切实提升技术安全水平,妥善保管客户资料和交易信息,不得非法买卖、泄露客户个人信息。人民银行、银监会、证监会、保监会、工业和信息化部、公安部、国家互联网信息办公室分别负责对相关从业机构的网络与信息安全保障进行监管,并制定相关监管细则和技术安全标准。

(十八)反洗钱和防范金融犯罪。从业机构应当采取有效措施识别客户身份,主动监测并报告可疑交易,妥善保存客户资料和交易记录。从业机构有义务按照有关规定,建立健全有关协助查询、冻结的规章制度,协助公安机关和司法机关依法、及时查询、冻结涉案财产,配合公安机关和司法机关做好取证和执行工作。坚决打击涉及非法集资等互联网金融犯罪,防范金融风险,维护金融秩序。金融机构在和互联网企业开展合作、代理时应根据有关法律和规定签订包括反洗钱和防范金融犯罪要求的合作、代理协议,并确保不因合作、代理关系而降低反洗钱和金融犯罪执行标准。人民银行牵头负责对从业机构履行反洗钱义务进行监管,并制定相关监管细则。打击互联网金融犯罪工作由公安部牵头负责。

(十九)加强互联网金融行业自律。充分发挥行业自律机制在规范从业机构市场行为和保护行业合法权益等方面的积极作用。人民银行会同有关部门,组建中国互联网金融协会。协会要按业务类型,制订经营管理规则和行业标准,推动机构之间的业务交流和信息共享。协会要明确自律惩戒机制,提高行业规则和标准的约束力。强化守法、诚信、自律意识,树立从业机构服务经济社会发展的正面形象,营造诚信规范发展的良好氛围。

(二十)监管协调与数据统计监测。各监管部门要相互协作、形成合力,充分发挥金融监管协调部际联席会议制度的作用。人民银行、银监会、证监会、保监会应当密切关注互联网金融业务发展及相关风险,对监管政策进行跟踪评估,适时提出调整建议,不断总结监管经验。财政部负责互联网金融从业机构财务监管政策。人民银行会同有关部门,负责建立和完善互联网金融数据统计监测体系,相关部门按照监管职责分工负责相关互联网金融数据统计和监测工作,并实现统计数据和信息共享。

【资料来源:中央政府门户网站　http://www.gov.cn/xinwen/2015－07/18/content_2899360.htm】

第二节　互联网金融的法律法规和监管措施

鉴于互联网金融正在快速发展之中,互联网金融的监管及其研究也处于初级阶段,传统金融企业的互联网化和互联网企业的金融化发展,使监管当局面临着重要抉择,即迅速适应这一变化的市场,建立新的监管标准,调整监管的结构并更新技术,改变传统的金融监管模式，建立基于高科技手段的全方位和系统性的监管框架。

目前，巴塞尔委员会也只是就互联网银行的监管制度进行研究，还没有形成较为系统和完整的互联网金融监管制度。许多国家的监管当局对互联网金融监管都采取了相当谨慎的态度，主要是考虑到本国银行业的创新、竞争力与监管之间的协调问题。从当前情况来看，互联网银行监管主要涉及法律实施、消费者权益的保护、国内国际监管的协调、监管机构和监管范围以及监管方式的调整等几个方面。一些国家的监管当局成立了专门的工作机构或小组，负责及时跟踪、监测包括互联网银行在内的互联网金融业的发展情况，适时提出一些指导性建议，并同时制定一些新的监管规则和标准。

一、互联网银行的法律法规和监管问题

根据巴塞尔委员会的定义，互联网银行是指那些通过电子通道，提供零售与小额产品和服务的银行。这些产品和服务包括：存贷、账户管理、金融顾问、电子账务支付以及其他一些诸如电子货币等电子支付产品与服务（BCBS，1998）。欧洲银行标准委员会将互联网银行定义为那些利用互联网通过使用计算机、互联网电视、机顶盒及其他一些个人数字设备连接上网的消费者和中小企业提供银行产品服务的银行（ECBS，1999）。美国货币监理署（OCC）认为，互联网银行是指一些系统，利用这些系统，银行客户通过个人电脑或其他的智能化装置进入银行账户，获得一般银行产品和服务信息（OCC，1999）。

由于互联网银行严格的法律定义还未出现，同时互联网银行发展较快，需要严格管理，因此一般的做法是根据互联网银行机构设置的特点，将其划分为分支型互联网银行和纯互联网银行，分别加以界定和管理。

法律实施主要涉及原有的一些要求银行对诸如洗钱、欺诈等非法交易进行跟踪、报告的法令的有效性和范围，以及由于互联网银行无法实施而享有的豁免，政府机构及监管当局出于执法或监管的需要，对已加密金融信息的解密权限、范围等。美国和新加坡等国家已经明文规定数字签名与手写签名具有同等的法律约束力，从而有利于使当地的虚拟金融服务市场得到一个被法律有效保护的发展空间。互联网银行的破产、合同执行的情况、市场信誉、银行资产负债情况和反欺诈行为等方面，政府制定的互联网银行法或管制条例可以起到一定的作用，但是，有效的互联网信息市场上的信息披露制度能够将各种可能诉诸法律的事件降到相当低的水平。消费者权益主要涉及：互联网银行推出的虚拟金融服务的价格，通过电子手段向客户披露、提示、传递相关业务信息的标准与合法性，信息保存的标准和合法性，客户个人信息、交易信息和账务信息的安全，隐私权，纠纷处理程序等规则。

总的来看，各国对互联网银行的监管方式主要仍以原有的监管机构和监管范围的划分为主，但加大了监管机构之间、监管机构与其他有关政府部门之间的协调。国内国际协调主要是对互联网银行自然的跨洲、跨国界的业务和客户延伸所引发的监管规则冲突的协商与调整。具体措施如下。

（一）建立和完善相应的法律、法规及金融监管规则

1.市场准入条件。法律要设置必要的市场准入条件，以确保金融交易的安全，对于一些特殊的交易还有必要做出特别的要求。

①互联网金融机构的技术设施条件。

②完善的交易操作规程。

③交易种类的区分、许可与限制。

2.电子签字的合法性。法律要对电子签字的法律效力给予统一、确定的定义，明确安全签字的构成要求，规定当事人对有关电子签字风险的责任。

3.交易证据问题。由于数据电文的真实性直接影响到数据电文的证据效力，法律必须强制要求金融机构维护好有关数据电文的真实性，这不仅对未来发生的纠纷的解决有重要意义，而且对金融监管机构、税务、审计部门的执法也是极为必要的。

4.事故、故障造成损失时当事者的责任。立法有必要对互联网系统的事故和障碍所引发的法律责任进行规范，明确各种不同情况下的损失分担责任，对免责的范围做出规定。

除了法律、法规之外，金融监管当局本身尚需要针对互联网金融业务制定相应的风险监管指引、准则和监管手册等。

（二）金融监管与机构自律有机结合

在互联网经济中，任何由监管当局单方面制定的规则，金融企业都可能利用互联网的全球性便利性、互联网有效的匿名性和海量的数据及内容而有效规避。因此，金融监管当局只有承担起互联网金融发展的合作者、促进者和协调者的角色，加强基础设施建设、金融信息沟通，提供积极的服务，才能在这一过程中较好地实现其管理的职能。

任何外部监管行为只是起到提示性作用，真正能够减少甚至避免风险发生还依赖于金融机构本身。由此，除了要求互联网金融机构接受必要的监管外，同样还应要求其制定完善的内控制度。金融监管当局应注重督促和协助金融机构加强内部管理，采取有效的内控措施，具体包括如下几个方面。

1.计算机软、硬件条件。

2.金融机构内部职员系统操作技能、职业道德。

3.交易的实时检测、跟踪、记录和校验。

4.系统备用方案和应急计划。

5.对可疑交易、犯罪行为的模拟处理演练。

6.业务操作管理制度和权限制约的建立

（三）确立统一监管体制，强化对业务创新的管理力度

金融监管体制应从“机构监管型”转向“功能监管型”。在统一的监管主体下，监管客体需要由仅包括金融机构，扩展到同时涵盖一些提供资讯服务的非金融机构；互联网金融条件下，由于非金融机构涉足金融或准金融业务，从而使金融监管的范围随之扩大。监管的重点也需要由资产负债和流动性管理转向金融交易的安全性和客户信息的保护。

（四）健全非现场监管体系，规范信息披露要求

金融交易的虚拟化、互联网化使金融活动失去了时空限制，交易对象变得难以明确，交易时间和速度加快，现场检查的难度将会加大，非现场检查将愈加显示出其重要作用。非现场监管具有覆盖面宽、连续性强的特点，通过非现场监管有利于发现新问题、新情况和对现场检查的重点提出参考意见，有利于信息的收集并对金融机构潜在问题提出预测、

预警。非现场监管的这种特点将使其成为互联网金融环境中的一种有效的监管方式。金融监管当局要逐步从现场稽核监管为主转到以现场稽核监管和非现场稽核监管相结合，并逐渐转到以非现场稽核监管为主的轨道上来，拓宽非现场稽核的检查面，缩短检查周期，把事后稽核监管转变为事前稽核监管，为现场监管提供预警信号，实现金融机构的业务信息系统与监管当局监测系统的联网，使数据转换接口标准化，建立科学的监控指标体系，由计算机对海量的金融业务数据进行自动分析，综合评估金融机构内部业务发展的风险状况，以达到非现场稽核监管高效准确的目的。互联网金融机构应及时向社会公众发布其经营活动和财务状况的有关信息。良好的信息披露制度可以促使投资者和存款人对其运作状况进行充分的了解，影响他们的投资和存款行为，发挥社会公众对互联网金融机构的监督制约作用，促使其稳健经营和控制风险。互联网上的虚拟金融服务需要有不断创新的信息披露方法来维持有效的信息监管。

（五）建立统一的金融认证中心

电子商务活动中，为保证交易、支付活动的真实可靠，需要有一种机制来验证活动中各方的真实身份。目前最有效的方式是由权威的认证机构为参与电子商务的各方发放证书。金融认证中心是为了保证金融交易活动而设立的认证机构，其主要作用是对金融活动的个人、单位和事件进行认证，保证金融活动的安全性。

金融认证中心扮演着金融交易双方签约、履约的监督管理角色，交易双方有义务接受认证中心的监督管理。在整个互联网金融服务过程中，认证机构有着不可取代的地位和作用。在互联网金融交易过程中，认证机构是提供身份验证的第三方机构，它不仅要对互联网金融交易双方负责，还要对整个互联网金融的交易秩序负责。因此这是一个十分重要的机构。

鉴于金融认证中心在互联网金融中的重要地位和作用，有必要制定相关的法律法规，对其严格管理。

1.认证中心必须以信誉为基础，获得公认的权威性与可靠性。

2.认证中心以独立于认证用户和参与者的第三方地位证明网上交易的合法有效性。其本身不从事商业银行等业务，不进行网上采购和消费活动。

3.认证中心必须严格履行自己的义务和责任，发挥授信、信誉补偿和金融交易控制作用，认证中心通过向用户颁发证书来确定用户在网上交易的合法可靠性。

4.认证中心必须确保认证信息的安全，包括管理、储存、传输过程中的安全。

5.认证中心必须保护用户有关信息的秘密性，不能以任何方式泄露私人信息。

6.认证中心必须依据国家有关金融、互联网、信息、安全等规定进行活动。

（六）加强金融监管的国际性合作与协调

金融领域里的国际监管合作近些年来取得了很大的进展。世界贸易组织的《金融服务开放协议》和巴塞尔委员会以 1975 年最早制定的《对国外银行机构监督的原则》为雏形逐渐修改演变而来的、并于 1997 年正式通过的《有效银行监管核心原则》，对现实中日趋明显的跨国金融机构的监管做出了积极而有效的反应。这对控制跨国银行的风险，维护存款人的资金安全，促进国际金融机构的公平竞争和相互开放起了积极的作用。但是，这些监管规则是针对现实中的传统型金融机构而制定的，其主要目的在于适应金融国际化，因此这些监管规则相对互联网金融而言已不能完全适应需要。

二、互联网金融监管措施

从根本上说，互联网经济的实质是信息化、全球化和一体化。随着互联网在世界范围内的延伸，从长远来看，各国监管当局都将面临跨国性的业务和客户。对此，仅靠单个国家的力量无法达到既保护本国居民的利益，又保持金融市场的对外开放原则的目标，金融监管的国际性协调更显得日益重要。它要求管理当局建立与国际体系中其他金融体制相适应的新规则和合乎国际标准的市场基础设施。由于互联网金融是一种无须跨国设立分支机构即可将业务伸向他国的全新的金融组织形式，由此，国际的金融监管合作的内容和形式必须根据这种特点而展开。

(一)互联网金融监管内容

金融监管当局对互联网金融机构的监管，主要体现在对互联网金融机构推出的虚拟金融服务的价格进行监管。政府对互联网金融机构的监管可以分为两个层次：一是企业级的监管，即针对金融企业提供的互联网金融服务进行监管；二是行业级的监管，即针对互联网金融机构对国家金融安全和其他管理领域形成的影响进行监管。

1.企业级的监管内容

在实际的操作中，现阶段政府监管当局对互联网金融机构的监管，不体现在互联网金融机构提供的虚拟金融服务价格上，而是体现在 7 个带有全局性的具体问题上，包括加密技术及制度、电子签名技术及制度、公共钥匙基础设施(PKI)、税收中立制度、标准化、保护消费者权益以及隐私和知识产权保护。

金融监管当局对互联网金融业务的监管可以划分为三个层次：一是对互联网金融机构安全性能的监管，包括对公共钥匙基础设施(PKI)加密技术及制度和电子签名技术及制度的监管等。二是向企业和各级政府部门提供电子商务和互联网金融的国内及国际标准化框架和税收中立制度。对互联网金融的标准化水平进行监管，以实现全国各金融企业之间电子信息的互联互通。对网上交易采取税收中立政策，免征网上交易税，促进本国电子商务的发展。三是对消费者的权益进行监管。避免互联网金融机构利用自身的隐蔽行动优势向消费者推销不合格的服务或低质量高风险的金融产品，损害消费者利益。这主要包括保护消费者的隐私权及维护知识产权在互联网中不会受到侵犯，同时也广泛地保护网上交易的消费者权益。为此，监管部门需要向企业和消费者权益保护组织提供保护网上交易消费者的非强制性商业指导规则。

互联网金融机构的网上广告是金融监管当局的主要监管内容之一，目的是保护互联网金融的消费者不被网上虚假广告欺骗。

2.行业级的监管内容

互联网金融的行业级的监管内容包括以下 3 个方面。

评估与监管互联网金融机构对国家金融风险和金融安全乃至国家经济安全的影响。即评估互联网金融机构风险对国家金融风险形成的影响及其程度，确定金融监管当局对互联网金融机构各种虚拟金融服务品种的监管内容。

对互联网金融机构系统风险的监管。包括对产生系统风险的各种环境及技术条件的监管，特别是系统安全性的监管。

对借用互联网金融方式进行非法避税、洗黑钱等行为的监管。保证绝对安全是困扰互联网金融监管当局的一个问题，因为无论在互联网上还是在局域网上的互联网金融机构，都面临着安全问题。然而，政府管制又涉及避税、洗黑钱等问题。基于这些理由，政府监管部门坚持反对私人采用牢固的电子加密方式保护网站的安全，而政府监管当局又不能普遍地向它们认为合法的网站提供安全性高的加密技术援助。

（二）互联网金融监管措施

金融监管当局对互联网金融机构的监管，主要包括 3 个方面，除了完善法律和司法制度，还需制定相应的行业性激励机制以及不断形成创造性的、具有替代效应的实施手段。

1.完善法律和司法制度

完善法律和司法制度有两层含义：一是建立和健全各种相关的互联网金融机构法律及管制措施，二是形成确保这些法律及管制措施得以执行的执法系统。

我国国内互联网金融机构采用的基本上是类似会员守则这样的协议来约束客户的行为，互联网金融机构首先向客户说明其权利和义务以及与银行的关系，协议的签署以客户自愿为原则，这种协议没有真正的法律约束力。我国已经在新的《合同法》中承认电子合同与纸张式的书面合同具有同等的法律效力。但是，数字签名的技术问题及相应的制度还没有解决或建立起来。这样，按照现有中国的法律制度，数字签名不具有法律效力，在纸张上签名才具有法律效力。然而，美国和新加坡等国家已经明文规定数字签名与手写签名具有同等的法律约束力，从而使当地的虚拟金融服务市场得到一个被法律有效保护的发展空间，并不断创造出新的虚拟金融产品。对于互联网金融机构的破产、合同执行情况、市场信誉、互联网金融机构资产负债情况和反欺诈行为等方面，政府制定的互联网金融法或管制条例可以起到一定的作用。但是，有效的互联网信息市场上的信息披露制度，能够将各种可能诉诸法律的事件降低到相当低的水平。因此，在政府制定的各种法律及管制措施中，对违规的互联网金融机构的惩罚莫过于在互联网上公布其“劣迹”，这将是管制当局对违规互联网金融机构的最高惩罚之一。

2.制定相应的行业性激励机制

互联网金融机构形成的虚拟金融服务市场是一个高度的信息非对称市场，网上银行“看”不到其客户，更难以把握客户的风险水平。金融监管当局也同样“看”不到其监管对象在网上的活动，不断进步的信息技术更可以使被监管对象与监管当局玩“猫抓老鼠”的游戏，如利用屏蔽技术阻拦监管当局的实时监管等。因此，制定相应的行业性激励机制是保证或鼓励在最低限度上将互联网金融机构推上法庭诉诸法律的有效制度。按照信息经济学激励机制设计原理，金融监管当局不是努力去了解互联网金融机构做什么，而是通过政策选择努力去引导互联网金融机构做什么。在这里，引导的基本原理是成本选择。例如，当监管当局希望互联网金融机构不能在现阶段推出某种金融产品时，在制定的监管政策中就需要包含这样的成本选择结果，即互联网金融机构在现阶段推出该金融产品的成本高于它不推出该金融产品的成本。或者说，让互联网金融机构在现阶段推出该金融产品的收益，还不如不推出该金融产品的收益。在这种情况下，监管当局不用关心互联网金融机构会利用它们的隐蔽信息来欺骗监管人员。

3.不断形成创造性的、具有替代效应的实施手段

以法律制度做保障，以有效的激励机制为基础，可以比较有效地达到监管当局的监管目标。如果能够在此措施的基础上，再加上不断形成创造性的具有替代效应的实施手段，将会使金融监管当局对互联网金融机构的监管效果更好。

总之，互联网金融机构利用互联网技术和现代移动通信技术，突破了传统的地理边界而实现全球化的信息资源共享。以这种技术为基础进行的市场拓展可以轻而易举地越过有形的国界和物理空间，给互联网金融机构提供商带来了一系列风险。尽管目前国际银行业务也面临类似的问题，但相比之下基于互联网金融机构的电子货币和虚拟金融服务面临的问题更加普遍，也更为严重。对这些问题的研究，正在成为互联网金融机构部门或监管当局的一项重要工作。在这个领域内，国外的研究已经持续了十几年，国内正处于起步阶段。但可以相信，随着信息社会的发展，这方面的研究将会具有变得日益深入和具体的可能性。

三、互联网金融对国际金融法发展的影响

互联网金融是指传统金融机构与互联网企业利用互联网技术和信息通信技术实现资金融通、支付、投资和信息中介服务的新型金融业务模式。狭义的互联网金融主要包括网上银行、网上第三方支付、P2P、网络众筹融资、新型电子货币等互联网创新平台和基于互联网的金融服务平台等。全球互联网金融的蓬勃发展，不仅对国际经济和金融发展起到了极大的促进作用，同时也对国际金融秩序和法律制度的发展产生了重大的影响。

国际金融法律体系是由一系列规范国际金融秩序和国际金融交易行为的国际金融条约、国际金融规则、国际金融惯例、涉外金融立法等法律文件所构成的一个系统，其所涵盖的范围主要包括国际商业银行、国际货币、国际借贷及担保、国际结算与国际贸易融资、国际证券融资以及国际金融组织法律制度等内容。在国际社会各方主体的参与和努力下，国际金融领域法律制度建设已现端倪：银行法、票据法、金融支付与结算法、金融担保法、证券发行与交易法等领域，先后出现了一系列国际公约、国际规则、国际惯例和涉外立法。

国际金融法律体系的传统格局因互联网金融的出现而发生了改变。1995 年，在美国诞生了世界上第一家无任何分支机构的纯网络银行——美国安全第一互联网银行(SFNB)，由此开启了网上银行的金融创新模式；1998 年建立的 PayPal 网络服务商依托 eBay 庞大的市场份额，开始了全球第三方支付业务的新模式，目前 PayPal 在全球拥有超过 1.5 亿个账户，成为全球最大的网上支付公司之一；2005 年诞生的首个依托于WEB 2.0 的 P2P 网络众筹融资模式，为借款需求者和有闲置资金者创建自行配对交易的网络借贷平台。互联网金融具有空间的虚拟性、金融交易行为的自由性、信息流通的交互性、网络空间的开放性、参与主体的全球性。这些形态各异、功能广泛的互联网金融新形态和新模式，超越了传统国际金融法律体系的调整范围，亟须新的国际金融条约、新的国际金融规则、新的国际金融惯例和涉外金融立法予以规制。互联网金融的发展，在客观上将大大拓展国际金融法律体系的外延。

随着互联网金融在中国等发展中国家的普及和推广，传统国际金融法律规范在调整国际互联网金融新秩序方面，表现出许多新的盲点和空缺，传统国际金融法律制度的这种

局限性与互联网金融交易行为之间的矛盾和冲突日益凸显，亟须法律规范调整。一些现行的国际金融法律制度和规则，在互联网金融背景下，尤其是面对网上第三方支付、P2P、网络众筹融资、新型电子货币等的兴起，亟须更新、修订与增补。国际社会一直在不懈努力促进国际金融法律制度的发展，国际金融监管的法律框架也一直在不断地进行改革。如针对2008年爆发的全球金融危机所出现的新问题，国际银行业监管机构对巴塞尔协议进行了修订，目前所适用的是经过修订的第三版巴塞尔协议（即《巴塞尔Ⅲ》）。《巴塞尔Ⅲ》中建立了有关提高核心资本充足率、控制杠杆比率以及强化流动性监管等新规则，强化了对银行的国际监管。但是面对网上第三方支付、P2P、网络众筹融资、新型电子货币等互联网金融新模式，《巴塞尔Ⅲ》所确立的金融监管法律制度显得有些捉襟见肘，例如，从事新型互联网金融业务的公司，大多以商业公司而非以银行的身份开展业务，他们的行为规范并不受《巴塞尔Ⅲ》中有关核心资本充足率、控制杠杆比率以及强化流动性监管等新规则的约束。在这样的国际金融法律环境下，势必造成银行与开展互联网金融业务的公司之间的不公平竞争，导致银行等传统金融机构的手脚被束缚。又如，1996年12月联合国第51次大会通过的《电子商务示范法》，虽然对网络市场中的数据电文、网上合同成立及生效条件、运输等专项领域的电子商务法律问题都做了十分具体的规范，但是，对于诸如“数字签名认证机构如何定性”这样的法律问题，尚缺规范解答。因此，在互联网金融快速发展的今天，亟须制定一些专门用于调整和规范互联网金融的国际金融法新规则。

传统国际金融法的保护重点，往往放在市场强势主体之上。跨国商业银行、跨国保险公司、跨国投资银行和跨国基金等金融市场的主体，常常利用其强势地位，制定有利的行业规则，或者通过霸王条款，获得有利的交易地位。然而，在互联网金融背景下，由于参与主体分布地域广泛，类型众多，国际金融法律制度的设计者和国际金融规范的制定者，必须将法律保护的重点，由市场强势地位的主体转为弱势地位的主体即金融消费者之上。可以说，建立适应互联网金融的国际金融秩序，成功的关键在于法律的这种保障金融消费者合法权益的功能在多大程度上得到认同和发挥。由于互联网金融空间的虚拟性，互联网金融消费者没有机会与交易对方进行面对面的交流，只能通过网络传递信息。信息的不对称性，以及交易对手的商业诚实性问题，均可能对互联网金融消费者产生影响，影响到互联网金融消费者的合法权益和他们参与互联网金融的积极性，进而影响到互联网金融的可持续发展。要鼓励全球大众积极参与互联网金融活动，必须将维护全球互联网金融消费者的合法权益作为国际金融法的一项重要原则。在互联网金融蓬勃发展的大环境下，只有将维护全球互联网金融消费者的合法权益提升到国际金融法律制度原则的高度，才能真正促进全球互联网金融的发展，维护国际社会秩序、促进国际经济繁荣和国际社会进步。

知识链接

专家解读《关于促进互联网金融健康发展的指导意见》

上海新金融研究院（SFI）副院长钟伟：《指导意见》的出台，为互联网金融监管建立了一个规则。很多人认为有规则要比没有规则好，但也有一些争议。例如《巴塞尔协议》1994年刚刚公布时，英格兰银行高管就曾经批评这个规则比没有规则看起来更糟糕。评价规则本身,要看规则的出台是否适应了一些基本的要素。第一,是否有利于防范系统性风险;第二,是否以保护消费者利益为中心;第三,是否促进线上、线下机构的平等竞争,传统金融机构受到互联网金融冲击之后,线下的严格监管是否也要稍微放宽,使得线上、线下监管规则向中间靠拢,不至于差异太大;第四,监管规则是否符合未来金融混业经营的大趋势,如果把互联网金融一分为几,有的抓虎头,有的抓虎尾,各部门分管一块,这样的做法可能并不一定合适。

平安陆金所董事长计葵生:《指导意见》明确表明了政府及监管层对行业的认同,尤其确认了在中国经济新常态下,互联网金融"对促进小微企业发展和扩大就业发挥了现有金融机构难以替代的积极作用",要为互联网金融提供"适度宽松的监管政策,为互联网金融创新留有余地和空间"。例如《指导意见》规定个体网络借贷业务及相关从业机构应坚持平台功能,股权众筹应定位于服务小微企业和创新创业企业,信托公司不能将产品销售给与风险承受能力不相配的客户等等。通过对这些业务边界的界定,实际也就对互联网金融创新风险底线进行了划定,有助于互联网金融行业避免过度创新,防范金融风险,避免给投资者以及社会稳定带来伤害。《指导意见》规定的基本业务规则让互联网金融企业能够有较为具体的原则性依据。例如,从事互联网金融业务需要履行相关金融监管程序并且进行网站备案,客户资金要进行第三方存管,要有充分的信息披露、风险提示和合格投资者制度等等。

融360创始人叶大清:P2P被定义为一个信息中介,而非信用中介。这就否定了目前大多数网贷公司正在走的路,这将加速P2P的洗牌,预计80%的P2P不转型将被洗掉。同时,平台型的创新模式将持续得到监管部门和资本市场的认可和支持。对于资本来说,不确定的风险小了很多——值得投资的对象不超过一打,激烈竞争会让价格越来越高。好消息是,顶尖的平台型企业有望两年内上市。

本章小结

互联网金融监管目前受到各国政府的普遍关注,缘于基于技术创新的金融创新发展速度快、规模大,传统的金融监管机制和现有的法律法规受到挑战。本章详细描述了国内外的互联网金融监管现状,并具体阐述了互联网金融的法律法规和监管措施,同时也分析了互联网金融对国际金融法发展的影响。本章还通过"知识链接"将《指导意见》的详细内容介绍给学生,并提供了专家解读摘要,以便加深学生对本章内容的理解,激发学生的创新思维。

思考与练习

一、单项选择题

1.各国政府对互联网银行的监管主要分为两个层次,即( )。

A.企业级监管和国家级监管　　B.行业级监管和国家级监管

C.企业级监管和行业级监管　　D.都不是

2.国外对互联网银行的监管形成了( )两种模式。

A.美国和欧洲　　B.美国和新加坡

C.企业和行业　　D.国家和地方

3.股权众筹融资主要是指通过互联网形式进行公开( )股权融资的活动。

A.小额　　B.大额　　C.少量　　D.大量

4.股权众筹融资方应为( )。

A.个人　　B.小微企业　　C.上市公司　　D.以上都是

二、简述题

1.简述《指导意见》中对互联网基金销售的有关规定。

2.简述《指导意见》对互联网支付的有关规定。

四、思考题

1.试分析互联网金融监管机制如何更好更快地促进互联网金融的发展。

2.《指导意见》将 P2P 定义为"信息中介服务机构"对 P2P 将带来怎样的影响?

3.为什么说传统的金融监管无法适应互联网金融的发展?

五、实训题

由学校组织学生拜访一家 P2P 企业,了解这家企业应对《指导意见》规定的措施。

参考文献

1.陈一稀.互联网金融的概念、现状与发展建议[J].金融发展评论，2013(12)：126－131.

2.李蔚田.网络金融与电子支付[M].北京：北京大学出版社，2009.

3.苗文龙，刘海二.互联网众筹融资及其激励约束与风险管理——基于金融市场分层的视角[J].金融监管研究，2014(7)：1－22.

4.搜狐财经：http://mt.sohu.com/20150811/n418602876.shtml ,《当前比特币行业发展现状及政策研究》.

5.维基百科：https://en.wikipedia.org/wiki/Zidisha#History,“Zidisha”.

6.魏鹏.中国互联网金融的风险与监管研究[J],金融论坛,2014(7).

7.徐洁，隗斌贤，揭筱纹.互联网金融与小微企业融资模式创新研究[J].商业经济与管理，2014(4)：92－96.

8.徐冬根.互联网金融对国际金融法发展的影响[N].光明日报 ,2014－10－31(08).

9.谢平，邹传伟，刘海二.互联网金融手册[M].北京：中国人民大学出版社，2014.

10.奚振斐.电子银行学[M],西安：西安电子科技大学出版社.2006.

11.杨晓晨，张明.比特币：运行原理、典型特征与前景展望[J].金融评论，2014(1)：38－53.

12.卓尚进.互联网金融,开辟小微企业融资贷款新模式[N].金融时报,2013－10－09(5) .

13.中国人民银行等十部门.关于促进互联网金融健康发展的指导意见[Z].

14.中国人民银行金融稳定分析小组.中国金融稳定报告(2014)[Z].2014,第 145 页.

15.中经未来产业研究中心.国外互联网金融行业发展状况分析[Z].2015 年.

16.郑联盛,刘亮,徐建军.互联网金融的现状、模式与风险：基于美国经验的分析[J].金融市场研究.2014(2).